Claudia Grimmer

Journalismus pur: Albtraum oder Traumjob?

Claudia Grimmer

Journalismus pur: Albtraum oder Traumjob?

VS VERLAG FÜR SOZIALWISSENSCHAFTEN

Bibliografische Information Der Deutschen Bibliothek
Die Deutsche Bibliothek verzeichnet diese Publikation in der Deutschen Nationalbibliografie;
detaillierte bibliografische Daten sind im Internet über <http://dnb.ddb.de> abrufbar.

1. Auflage Mai 2006

Alle Rechte vorbehalten
© VS Verlag für Sozialwissenschaften | GWV Fachverlage GmbH, Wiesbaden 2006

Lektorat: Barbara Emig-Roller

Der VS Verlag für Sozialwissenschaften ist ein Unternehmen von Springer Science+Business Media.
www.vs-verlag.de

Das Werk einschließlich aller seiner Teile ist urheberrechtlich geschützt. Jede Verwertung außerhalb der engen Grenzen des Urheberrechtsgesetzes ist ohne Zustimmung des Verlags unzulässig und strafbar. Das gilt insbesondere für Vervielfältigungen, Übersetzungen, Mikroverfilmungen und die Einspeicherung und Verarbeitung in elektronischen Systemen.

Die Wiedergabe von Gebrauchsnamen, Handelsnamen, Warenbezeichnungen usw. in diesem Werk berechtigt auch ohne besondere Kennzeichnung nicht zu der Annahme, dass solche Namen im Sinne der Warenzeichen- und Markenschutz-Gesetzgebung als frei zu betrachten wären und daher von jedermann benutzt werden dürften.

Umschlaggestaltung: KünkelLopka Medienentwicklung, Heidelberg
Druck und buchbinderische Verarbeitung: Krips b.v., Meppel
Gedruckt auf säurefreiem und chlorfrei gebleichtem Papier
Printed in the Netherlands

ISBN-10 3-531-14763-3
ISBN-13 978-3-531-14763-5

Inhaltsverzeichnis

Vorwort 7
Vorwort der Autorin 11

Hörfunk:
1. Eine Reise nach Wien 15
Susanne Glass, ARD-Hörfunkkorrespondentin im Studio Wien
2. Quote gut – alles gut 30
Wolfgang Tatzel, Chefredakteur Herne90acht
3. Mit ihm in die Dusche 43
Stephan Lehmann, Morgenmoderator ANTENNE BAYERN
4. Eine Insel für die Königsdisziplin 59
Marco Bertolaso, Dienstleiter Deutschlandfunk

Zeitung:
5. Der Fuß von Prien 79
Dirk Breitfuß, verantwortlicher Redakteur Chiemgauer Volkszeitung
6. Arbeiten unter der Käseglocke 95
Christian Wernicke, Brüssel-Korrespondent Süddeutsche Zeitung
7. Shareholder-value und Heuschrecken 114
Brigitte von Haacke, Reporterin WirtschaftsWoche

Fernsehen:
8. Der Club der einsamen Herzen 128
Tim Herden, Berlin-Korrespondent mdr
9. Leder statt Schneeflocke 153
Nick Golüke, FC Bayern-Beauftragter Bayerischer Rundfunk
10. Alle kochen nur mit Wasser 177
Knut Schaflinger, CvD der ARD-Tagesthemen

Ausbildung und Agenturen:
11. 18 Monate hart aber herzlich 201
Kristina Kubulin, Philipp Münscher, Volontäre Hessischer Rundfunk
12. Schnell hin, schnell weg 236
Thomas Pfaffe, kleiner Dienstchef dpa Sachsen-Anhalt

Biographien der portraitierten Personen 258

Vorwort

Unter Studierenden ist dieser „Job" noch immer der Renner. Wenn sie nicht in die PR gehen wollen, dann wollen sie Journalisten werden. In den Fußstapfen von Bob Woodward und Carl Bernstein Skandale aufdecken. Mit der eigenen Schreibe die Menschen aufrütteln, die Welt verändern und überhaupt – eine Edelfeder werden. Der Traumjob. Immer noch. Trotz Medien-Krise. Trotz geschrumpfter Redaktionen. Und trotz des Wissens darum, dass die Lebenserwartung im Journalismus niedriger ist als in vielen anderen Berufen. Nur Kneipenwirte leben noch kürzer... Und nicht alle Journalisten werden Edelfedern. Viele – die meisten sogar – berichten statt über das Weltgeschehen über das Jubiläum des Kleintierzüchtervereins vor Ort. Oder über die geänderten Abholzeiten der städtischen Müllabfuhr. Auch das muss sein.
Also: Was ist das für ein Beruf? Was erwartet einen als Journalist? Was ist überhaupt ein Journalist? In der Wissenschaft haben wir es uns angewöhnt, die Beantwortung solcher Fragen mit einer Definition zu beginnen. Also gut: Ein Journalist ist jemand, der hauptberuflich an der Verbreitung von Informationen, Meinungen und Unterhaltung durch Massenmedien beteiligt ist – das ist zumindest die Definition des Deutschen Journalisten-Verbandes. Eine offizielle Definition gibt es nicht.
Und was ist dann Journalismus? Zu Zeiten von Opas Kommunikationswissenschaft galt die Summe aller Journalisten als Journalismus. Die Qualität des Journalismus hing demnach von der Qualität der einzelnen Journalisten ab. Das ist nicht falsch. Aber richtig ist es auch nicht. Denn der Journalismus umfasst weit mehr als nur die einzelnen Individuen – z.B. das redaktionelle Umfeld, die rechtlichen Rahmenbedingungen, die geschriebenen und ungeschriebenen Regeln, die sozialen Umwelten (z.B. Politiker, die Statements abgeben, Unternehmen, die Presseerklärungen versenden, Bürgerinitiativen, die auf Schornsteine klettern, um öffentliche Aufmerksamkeit zu erlangen). Die Betrachtung des Journalismus als soziales System trägt dem Rechnung.
Demnach ist der Journalismus ein eigenständiges soziales System – wie die Wirtschaft, die Politik, der Sport, die Religion und andere Systeme auch, die die Umwelt des Journalismus darstellen. Seine Hauptfunktion für die Umwelt besteht nach Rühl darin, Themen für die öffentliche Kommunikation zur Verfügung zu stellen. Zu den externen „Unterfunktionen" zählen die Information über Sachverhalte, die Artikulation von Mei-

nungen, die Herstellung von Öffentlichkeit, die Kontrolle von Politik und Wirtschaft, die Bildung, die Sozialisation und die Unterhaltung. Um diese Funktionen erfüllen zu können, nimmt der Journalismus Material aus den anderen gesellschaftlichen Systemen auf – etwa Presseerklärungen, PR-Material, Reden oder Ereignisse. Dies alles stellt den Input in das journalistische System dar und wird von diesem – nach seinen eigenen Regeln und Logiken – zu Output verarbeitet: zu Agenturmeldungen, Artikeln, Hörfunk- und Fernsehbeiträgen. Dieser Output erzeugt dann vielfältigen Outcome, etwa in Form von Wissen, von Einstellungen oder von Verhaltensweisen, die dann ihrerseits wieder über eine Feedback-Schleife Arbeitsmaterial für die anderen gesellschaftlichen Teilsysteme sind.

Innerhalb des journalistischen Systems gib es unterschiedliche Subsysteme – etwa Agenturen, Printmedien, Hörfunk und Fernsehen –, die jeweils durch spezifische Arbeitsbedingungen gekennzeichnet sind. In ihnen werden verschiedene Rollen ausgefüllt – Chefredakteur, Chef vom Dienst, Reporter, Kommentator, freier Mitarbeiter, Bildjournalist usw. Damit der Journalismus seine gesamtgesellschaftlichen Funktionen erfüllen kann, sind interne Aufgaben zu bewältigen: Material muss gesammelt werden (Kollektion durch Recherche). Aus der Flut von Material muss das „Wesentliche" ausgewählt werden (Selektion, u.a. Nachrichtenauswahl). Und das ausgewählte Material muss verdichtet und bearbeitet werden (Kondensation, u.a. Schreiben und Redigieren). Dabei sind die rechtlichen Normen (u.a. Pressegesetze) ebenso zu beachten wie unverbindlichere Regeln (etwa der Pressekodex des Deutschen Presserats).

All diese Facetten des Journalismus kann man systematisch, wissenschaftlich abarbeiten und sich so den oben genannten Fragen nähern: Was ist der Journalismus für ein Beruf? Was erwartet einen dort? Zahlreiche theoretische und empirische Arbeiten liegen dazu vor. National und international vergleichend. Und das ist auch gut so.

Man kann aber auch im Kleinen anfangen – vor Ort, an der Quelle. Den Berufsalltag einzelner Journalisten schildern. Die Einflüsse darstellen, die auf sie einwirken. Den Frust und die Freude über den „Traumjob". Diesen Zugang hat Claudia Grimmer in dem vorliegenden Band gewählt. Nach dem Motto: „Vom Speziellen zum Allgemeinen". Entstanden sind spannende Einblicke in ganz unterschiedliche journalistische Tätigkeiten. Sehr persönlich. Und doch meist typisch. Ein kurzweiliges Lesebuch für jeden, der sich über journalistischen Berufsalltag informieren möchte. Studie-

Vorwort

rende informiert es über mögliche Berufsperspektiven. Journalisten bietet es Kurzweiliges. Wissenschaftler finden eine schöne Sammlung voll Fallbeispielen – so vielfältig, wie der Beruf selbst.

Prof. Frank Brettschneider
Uni Hohenheim
25.Februar 2006

Vorwort der Autorin

Es gibt genug davon!

Viele Kollegen haben bereits alles zum Thema Arbeitsalltag eines Journalisten, Redaktionskonferenz und Verdienstmöglichkeiten verewigt. Das Buch will jedoch einen umfassenden Einblick in den Berufsalltag von Journalisten bieten und dabei hautnah an den einzelnen Redakteuren und Redakteurinnen bleiben. Im feuilletonistischen Stil wurde die Arbeit von Journalisten begleitet. Dabei spreche ich nicht von der hohen Warte aus über Theorie, sondern ich habe selbst als Journalistin bei Zeitung, Hörfunk und Fernsehen gearbeitet.
Angehenden Journalisten, Jobwechslern, Quereinsteigern, Mitarbeiter in Pressestellen und Interessierten will ich damit die oft schwierige Arbeit der Zunft nahebringen.
Das Privatleben der Beobachteten wurde dabei nicht ausgeschlossen, denn es leidet oft unter dem Beruf.

Das Buch versteht sich als ehrlicher Blick hinter die Kulissen.

Journalismus ist ein Beruf mit tausend Facetten, mit unendlich vielen Möglichkeiten. Man muss sie nur kennen. Angefangen vom Reporter einer Regionalzeitung, einem Agenturjournalisten bis hin zum Fernsehautor, Hörfunkreporter oder eben Buchautor. Einzig die Neugier zählt, einzig das Gespür für Themen, für Menschen. Als ich vor vielen Jahren bei der Zeitung angefangen habe, hatte ich kein Ziel, wo ich einmal letztendlich sitzen wollte bis zum Erreichen meiner Rente. Ich weiß es bis heute noch nicht. Ich bin nicht umsonst Widder und nicht umsonst ist mein großes Vorbild Peter Ustinov, der Schauspieler, Regisseur, Buchautor und Journalist, um nur einige seiner Berufsfelder aufzuzählen. Von der Zeitung kam ich zum Hörfunk und dann ging es weiter zum Fernsehen. Jede Station brachte neue Aufgaben und Herausforderungen. Ob Aktualität, wo es um Schnelligkeit geht oder als ARD-Korrespondentin während des Kosovo-Krieges. Ob innenpolitischen Magazin, wo ich als Reporter, aber auch als CvD gearbeitet habe bis zum Boulevardreporter für brisant. Alles hatte seinen Reiz. Mittlerweile habe ich einen guten Mix für mich gefunden. Ich arbeite in der Redaktion Bürgersendungen des Bayerischen Rundfunks und organisiere alleine eine 45minütige Diskussionsrunde mit dem Titel „BürgerForum live". Dabei suche ich das Thema und den Übertragungsort aus, spreche es mit meiner verantwortlichen Redakteurin ab, lade das Publikum dazu ein, schreibe ein Exposé für den Moderator, suche Politiker, Wissenschaftler oder Betroffene und übernehme die Pressearbeit. Dazu kommt noch die enge Kooperation mit der Technik und immer wieder die Suche nach Veränderung, nach neuen Elementen, die in die Sendung eingebaut werden könnten. Ich bin mittlerweile relativ fit im Umgang mit der Ü-Wagen-Technik (Übertragungswagen), habe viel von Regisseuren gelernt und arbeite in dieser Redaktion relativ selbständig. Bei jeder Sendung lerne ich rund 200 neue Menschen kennen, vom Landwirt bis zum Manager, von der Hausfrau bis zum Studenten. Der Blick für die Probleme und die Stimmungslage in der Gesellschaft geht mir dadurch nie verloren. Meinen Recherchedrang und das Bedürfnis investigativ zu arbeiten lebe ich in den Redaktionen ARD-Mittagsmagazin und M€X oder Plusminus des Hessischen Rundfunks aus. Die Bandbreite ist auch hier groß. Ob ein Bericht über das neue Alterssicherungsgesetz oder über Kindermedikamente, die zu 50 Prozent nur für Erwachsene zugelassen sind. Das sind lediglich einige Aufgabengebiete, die ich derzeit übernehme.

Journalismus kann unendlich viel Spaß machen. Journalist zu sein kann oft Freundschaften zerbrechen und Beziehungen in die Brücke gehen lassen. Ein gewisser Masochismus ist auf jeden Fall dabei. In meiner mittlerweile über 20jährigen Laufbahn konnte ich viele Bereiche des Berufs kennen lernen und durch das Buch habe ich Einblicke in noch mehr Möglichkeiten erhalten. Ich will Ihnen ein paar davon vorstellen.

Aber es gibt auch die andere Seite des Journalismus mit unendlich vielen Flurgesprächen, den Kampf um den Job, um den Auftrag, um die Existenz. Vor allem in den letzten Jahren hat sich die Situation weiter angespannt. Die Unternehmen haben Stellen abgebaut und die festen-freien bangen um ihre Jobs. Es ist zum Teil ein Schlachtfeld, auf dem mit allen Mitteln gekämpft wird. Hinzu kommt eine unendlich schnelle Entwicklung der Technik. Ob Digitalisierung oder HD-TV. Wer nicht ständig, auch in seiner Freizeit dazu lernen will, ist falsch im Job. Die Anforderungen nehmen ständig zu. Im Moment schwappt die Welle der so genannten VJs in die Fernseh-Redaktionen. Eine eiermilchlegende Wollmilchsau wurde geboren, die sowohl journalistisch als auch produktionstechnisch arbeitet: Kameramann, Cutter und Autor in einer Person. Im manchen Bereichen kann der Einsatz wirklich sinnvoll sein, aber nicht in allen. Der Verschleiß der Leute, die als VJ arbeiten, ist hoch. Dem neuen Trend wird sich aber wohl fast kein Fernsehjournalist entziehen können.

Nicht nur bei diesem Buch habe ich oft die Aufbauhilfe meiner engen Freundinnen gebraucht. Wenn Dagmar und Gisela nicht gewesen wären, dann hätte ich schon die Flinte ins Korn geworfen, das Buch in die Ecke geschmissen und meinen Beruf zum Teufel gewünscht. Es gibt immer zwei Seiten der Medaille, warum sollte es beim Journalismus anders sein. Auch hier muss der Reporter oft bittere Pillen schlucken, auch in diesem Beruf geht es nicht immer nur darum einen guten Job zu leisten. Nicht aufgeben und seinen Weg konsequent verfolgen lautet die Devise.

Kurz und gut: Journalismus ist für all die ideal, die neugierig sind und genug Kampfesgeist mitbringen, die schnell arbeiten können, gerne auch mal den Partner wechseln, weil die Kämpfe um die Wochenenden zu stressig werden, auch ohne regelmäßige Nahrungsaufnahme auskommen und auch mal acht Wochen auf ihre Bezahlung warten können. Wenn sie außerdem gerne mal die Bundeskanzlerin kennen lernen, Hansi Hinterseer oder Mick Jagger live erleben, kostenlos Museen und Theater besuchen wollen, zum Beispiel auch mal die Generalprobe der Wagnerfestspiele in Bayreuth hautnah mitbekommen oder Deissler und Kahn gerne interviewen würden, dann sind sie hier richtig.

Claudia Grimmer
Februar 2006

1 Eine Reise nach Wien

Fünf Jahre liegt die letzte Begegnung zurück. Einmal kurz dazwischen haben wir uns auf einen Kaffee in München getroffen. Das ist auch schon wieder vier Jahre her. Damals begann es sich anzubahnen: Susanne Glass hatte immer weniger Zeit für ein Treffen auf einen kurzen Kaffee. Sie war immer öfter weg. Die Telefonate zwischen uns wurden rarer. Und auch an diesem Abend waren die gepackten Koffer und das Hörfunk-Equipment bereits im Auto. Seitdem ist dies Dauerzustand bei ihr geworden. Einen gemeinsamen Termin für unser heutiges Treffen zu finden, gestaltete sich ziemlich schwierig.

Am 1. Mai müsste sie nach Slowenien zu den Feierlichkeiten zur EU-Osterweiterung, dann Vorbereitung für ein Seminar für Volontäre in München und dazwischen noch die Organisation für die anstehende Reise nach Moldawien und das damit verbundene Interview mit dem Staatspräsidenten.

Dann findet sich doch eine Lücke, ein Tag, der, laut Terminkalender, erst einmal ruhig sei, gefüllt mit diversen Nacharbeiten, wie Reisekostenabrechnung, Sendestatistiken, Sitzung, Recherche.

Um fünf Uhr am Montagmorgen breche ich auf nach Wien. Beim Hören der ersten Nachrichten ist mir klar, dass das mit den Sendestatistiken wohl noch warten müsse und was für Susanne Glass der Morgen tatsächlich gebracht hat: Milorad Lukovic stellte sich in Belgrad den Polizeibehörden. „Legija", wie er mit Spitznamen heißt, ist mutmaßlicher Hauptorganisator des Mordangriffes auf den serbischen Ministerpräsidenten Zoran Djindjic und war Kommandant der „Roten Barrette", einer gefährlichen serbischen Militäreinheit während des Krieges. Während ich auf dem Weg nach Wien bin, läuft schon ihr erster Bericht dazu im Deutschlandfunk. Als ich kurz darauf auf B5-aktuell schalte, höre ich auch hier ihre Stimme.

Nichts lässt sich wohl in ihrem Job planen. In den Auslandsstudios sind die Redakteure in Dauerbereitschaft. Wenn es kracht in ihrem Berichtsgebiet, dann heißt es für sie oder einen ihrer beiden Kollegen,

Koffer packen und Flug buchen. Drei Journalisten sind in Wien für den ARD-Hörfunk vor Ort, zwei kommen vom Bayerischen, ein Kollege vom Hessischen Rundfunk. Das Studio in Österreichs Hauptstadt ist wohl eine der Traumstationen für eine Vollblutjournalistin. Für eine, die Reisen liebt, die den Balkan liebt, samt der ganz eigenen Mentalität, und die die Begabung mitbringt, sich für 10 Länder zu interessieren und über sie informiert zu sein und informieren zu können.

In Wien selbst hält sich Susanne Glass nicht einmal 50 Prozent ihres Dienstes auf, um Beiträge zu planen, zu bearbeiten und natürlich, um aus Österreich selbst zu berichten. Die andere Zeit ist sie auf Achse und das immer noch mit Spaß daran, aus dem Koffer zu leben und unter manchmal unter widrigen Umständen zu arbeiten.

1999, während des Kosovo-Krieges, haben wir uns kennen gelernt und gemeinsam an Themen und Berichten gearbeitet. Der Informationsaustausch war optimal und die Kooperation kollegial. Damals war das umso wichtiger, denn in einem zerstörten Gebiet, in dem es keine Telefone, Faxe oder Computer gibt, ist jeder auf Informationen von anderen angewiesen. Was ist wo los? Wie ist die politische Lage? Was könnte ein interessantes Thema für den deutschen Zuschauer oder Zuhörer sein? Während der eine auf die eher leidlichen Pressekonferenzen der NATO ging und dort vesuchte, neue Informationen zu bekommen, hat der andere draußen nach Themen gesucht. Menschen standen im Mittelpunkt, Menschen, die vertrieben wurden, die unendliches Leid über sich ergehen lassen mussten, die Verwandte und Bekannte verloren hatten und vor dem Nichts standen.

Oft war unser Arbeitstag lang und oft haben wir uns trotzdem danach noch zusammengesetzt, um zu reden. Zu reden über das, was wir gesehen haben – für uns damals auch eine Art Therapie: rauszulassen, was man eigentlich nicht begreifen kann. Aber auch mit einem Gleichgesinnten zu sprechen, der weiß, ohne groß mit Worten auszuholen, von was man spricht, der nachvollziehen kann. Die Partner zu Hause sind damit überfordert.

Stunden haben wir im Regen an der Grenze von Mazedonien zum Kosovo verbracht und über die völlig überfüllten Lager in Stankovac berichtet. 27 000 Flüchtlinge wurden dort untergebracht, in vielen Zelten von Hilfsorganisationen und Militär, die innerhalb kürzester Zeit aus dem Boden gestampft wurden. Mit Löchern im Boden für Fäkalien, durch eine kleine Decke nur abgeschirmt. Mit langen Schlangen von Menschen, die

Eine Reise nach Wien 17

Stunden damit verbringen mussten, an Trinkwasser und Brot zu kommen.
Planea, ein Dorf an der Grenze zu Albanien. Dort oben haben die Serben niedergemacht, was es niederzumachen gab. Den Rest besorgte die NATO. Wir fanden Bilder, auf denen die Bewohner Seite an Seite standen und in die Kamera lächelten, bevor sie sich wenige Wochen später als Feinde gegenüber standen, um sich niederzumetzeln. Dort oben haben wir gelernt, dass Tierkadaver süßlicher riechen als menschliche. Wir fanden Aufputschspritzen und Verbandszeug der Serben.
Und doch: der Krieg ist immer vielschichtig. Es gab auch hier nicht nur schwarz und weiß. Durch die Funde wurde uns bewusst, dass Menschen zu Kriegsmaschinen werden können, wie Tiere, und dass sie verdrängen, was sie einmal zu Nachbarn gemacht hat, weil sie aufgehetzt wurden, nicht mehr klar denken und ein zwar unsinniges, aber doch ein Ziel vorgegeben bekommen haben.
Unten in einem Keller entdecken wir serbische Reste an Munition – die letzten Spuren eines Krieges. Es war, als könne man zu einem Bruchteil erleben, was sich dort wirklich abgespielt hat. Am Schluss haben wir eine 50 kg-Bombe gefunden und einen Keller voller Panzerfäuste, Patronen und Kleinkram. Dieses halbe Jahr hat Susanne und mich geformt, die journalistische Arbeit geschliffen und wir haben beide gelernt, alle Informationen dreimal zu hinterfragen. Wir haben Hilfsorganisationen aus Südkorea kennen gelernt, die im Flüchtlingslager Stankovac mit einer High-Tech-Medical-Einheit anrückten kamen. Ausgestattet sogar mit Teak-Holz. Nur eines hatten die Lieben vergessen, dass es dort keinen Strom gab, keine Steckdose.
Nachts sind wir an die Grenze zu Serbien gefahren. Und während wir auf der einen Seite auf dem Berg standen, sahen wir wenige Kilometer weiter, wie die Bomben der NATO auf Serbien fielen, wie in der Luft die Abwehrraketen ihren Dienst taten. Unten an der Grenze rollten, trotz Embargo, die Treibstoff-Transporter über die Grenze von Mazedonien nach Serbien. Wenige Flüchtlinge standen dort in der Schlange, um in das geschützte Mazedonien zu kommen, und keine Massen an Journalisten. Ich versuchte, mit einer kleinen DV-Kamera den Embargobruch aus dem Auto zu filmen. Der Grenzer kam von hinten ums Auto herum und bat mich auszusteigen. Egal, ob man sich fünf Mal im Kopf versucht beizubringen, es kann nichts Schlimmes passieren, in dieser Situation hatten wir beide Angst, denn schließlich wäre das

Filmmaterial ein offenes Zeugnis davon gewesen, dass die Mazedonier gegen ein NATO-Embargo während eines laufenden Krieges verstoßen. Nach 20 Minuten ließen sie mich gehen. Susanne wartete im Auto und beide waren wir verdammt froh über das Ende des nächtlichen Ausflugs. Eine Freundschaft ist aus der gemeinsamen Arbeit geworden. 1500 Berichte und Liveberichte hat Susanne Glass damals über den Krieg im Kosovo produziert. Und da der Balkan nicht ruhiger geworden ist seit dieser Zeit, hat sich das Arbeitspensum nicht reduziert.

Wien, 13. Bezirk, Hanselmayergasse 14. Ein weißer 70er-Jahre-Bau mit Flachdach. Ein kleines Schild rechts neben der Holztür verrät, dass hier das ARD-Studio untergebracht ist. In der Garage ein Teamfahrzeug der TV-Kollegen. Das Fernsehstudio ist in der Regel mit zwei Redakteuren besetzt, hinzukommen ein Cutter, eine Produktionsassistentin und mehrere freie Mitarbeiter. Überall hört man Interviews vor- und zurückspulen, Telefonklingeln und Telefongespräche. Vom Fenster des TV-Studioleiters lässt sich ganz Wien überblicken. Ein Traum von Büro. Links neben dem Eingang liegt die Gemeinschaftsküche für beide Abteilungen im orangefarbenen Fun-Stil. Modern vor 30 Jahren. Unten im Souterrain ist der Hörfunk untergebracht.

Susanne hat sich verändert: kurze Haare, viel selbstbewusster und tougher, aber vor allem angespannt.

Am Sonntag kam sie aus Nova Gorica, Slowenien, zurück. Sie - die Koffer nicht. Im Gepäck war diesmal ausgerechnet auch wichtiges Material, da es im Handgepäck keinen Platz mehr gab. Stundenlanges Telefonieren, um überhaupt herauszubekommen, wo die Koffer stecken geblieben sind. Verhandlungen mit dem Flughafen in Ljubljana und Wien. Abends um 22 Uhr landete dann auch glücklicherweise der Rest der ARD-Ausrüstung. Eine Stunde später klingelte zu Hause bei ihr das Telefon. Dejan Stefanovic aus Belgrad warnte Susanne, dass irgendetwas im Busch sei und dass es sich womöglich um eine Festnahme von Legija handelt könnte. Dejan ist Stringer für Serbien. Er ist im Moment der, der die Stellung hält, die Korrespondenten, wenn sie nicht vor Ort sein können, über alles Wichtige im Lande informiert. Dejan ist Serbe und hat überallhin gute Kontakte. Ist einer der Hörfunkkorrespondenten vor Ort, dann übernimmt er Teile der Organisation: vom Auto beschaffen bis zu Übersetzungen. Diesmal hat er wieder ein Paradebeispiel der Arbeit eines Stringers geliefert: Er hat vor den Agenturen erste Informationen sammeln können und nach Deutschland weitergegeben. Drei Stunden

Eine Reise nach Wien

Schlaf hat dadurch Susanne jedoch nur abbekommen heute Nacht, denn die Morgensendungen wollten schon einen ersten Bericht über das tatsächliche, freiwillige Stellen des mutmaßlichen Organisators Legija. Drei wichtige Überspieltermine gibt es für die Hörfunk-Sendeanstalten der ARD. Der erste ist um 5.30 Uhr, so dass alle Morgensendungen bestückt werden können. Das 11.30 Uhr-Überspiel bedient die Nachrichten mittags und die Berichte für 16.30 Uhr sind für die Abendsendungen.

Die beiden ersten Produktionen sind bereits raus, jetzt versucht Susanne neue Informationen über die Lage vor Ort und vor allem die Hintergründe über die freiwillige Meldung von Legija bei der Polizei zu bekommen. Das Haus des untergetauchten Milorad Lukovic wurde seit einem Jahr von Polizisten bewacht. Legija hat weder Familie noch Verwandte, die dort wohnen, und trotzdem wurden die Renovierungsarbeiten an der Villa fortgesetzt. Und dann plötzlich spaziert der etwas angetrunkene Legija zu den Bewachern seines Anwesens, sagt kurz Hallo, die Polizisten grüßen zurück und dann meint er, sie sollten ihn doch festnehmen, er sei es, Milorad Lukovic. Balkanmentalität gemischt mit Balkanpolitik, mit Verstrickungen des alten Milosevic-Regimes und Korruption. Welchen Deal hat der Gesuchte aushandeln können? Was könnte er wissen, dass er sich jetzt so mir nichts dir nichts der Polizei stellt? Es schwingt etwas Ungläubigkeit in den Diskussionen zwischen Susanne und Dejan mit, ob das alles wirklich sein könne.

Dejan hat Interviews von einer ersten Pressekonferenz in Belgrad einfangen können. Per Mail schickt der Stringer sie als Anhang im MP3-Format an Susanne. Im Anschluss kommt die Übersetzung. Susanne hat mittlerweile einigermaßen serbisch gelernt. Sie kann sich verständigen, unterhalten, doch bei den Übersetzungen ist sie auf Dejans Unterstützung angewiesen. Der erste O-Ton, also der erste Redeausschnitt aus einem Interview, kommt von Marko Nicovic. „Anwalt" hat Dejan dahinter geschrieben. Dann kommen die Übersetzungen von zwei weiteren, Slobodan Milivojevic und Momcilo Bulatovic. Dahinter der Vermerk: „Verteidiger". Was sich für den Zuhörer nicht nur unaussprechlich liest, weiß sie einzuordnen. Der eine ist Anwalt der Dijindijc-Familie, die anderen Verteidiger von Legija.

Übersetzung Dejan

Marko Nicovic, Anwalt, Pressekonferenz im Mediazentrum Belgrad,
Zum Timing der freiwilligen Stellung
Wenn er sich im Laufe des letzten Jahres überlegt hat, zur Zeit der DOS-Herrschaft, sich zu stellen, hat er das wahrscheinlich vermieden, wenn er berücksichtigt hat, wie Lokovic (Kum) und Spasojevic (Siptar) in Barajevo abgeschnitten haben. Er hat auf ein Mächteverhältnis gewartet, damit er mit der neuen Machtkonstellation handeln kann. Im Sinne, dass er Angaben macht, die von kapitaler Bedeutung für sie hinsichtlich der vorherigen Machthaber (DOS?) wären. Wir sehen, dass in den letzten Monaten besonders dieses Thema, verbunden mit der Ermordung des Premiers, erwähnt wird und noch einige Morde, die sich ereignet haben und an denen JSO und seine Leute beteiligt waren. „

Dejans Übersetzung ist ein Anhaltspunkt. Susanne lässt den O-Ton vor- und zurückspulen. Schaut abwechselnd auf Dejans Übersetzung und macht sich eigene Notizen. Mit den anderen zwei O-Tönen verfährt sie genauso.
Eigentlich findet jeden Morgen um 9.30 Uhr eine Besprechung mit ihren Kollegen statt. Heute war keine Zeit, Legija ging vor. Die Sitzung wurde auf 14 Uhr verschoben. Sie holt sich einen Kaffee und dampft dafür ab ins Nachbarzimmer.
Mir bleibt Zeit, mich umzusehen. Ihr Büro ist groß und ihr Büro ist voll. Rechts ist die Wand schallgedämpft und davor eine komplette Schnitteinheit mit Verstärker, VHS-Rekorder, MD-Player, Kassettendecks, Schaltgerät, CD-Player, Radio, Festplatte. Davor ein so genanntes ISDN-PKI-Telefon. Über die Leitung kann mit 15 kHz und 7 kHz überspielt werden. Für ihre Beiträge verwendet Susanne im überwiegenden Fall die 7 kHz. Davor steht ein Bildschirm für den digitalen Avid-Schnitt. Der ganze Komplex nennt sich DigAS, die Abkürzung für digitales Studio.
Das Zimmer ist aber auch gleichzeitig wie ein Aufbewahrungsort von Reiseandenken. Plakate von einem völlig zerstörten Vucovar 1991. Daneben eine Karte von Bosna i Hercegovina und ein beigefarbener Wimpel aus Mazedonien, aus Skopje. Ein Geschenk von Goran und Vlado, Kollegen, damals vor Ort und längst aus den Augen verloren. Üblich bei allen Journalisten und auch hier bei Susanne: die Schreibtischlampe mit angepinnten Akkreditierungskärtchen. Im Eck ein Regal voller Ordner. Sauber sind sie beschriftet mit „Jugoslawien VIP" oder „Albanien-

Eine Reise nach Wien   21

Hintergrund-Info". Das Wichtigste wird hier drin gesammelt: Namen, politische Entwicklung, Rechercheergebnisse. Jedes Land hat seine eigene journalistische Susanne-Glass-Geschichte. Anders ist es wahrscheinlich auch nicht zu regeln, schließlich umfasst das Berichtsgebiet Österreich, Albanien, Bulgarien, Rumänien, Slowenien, Ungarn, Mazedonien, Bosnien, Kroatien und Restjugoslawien, also Serbien und Montenegro. Auf dem kleinen Tisch davor liegen massenhaft Kassetten. Kassetten, wie sie jeder kennt, worauf jeder seine Sammlung an Lieblingsliedern früher einmal überspielt hat. Für Glass sind dies Arbeitsutensilien, mit aufgenommenen Interviews und Hintergrundtönen aus aller Welt. Ihr kleines Archiv, denn früher hat der Hörfunk damit gearbeitet. Sie wurden in Aufnahmegeräte gesteckt, die im Endeffekt ein kleiner Kassettenrekorder waren. Heute verwendet Susanne Minidisks. Sie sind kleiner als die normalen Computerdisketten. Die dazupassenden Geräte sind handlich und von der Größe mit einem Walkman zu vergleichen. Ganze Features lassen sich komplett auf diesen Geräten produzieren. Die Qualität der Aufnahme ist um vieles besser als mit den alten Sony- oder Marantz-Geräten. Digital eben. Das dazugehörige Mikrofon ist mittlerweile doppelt so schwer wie das Aufnahmegerät selbst.

Die Sitzung ist vorbei. Eigentlich noch nicht offiziell. Für Susanne wird nur langsam die Zeit für den letzten Bericht knapp. Sie hat die Besprechung vorzeitig verlassen müssen. Auf der Mailbox ist bereits eine Nachricht von Dejan. Er bittet um Rückruf, denn er hat mit Kollegen gesprochen und einen neuen O-Ton eingeholt. Kurz vor 15 Uhr schickt er ihn wieder per Mail als MP3-Anhang von Belgrad nach Wien.

Noch einmal geht Susanne die österreichische Nachrichtenagentur APA, Austria Press Agency, durch. APA ist gekoppelt mit anderen Agenturen wie Reuters oder dpa. Daneben hat sie noch Zugriff auf hina, die kroatische Nachrichtenagentur und beta, die serbische.

Berichte lassen darauf schließen, dass Legija am 10. Mai, also in sechs Tagen vernommen werden soll.

Wieder telefoniert sie mit Dejan, um die neueste Lage zu checken. Dann setzt sie sich an den Computer und fängt an zu texten. Profis kennen ihre Sprachgeschwindigkeit. Wissen, wie lange eine DIN A4 Seite als gesprochenes Wort ist.

Anders geht es auch nicht, denn in aktuellen Situationen kommt es auf jeden Griff an, muss jede überflüssige Arbeit vermieden werden. Die Zeit

zum Gegenlesen, wie lange also das Aufgeschriebene in Minuten und Sekunden ist, bleibt nicht.
Immer wieder jedoch liest Susanne laut ihren geschriebenen Absatz, dabei prüft sie einerseits die Logik, ob der Zuhörer die Zusammenhänge nachvollziehen kann, aber auch, ob der Text harmonisch klingt, ein Gefühl des Ganzen vermittelt.
Anruf aus Baden-Baden. Die Kollegen des Südwest-Rundfunks würden gerne noch etwas „Buntes" für morgen haben. Es gäbe doch in Österreich die Möglichkeit, sich Briefmarken mit dem eigenen Konterfei oder einem Bild der eigenen Firma drucken zu lassen und zu verwenden. Glass erklärt, es gäbe bereits einen Bericht über Benita Ferrero-Waldner, Außenministerin Österreichs und gescheiterte Präsidentschaftskandidatin. Im Wahlkampf hat sie diese Briefmarken als Gag anfertigen lassen. Nein, heute sei ein neuer Bericht schlecht, denn die Post in Wien sei um kurz vor vier nicht mehr bereit, noch schnell ein Interview zu geben.
Ob bunte Geschichten, politische Fakts, Hintergrundberichte, vor allem der Auslandskorrespondent muss alles abdecken können, für alles ein Gespür entwickeln und für jedes Genre einen eigenen Stil einsetzen können.
Zurück zum Aktuellen. Glass tippt weiter an ihrem Text. Mir bleibt Zeit, ein Feature von ihr anzuhören. „Kalaschnikow und Träume von einem Großalbanien" hat sie es betitelt. 25 Minuten Eindrücke aus einem für uns unbekannten Land.
Es ist eine sehr persönliche Reisegeschichte. Glass beschreibt ihre Ankunft in Tirana und vermittelt dem Zuhörer, das sich mit der Flugzeugtür auch ein anderes Land, eine andere Mentalität öffnet. Schlafende und sich unterhaltende Zöllner, die sie kaum beachten, diesmal zumindest. Mit dem Sohn des ehemaligen albanischen Königs, Leka I., führt sie ein Interview. Der Thronanwärter will ein Großalbanien, eine Zusammenführung von Albanien und dem Kosovo. Sie beschreibt einen Menschen, der arrogant wirkt und es wohl auch ist. Leka gebärdet sich wie ein kleiner, wirklich wichtiger König. Um zu den Treffen zu gelangen, wird Susanne von oben bis unten kontrolliert. Sich wichtig machende Bewacher verweigern ihr den Zutritt. Erst der Pressechef des heimlichen Königs klärt die Situation.

Eine Reise nach Wien 23

Ausschnitt Feature:

„Leka I. muss furchtbare Angst haben. Denn gleich fünf Bodyguards filzen die Besucher – trotz offizieller Anmeldung. Alle Taschen werden ausgeleert, jedes Blatt des Notizblocks einzeln begutachtet, jeder Geldschein genauestens untersucht. Kugelschreiberminen werden entfernt und sogar das benützte Tempotaschentuch wird konfisziert. Das Aufnahmegerät interessiert die angeblich in Frankfurt am Main ausgebildeten Personenschützer dagegen zum Glück überhaupt nicht. Seltsam, aber gut! Nach dieser entwürdigenden und lächerlichen Prozedur geht es dann sehr schnell, ohne offizielles Hofzeremoniell. Leka I. empfängt seine Gäste schon im Flur mit einem entschuldigenden Lächeln."

Man muss Menschen, die man interviewt nicht wirklich mögen, aber manche machen es einem wirklich schwer nur etwas Sympathie aufkommen zu lassen, vor allem, wenn protzig und die Männlichkeit unterstützend ein Boxer neben dem Thronfolger sitzt, sabbert und kläfft.

Ausschnitt Feature:

„Leka I., soviel ist schnell klar, gehört eher zu letzterer Kategorie. Die ganze Person ist zwielichtig und skurril. Leka Zogu (sprich: Sogu), 63 Jahre alt, ist 2 Meter 10 groß, spindeldürr, Kettenraucher und trägt einen kakifarbenen Safarianzug mit schwarzen Springerstiefeln. Leka war drei Tage alt, als sein Vater, der albanische König Zogu I., 1939 nach der Landung der Italiener aus Albanien geflohen ist. Nach dem Tod des Vaters 1961 im Pariser Exil rief sich Leka zum König aus. Er lebte in Spanien, bis ihn dort die Polizei als Waffenhändler enttarnte. Dann ging er nach Südafrika. Von dort ist er vor eineinhalb Jahren auf offizielle Einladung der albanischen Regierung nach Tirana zurückgekehrt. Seitdem kämpft der Thronanwärter um politische Bedeutung und die Rückgabe des Familienbesitzes – bisher vergeblich."

In einer noblen Pizzeria versucht Susanne auch für ihre Reise durchs Land Führer zu organisieren. Zwei hat sie schließlich über Kontakte, gefunden, die rücken auch wirklich am nächsten Tag pünktlich an, mit einer Kalaschnikow im Kofferraum und einer Pistole im Handschuhfach. Albanien ist kein sicheres Land, nicht für die Einheimischen und erst recht nicht für Ausländer. Bakschisch gehört hier zum alltäglichen Durchkommen. Für jede Information, für unüberwindliche bürokratische Hemmnisse gibt es Lösungen mittels kleiner Geldgeschenke. Sie fährt auf

ihrer Reise in den Norden an Bunkern vorbei und bringt diese kleinen, wie Pilze aussehenden Zeugnisse aus längst vergangenen Tagen dem Zuhörer so nahe, als würde er selbst gerade daran vorbeifahren. Im Hintergrund sind die Fahrgeräusche zu hören, eine Unterhaltung zwischen den beiden Begleitern.
Gegen Mittag erreicht das Auto die Fähre von der Hauptstadt Tirana nach Nordalbanien. Natürlich verspätet sich alles. Es dauert, bis Fahrzeuge und Menschen auf das Boot fahren und gehen, und natürlich ist es überladen. Ein nervöser Mercedesfahrer schießt in die Luft mit seiner Kalaschnikow. Er hat keinen Platz mehr auf der Fähre bekommen und ihm blüht, hier am Ufer bis morgen früh warten zu müssen. Wieder wechseln Geldscheine den Besitzer und plötzlich ist dann doch ein Platz für ihn auf der Fähre frei. Während sie über den Fluss tuckern, bleibt Glass Zeit auch die Schönheit des Landes zu beschreiben. Berge, ein wunderbares Panorama. Eigentlich reizvoll genug, um Urlaub dort zu machen. Eigentlich ein Land, das man gesehen haben sollte. Doch die schönsten Tage des Jahres lassen sich hier nicht verbringen. Es gibt keine Hotels, nicht einmal den kleinsten erforderlichen Standard für Touristen. Wer hier ein Auto besitzt, ist der König. Wer hier einen Mercedes fährt, der Kaiser. Die Menschen haben kaum Arbeit, sie leben am untersten Limit. Überall beschreiben alte Fabrikruinen die Geschichte des Landes: Diktatur, Aufstände, ein neuer Anfang mit einer halbdemokratischen Regierung, die aber noch immer vor allem durch Korruption bestehen kann.

Ausschnitt Feature:

„Der tiefe, türkisfarbene Fluss in der wilden Schlucht und die hohen schneebedeckten Gipfel darüber: Noch dazu wechselt dieses herrliche Panorama ständig. Fast jede Minute der dreistündigen Fährfahrt bieten sich neue atemberaubende Ausblicke. Selbst Albaner, die diese Strecke ständig fahren, stehen jedes Mal gebannt an Deck und bewundern voller Nationalstolz ihr schönes Land. Das hindert sie aber nicht daran, ihren gesamten Müll ohne Unrechtsbewusstsein ins Wasser zu werfen. Neben der Fähre schaukeln hunderte Plastikflaschen auf den Wellen."

Auf dem Markt in Bairram Curri ist das Angebot klein, aber wer hier nach Waffen sucht, für den ist es ein kleines Paradies. Alles da, was das Herz

begehrt. Jede Familie besitzt in der Regel eine Waffe, das ist, angesichts der noch immer bestehenden Blutrache, schwer von Nöten.
Vor Ort spricht Glass deshalb mit dem Polizeichef und der erzählt ihr eine ganz eigene Geschichte. Oben am Berg gibt es ein Haus. Dort lebt ein Mann seit Jahren völlig zurückgezogen. Er verlässt es nie, denn er hat Angst vor Blutrache. Und irgendwann fing er dann an, blind in die Luft zu schießen, als Ablassventil für seine kaputten Nerven. Auf jeden Fall sah der Polizeichef, dass es so nicht weitergehen konnte, und er dachte sich einen Plan aus. Mit den Einwohnern setzte er sich dann zusammen und kam nach etlichen Stunden und Diskussionen mit ihnen überein, dass sich die Blutrache nur noch auf den wirklichen Mörder des anderen Familienmitgliedes beschränken dürfe. Bis jetzt wurde querbeet erschossen, Hauptsache, es war ein Mitglied aus der Familie, die ein Mitglied aus der eigenen Familie getötet hatte. Seitdem können sich die Bewohner etwas freier in der Gemeinde bewegen. Und während er so erzählt, fallen draußen auf dem Marktplatz wieder Schüsse. Der ebenfalls anwesende Vizebürgermeister lächelt und meint nur, dass dies ein Hunde-Erschießungskommando sei. Es gäbe zu viele davon und so versuche man jetzt das Problem zu lösen.
Albanien ist vergessen, so scheint es für den Zuhörer. Keiner kennt es, keinen Politiker schert es, was hier vor sich geht. Seit die Grenze zum Kosovo wieder dicht ist, hat sich die Situation noch einmal verschlimmert. 1999 konnten die Leute ihre Waren im Kosovo verkaufen, denn dort ist der Lebensstandard trotz des Krieges um einiges höher als in Nord-Albanien. Heute geht das nicht mehr, und wenn sie dringend benötigte Waren drüben kaufen, dann ist Zoll fällig. Auch die medizinische Versorgung ist im Kosovo um einiges besser als hier im Norden des Landes. Es gibt dort wenigstens Medikamente und die Ärzte sind zuverlässig. Im Krieg sind die Kosovaren aus Verzweiflung hierher geflüchtet. Nach dem Ende waren sie die ersten, die wieder zurückgekehrt sind. Keiner wollte hier bleiben, denn es sind zwar beide laut Nationalität Albaner, aber es gibt trotz allem den kleinen und feinen Unterschied der Kosovo-Albaner und der Albanien-Albaner. So ist es verständlich angesichts der Tatsache, dass es dem ehemaligen Kriegsland viel besser geht und dass es gleichzeitig auch viele Familien gibt, die die Grenze teilt, dass es vor allem hier Teile der Bevölkerung gibt, die ein Großalbanien anstreben. Dafür hat auch Mohammed gekämpft. Susanne Glass hat den 38-Jährigen in einem kleinen Dorf

kennen gelernt. Früher hat er in mehreren Einheiten von Fremdenlegionen gekämpft. Er war und ist Idealist, darum schloss er sich vor acht Jahren auch der verbotenen Nationalarmee an, die im Kosovo gegen die Serben gekämpft hat. Heute schießt er nicht mehr, sondern versucht uns mit Worten zu erklären, dass nur ein großes Albanien die Besserung für sein Land bringen könne.

Ausschnitt Feature:

> O-Ton, Mohammed (albanisch, overvoice Gerwald Herter):
> „Es gibt zwei Kategorien von Kämpfern. Die Paramilitärs und die Idealisten. Ich bin Idealist. Ich habe für die Rechte der Albaner gekämpft. Und als ich der Meinung war, dass wir das derzeit Mögliche erreicht haben, habe ich mich zurückgezogen. Weil ich Idealist bin, konnte ich das auch, ohne nach dem Krieg in eine große Depression zu stürzen. Bei den Paramilitärs ist das anders. Sie kämpfen für Geld. Und nach den Kriegen haben fast alle ein Trauma. Sie können sich nie mehr in Frieden zurückziehen. Und kämpfen deshalb immer weiter, wo immer das möglich ist."

Die Musik wird langsam ausgeblendet und im Hintergrund wird das Computertippen lauter. 10-Fingersystem, wie man leicht hören kann. Wieder Telefonklingeln. Dejan fragt nach, ob der letzte O-Ton angekommen ist. Susanne verneint. 45 Minuten sind vergangen, seit die E-Mail Belgrad verlassen hat.
Auflegen und wieder zurückziehen. Glass beachtet weder mich noch etwas um sie herum. Zum Texten schließt sie einfach den Rest der Welt für eine kurze Zeit aus. Das ist ebenfalls eine wichtige Voraussetzung, denn oft versammeln sich Massen an Journalisten bei aktuellen Anlässen und jeder muss manchmal Schulter an Schulter mit dem anderen seinen Text schreiben und sein Konzept erarbeiten.
Der Drucker läuft. Etwas mehr als 2 Seiten, das dürfte hinkommen, meint die ARD-Korrespondentin. Jetzt liest sie ihren Text trocken, das heißt lautes Vorlesen, aber keine Aufnahme. Damit versucht Susanne über schwere Namen hinwegzukommen, ihrer Stimme die richtige Tonlage zu geben und die Schnelligkeit zu testen. Striche unter einigen Wörtern geben Hilfe bei der Betonung.
Der O-Ton von Dejan ist immer noch nicht angekommen und es ist schon kurz vor vier. Anruf in Belgrad. In dem Moment klingelt es im Computer, eine neue E-Mail ist angekommen. Es ist der fehlende O-Ton. Sie

Eine Reise nach Wien 27

überspielt ihn via Kabel direkt in das Schnittgerät. Am Computer des DigAS erscheint er als lange Linie mit Berg und Talabschnitten. Susanne öffnet den Regler, tippt auf Record und liest ihren Text ins Mikrofon. Drei Versprecher. Als sie die Telefone wieder einhängt, läutet es auch schon. Dejan mit einer Eilmeldung, die gerade in Belgrad einging. Das Kriegsverbrechertribunal in Den Haag hat wider Erwarten kein Interesse an Legija. Textänderung und noch einmal eine Tonaufnahme. 16.20 Uhr und die O-Töne werden auf dem Bildschirm mit Hilfe der Maus zwi- schen ihren Kommentar geschoben. Dann beginnt sie die Voice-Over Mischung. Die Ausschnitte aus den Interviews mit den Anwälten müssen übersetzt werden. Am Anfang bleiben sie ein Stück „trocken" stehen, dann wird die Lautstärke etwas zurückgenommen und die Übersetzung von Susanne setzt ein. Wenn etwas mehr Zeit bleibt, dann lässt sie männliche Interviewpartner auch von einem männlichen Kollegen hier aus dem Studio als Übersetzung sprechen. Heute fehlen diese Minuten. Das Ab- und Aufblenden der Lautstärke erfolgt per Mausklick. Der Ton erscheint ebenfalls in Strichen. Etwas nach unten gezogen wird er leiser und so kann die deutsche Übersetzung gut verstanden werden. Im Hintergrund läuft der serbische Anwalt als Ton leise weiter. Versprecher bekommen eine lila Markierung und die Taste „Entfernen" lässt sie einfach verschwinden, in einen imaginären Papierkorb. Der Hörfunkbeitrag auf dem Bildschirm ist wie ein kleines Puzzle: Teile werden hin und her geschoben, und nur sie kann an ihren abgespeicherten und betitelten Teilen erkennen, was wo hingehört. So schneidet sie „Wegnehmen" an „Mili" und „Den Haag" an „Nicovic". Fertig und ab ins „ARD-lang" Fach.
Die kompletten 3:34 schiebt Glass wieder via Maus als File-Transfer in ein Viereck auf dem Bildschirm. „Daten werden übertragen" steht jetzt in einem Fenster. In diesem Moment wandert ihr Beitrag über ein Kabelnetz in ein großes unsichtbares Datenfach. Darauf haben alle ARD-Anstalten Zugriff und heute Abend läuft Susannes Beitrag dann vielleicht in Mainz und in Stuttgart, in Berlin und in München. Genau genommen ist dies nun ein BME, erklärt die Korrespondentin, also ein Beitrag mit Einspielung. Jeder Redakteur in den Sendeanstalten kann so genau erkennen, dass dies ein Beitrag ist, der auch O-Töne beinhaltet.
Gegengleich gibt es auch den BMO, also Beitrag ohne Einspielungen. Abkürzelsalat. Typisch für den Hörfunk, der hier eine ausgeprägte Leidenschaft entdeckt hat. Susanne Glass ist auch nicht Susanne Glass, sondern SG. Da ihr Beitrag eine bestimmte Länge überzogen hat, also

eine Langfassung war, kommt er in dieses E-Mail-Fach. Wäre er aber eine Kurzversion, der also eine Minute und 30 Sekunden nicht überschreitet, dann käme er ins so genannte „ARD-Kurz"-Fach. Alle Sendeanstalten haben zudem noch ihre eigenen Einheiten, in die Beiträge gelegt werden können, so zum Beispiel B5 aktuell, der Nachrichtenkanal des Bayerischen Rundfunks, oder die Kulturredaktion des Mitteldeutschen Rundfunks. Innerhalb der letzten vier Jahre, in denen Glass nun hier im Studio arbeitet, hat sie 2062 Berichte und Live-Schaltungen produziert. (1.August 2000 bis 3.Mai 2004)

Es ist kurz nach fünf Uhr. Diesmal will sie früh gehen, denn schließlich will Susanne mir noch ein Stück von Wien zeigen. Sie packt ihre Sachen und dann deutet sie auf ihren Schreibtisch und eigentlich auf puren Kitsch: ein Schüttelglas vom Prater mit der Aufschrift „ARD-Studio Wien 2002", ein Geschenk, das die Fernsehkollegen fürs Studiofest zum 35jährigen Bestehen anfertigen haben lassen. Kitsch ist manchmal auch wichtig. „Ja", meint sie und stellt es wieder hin. Etwas wehmütig, denn in einem Jahr wird sie hier ihren Platz räumen müssen.

Auf 24 Monate werden die Korrespondenten an das Auslandsstudio vom Mutterhaus verliehen. Danach kann noch einmal um drei Jahr verlängert werden, dann ist in der Regel Schluss.

Mit Freund und Sack und Pack ist sie im August 2000 hierher gezogen. Die Münchner Wohnung haben sie aufgegeben. Thomas, der Mann an ihrer Seite, hat sich ebenfalls einen Job in Wien gesucht, um mit ihr zusammenbleiben zu können. Eine Wochenendbeziehung wollten beide nicht. Jetzt haben sie sich eingelebt. Ihre Nachbarn sind gute Freunde geworden. Die Grundversorgung ist geregelt. Es sind die Kleinigkeiten, die oft vergessen werden, und die eben auch so ein Leben als Auslandskorrespondent mit sich bringt: die Versicherungen müssen gewechselt, neue Verordnungen, andere Gesetze beachtet werden. Die Suche nach einem neu- en Haus- und Zahnarzt. Wien ist nicht weit entfernt und die Unterschiede zwischen Österreich und Deutschland sind nicht gravierend. Für viele jedoch, die in Prag, Istanbul oder Tel Aviv leben und arbeiten, bedeutet dies eine erhebliche Umstellung. Und dann ist nach zwei bzw. fünf Jahren die Dienstzeit im Ausland vorbei. Ein Leben voller Wechsel und Umstellungen. Vermutlich erst wenige Monate vor ihrer Rückkehr ins Mutterhaus nach München wird sie endgültig erfahren, in welche Redaktion sie versetzt wird. Thomas will am liebsten

Eine Reise nach Wien

nicht weg. Gerade jetzt läuft es beruflich für ihn hervorragend. Wien ist für ihn eine tolle Stadt, hier fühlt er sich wohl. Die österreichische Hauptstadt hat Flair und Susannes Wohnung auch. In einer Ecke ist ihr Büro. Bücher über die Berichtsgebiete stapeln sich, auf dem Schreibtisch eine mobile Einheit eines Hörfunkstudios, so dass sie auch jederzeit von zu Hause aus arbeiten kann. Was aussieht wie ein normaler Laptop, ist ebenfalls ein digitales Studio, mit dem Namen „travel digAS". Geht sie auf Reisen, dann packt sie die Einheit einfach in den Koffer.

Beim Glas Wein erzählt sie mir, warum sie die Stadt Wien so liebt. Es ist die Kultur, die herrlichen Häuser, das weltstädtische Flair. Hier gäbe es keine Shoppingcenter, aber dadurch lerne man wieder ganz anders einkaufen. „Wenn ich einen Knopf brauche, dann gehe ich hier ins Knopffachgeschäft zu einem Knopffachverkäufer. Der nimmt dann mein Muster in die Hand, verschwindet zwischen unendlich vielen aufgestapelten kleinen Schachteln und kommt dann mit genau demselben zweiten Knopf zurück oder zumindest einem, der fast exakt passt."
Melange, Naschmarkt mit Sushi-Buden, Adressen wie Winkelgasse 15, Hinterhaus, Tür 13 – Wien hat was. „Morgen", sagt sie dann, bevor wir schlafen gehen, „morgen glaube ich, wird es ruhig bleiben." Wäre zumindest gut, damit sie nicht wieder eine Stunde ihres gebuchten Französisch-Konversationskurs versäumt. Weil man ja nie weiß, wohin die Reise geht.

03.Mai 2004

2 Quote gut – alles gut

Herne, Bahnhofsstraße, 1.Stock. Ein Radiosender in einer großen Wohnung, so ist mein erster Eindruck. Von High-Tech ist da erst einmal gar nichts zu spüren, alles schaut aus, als wäre es bereits 20 Jahre im ständigen Gebrauch. Schon setze ich mich gedanklich in die Nesseln beim Chefredakteur Wolfgang Tatzel, denn er ist gerade auf seine Büromöbel furchtbar stolz, schließlich war es das Neueste, was den einzelnen Stationen von Seiten der Chefs zugestanden wird. Seine Kollegen haben bereits neidvolle Bemerkungen gemacht.
Wolfgang Tatzel ist aber trotz allem seinem alten Bürostuhl anno dazumal treu geblieben. Aus Nürnberg, seiner ersten Station im Privatfunkleben, hat er ihn mitgenommen, als der Urfranke sich damals 1999 in den Ruhrpott aufgemacht hat, um hier den Sender in Herne mit aufzubauen. Die aufregenden Zeiten bei der Gründung des ersten privaten Rundfunks in Deutschland haben wir beide gemeinsam miterlebt. Der Alt-Achtundsechziger mit wildem Vollbart war damals Chef vom Dienst und als verantwortlicher Redakteur hat er vor zwanzig Jahren meine ersten Hörfunk-Berichte abgenommen, meist mit vielen Diskussionen. Er war einer der ersten Betriebsräte, die überhaupt im privaten Rundfunk gewählt wurden.
Ein wildes Leben hat Wolfgang hinter sich, und eigentlich entsprach er damals genau dem Klischee, das man so weitläufig über Journalisten hat. Also, ein Bierchen hätte er niemals dankend abgelehnt und mit den Kollegen abends noch schnell um die Ecke und plaudern war immer bei ihm drin. Daran ist wohl letztendlich auch seine erste Ehe gescheitert.
Jetzt ist er brav geworden, zum zweiten Mal verheiratet und Chefredakteur mit geregelten Arbeitszeiten und drei Kindern.
Der Job hier war sein Karrieresprung, denn in Nürnberg war der Posten des Chefredakteurs vergeben und nur die Veränderung brachte den Aufstieg.
Er hat sich schnell eingelebt und mittlerweile spricht er positiver über Herne, als er es über Nürnberg jemals getan hat. Vor allem die Kunst-

Quote gut – alles gut

und Kulturszene im Ruhrpott hat es in sich. Fast alle großen Stars machen Station im Ballungsgebiet. Herne, mit seinen 170 000 Einwohnern grenzt sozusagen mit seinen Häusern an die Häuser von Gelsenkirchen mit 270 000 Einwohnern. Köln ist eine Stunde entfernt und Dortmund nebenan.

Herne selbst ist Nürnberg gar nicht so unähnlich: Eine alte Arbeiterstadt, die Menschen dadurch bodenständig, ehrlicher als in Hochglanzstädten mit Schickimicki-Kultur. Da fühlt er sich wohl, da ist er zu Hause, das ist der Menschenschlag, den er braucht und mag. 15 Prozent Arbeitslosigkeit. Leute mit den berühmten scharz- grau-gemusterten Leggins auf der Straße. Gespräche ums Geld in der Fußgängerzone neben gut angezogenen Leuten, die flanieren. Für Wolfgang Wohlfühlgebiet, wobei Feinschmeckerlokale nicht fehlen dürfen und vor allem exzellente Weinhandlungen, aber auch das gibt es Gott sei Dank in der Ruhrpottstadt und somit ist die Welt für ihn in Ordnung.

Einige der Kollegen, die damals im Süden mit uns angefangen und ebenfalls ihre Chance im Westen gesehen haben, sind gescheitert, konnten sich mit dem Menschen und Strukturen nicht anfreunden oder wollten zu viele neue Ideen auf einmal umsetzen.

Insgesamt bin ich verwundert, dass sich in 20 Jahren kaum etwas im Stil, Format oder den Konzepten des Privaten Rundfunks verändert hat. Es gibt sie noch immer, die Aufkleberaktionen, die Playlists mit genauen Angaben, was der Moderator sagen darf und selbst das Schlagwort AC ist geblieben. Es beschreibt eine Musikrichtung, die sich in den Privaten Sendern durchgesetzt hat. AC heißt Adult Contemporary und bezeichnet ein bestimmtes, weit verbreitetes Radioformat. AC hat ausschließlich Popmusik im Programm, die dem Zeitgeist und Zeitgeschmack entspricht. Nicht unbedingt auf Jugendliche abgestimmt, eher auf das Alter 25 bis 50 Jahre. AC steht für eine Musik, die nebenher gehört werden kann, ohne große Akzente, ohne große Unterschiede im Klangbild erkennen zu lassen. Typische Interpreten sind Elton John, Robbie Williams oder Pet Shop Boys. Niemand soll zum Radio rasen, um das Gerät lauter zu drehen. Gemeinerweise könnte man fast von Dudelmusik sprechen, ohne ein „highway to hell" oder „we will rock you", was mein Blut mal so richtig in Wallungen bringen würde. Es plätschert dahin und das ist gewollt und in vielen Umfragen von den Hörern bestätigt worden. Wolfgang beschreibt sie mit den Worten: Begleitmusik ohne Höhen und ohne Abschaltfaktoren. Heute wird nur noch gelegentlich das so genannte Euro-AC-Musikformat eingesetzt, dann werden auch italienische, spanische oder französische Titel gespielt. Das passiert meist nach den großen Sommerferien, wenn die vor den Radios noch in Urlaubsträumen schwelgen. Selbst die Promos werden von der- gleichen Stimme gesprochen und hören sich von Norden nach Süden ähnlich, wenn nicht gleich an. Promos sind sendeeigene Werbungen, gesungen oder gesprochen. Also Sätze wie „Radio Herne, ihr Hallo-wach-Sender" oder „Frühling im Radio".

Der Hörer bestimmt, und das heißt auch beim Privatrundfunk einer Stadt: wenn Informationen, dann über Herne. Wo was läuft, wo was günstiger ist, wo etwas die Bewohner eben hautnah betrifft. Sechs Stunden täglich fährt Herne90acht seine eigenen Sendungen. Zwei Mal am Tag drei Stunden.

Wolfgang ist stolz auf die Einschaltquote. Sie liegt zwischen 27 und 37 Prozent, mit einer durchschnittlichen Verweildauer von 161 bis 217 Minuten am Tag. Diese Fakten zählen, denn danach ist er ein guter oder ein schlechter Chefredakteur. Danach entscheidet sich seine Vertragsverlängerung, sein Ansehen, seine Eigenständigkeit. Das Brot bei den Privaten ist immer noch hart zu verdienen. Der Sender Radio Herne90acht hat einen großen Vorteil: er hat nur eine Konkurrenz, Eins live des WDR, doch der sendet überregional. Tatzel ist gut im Rennen und hält mit seinen Hernern die Spitze. Hat er sie einmal gewonnen, bleiben sie zum überwiegenden Teil treu.

Die Redaktion besteht aus neun Festangestellten (Chefredakteur, vier Redakteure, ein Volontär, zwei Sekretärinnen und eine Werbezeitverkäuferin) und sieben freien Mitarbeitern.

Ich werde durch die Räume geführt. Ganz hinten rechts ist das Sendestudio. Ein nicht besonders repräsentativer Raum mit Misch- pult und Fenster zum Hinterhof. Oben ist eine Web-Cam ange- bracht, eine Zuschaltung auf die Internetseite von Radio Herne. Zu meiner Zeit gab es noch Stapel an so genannten Carts. Das waren mehr oder minder Kassetten, die mit Musik, Jingles oder Beiträgen bespielt wurden und Unmengen an CDs. Der Moderator hatte in seiner Schicht ganz schön was zu tun. Er hatte zwar schon damals eine Playlist, aber er musste alle Carts aus den Fächern suchen, LPs auflegen, CDs einlegen und „ach wie vergessen" die alten Vinyl-LPs auch noch „eincuen", also exakt an den Start anlegen. Ein wunderschöner Anblick, so machen das heute vielleicht noch DJs. Sie suchen sich den Anfang des Liedes und fahren dann mit der Hand ein paar Mal hin und her, um je nach Gefühl, den richtigen Zeitpunkt für den Start zu finden. Hin- und Hergeflitze im Studio. Ständig waren Reporter unterwegs, ständig gab es Streitereien um die Belegung der Schnittkapazitäten und des Studios. Wir haben auf Revox-Geräten ge-schnitten, und geschnitten hieß damals noch wirklich geschnit- ten. Das auf ganz normale Kassetten aufgenommene Material wurde überspielt auf Band und dann per Hand geschnitten. Immer wieder an der festgelegten Stelle hin und hergedreht um den richtigen Punkt für den Cut zu finden. Klack und zusammenkleben mit dem restlichen Material. Richtig kleben mit Klebestreifen. Vorne am Bandanfang noch ein gelbes Band hinhängen und hinten eine rot-weiß-gestreiftes. Dann überspielen auf Cart und ab ins Studio. Bei Wolfgang rumschleimen, dass doch noch ein O-Ton, ein Original-Ton, aus einem Interview in die Nachrichten müsste, weil das noch mal zusammen mit einer geschrie- benen Nachricht Geld brachte. Immer gab es den Kampf um Aufnahme- geräte für die Produktion.

Zu meiner Radiozeit hat sich die Grenze zur DDR geöffnet und ich bin spontan nach Hof gefahren, um die ersten Flüchtlinge aus Ungarn zu empfangen. Übrigens ohne es mit meinem redaktionellen Chef Wolfgang abzusprechen. Tag und Nacht habe ich ausgeharrt, per Münztelefon meine Berichte abgesetzt, geschlafen neben den ganz großen Kameraleuten von BBC und den Reportern aus der ganzen Welt. Damals war man als Redakteur eines Privatradios nichts, untere Klasse. Die Kollegen von meinem jetzigen Arbeitgeber hätten sich nicht einmal mit mir unterhalten.

Heute hat sich das etwas gebessert, obwohl es noch immer eindeutig eine Hackordnung gibt in großen Städten. Politiker und die, die sich sonst zur Elite zählen haben angesichts der vielen Mikros und Interview- anfragen genau sondiert, wie viele Menschen sie durch ein Interview mit dem entsprechenden Sender erreichen.

In Herne sind Wolfgang und seine Crew unangefochten. Hier gibt es noch die Lokalzeitung. Wieder ein Blick zurück.

Früher, vor 20 Jahren, wurde bei den Moderatoren schon mal in der Nacht die eigene Lieblings-CD eingeschoben, ein spontanes Gespräch geführt mit Zuhörern, Kollegen, witzigen Menschen. Alles weg, nichts mehr da, nur ein Computer und der bestimmt. Er gibt jede Minute Sendung vor, jeden zu spielenden Titel. Die Musik und die produzierten Werbeblöcke sind eingespeichert und fahren selbständig ab. Das ist eben

Veränderung, immer schneller, immer perfekter gesteuert durch Systeme. Computer erleichtern vieles. Sie strukturieren vieles, es verliert sich aber natürlich auch eine gewisse Individualität.
Die Privatradios unterscheiden sich hier kaum von den öffentlich-rechtlichen. Insgesamt passt sich das eine dem anderen an.
Ich kam von Bayern über Hessen nach NRW und es ist ein und derselbe Drive, dieselben Titel, dieselben Interpreten. In Bayern, im öffentlichen rechtlichen Rundfunk, gibt es den Spaßvogel „Karl Auer", der am Telefon seine Späßchen macht und Menschen in komische Situationen bringt, weil er etwas ziemlich wortwörtlich nimmt. Bei Radio NRW heißt er Elvis Eifel. Die Musik der Charts, die ich in Hessen gehört habe, wiederholt sich in NRW. Wer einen Aufkleber des Senders auf dem Auto hat und damit vom Team Radio Herne90acht verfolgt wird und stehen bleibt, nachdem er mit der Nennung seines Nummerschildes über den Sender angesprochen wurde, gewinnt 50 Euro. Damals zu meiner Zeit waren es 50 Mark und es war 1987.
Das regionale Radio Herne90acht ist selbstständig, bedient sich aber eines Programmzulieferers. Das heißt, in den restlichen Stunden, die Radio Herne90acht nicht selbst sendet, kauft man das Programm von Radio NRW ein. Die Chefredakteurin dort heißt Elke Schneiderbanger und hat mit uns bei Radio Charivari in Nürnberg angefangen. So trifft man sich wieder. Zeit und Umstände geben Positionen vor.
Eine zentrale Stelle erstellt für die kleineren Rundfunkstationen in NRW die so genannten Programmabläufe: Gibt die Musikstücke, die Promos, Jingles und Werbeblöcke in den Computer ein. Herne ruft sie sich im Studio ab und fährt danach die Sendung. Lediglich kleine Lücken bleiben, die selbst bestimmt gefahren werden dürfen.
Das Mischpult ist abgegriffen, der Stuhl alt und selbst die aufgehängten Mikrofone sind verschwunden. Der Moderator hat ein so genanntes Headset, einen Kopfhörer mit Mikrofon. Er sitzt allein im Studio und überhaupt herrscht hier ganz schöne Ruhe für einen Radiosender.
Gegenüber dem Sendestudio ist ein Redaktionsraum. Dort sitzt eine Redakteurin und ganz vorne ein älterer Mann, der Zeitung liest. Wolfgang grüßt ihn kameradschaftlich und schließt die Türe. Auf meinen etwas fragenden Blick erklärt er, ein pensionierter Mitarbeiter, der einfach noch immer die Redaktion braucht und das gesteht ihm der Chefredakteur zu.
Auch die Mitarbeiter der Privatsender werden älter, das hat damals und heute keiner erwartet und keiner gedacht. Hire und Fire, so hat man vor

15 Jahren noch die Branche eingeschätzt. Wer kommt schon drauf, dass sich auch dort langfristige Anstellungsverhältnisse bilden? Dass auch dort Menschen bleiben und mit dem Programm alt wer- den? Das wollte keiner glauben, weil das ja eigentlich wirklich nicht geplant war: Junges Radio für junge Zuhörer. Schließlich wollen Privatsender die starke Werbegruppe zwischen 25 und 45 Jahren erreichen mit jungen, frischen, belastbaren Mitarbeitern. Wer dachte bitte schon daran, dass die, die damals mit 30 kamen, auch noch bleiben würden und das 15 oder 20 Jahre lang? Das ist jetzt ein Problem. Ein Moderator, der nach Privatfunkeinschätzungen, zu alt ist, sitzt da und macht Programm. Dieses Problem wird die Chefs in nächster Zeit noch stärker beschäftigen, denn die Gruppe wächst. Bei Beginn vor 15 Jahren lag das Durchschnittsalter der Mitarbeiter noch unter 30 Jahren, heute liegt es in Wolfgangs Sender bei 40.

Tatzel führt mich weiter ins Produktionsstudio und in den Redaktionsraum, einen typischen Produktionsraum: alle Schreib- tische liegen voll mit Papier, Prospekten, Einladungen und Arbeits- material. Die Aschenbecher sind voll, und vorne hantiert der Kollege Martin Lang am DigAS-Gerät. Eine Schnitteinheit, die per Computer das Schneiden von aufgenommenem Material ermöglicht. Er betreut, spricht und schreibt die Nachrichten ab 12 Uhr, holt O-Töne (Originaltöne, sprich Stellungnahmen) ein, führt Interviews. Die Festangestellten müssen solche Schichten durchziehen oder zwei gebaute Beiträge am Tag abliefern. Die Freien Mitarbeiter werden nach dem bezahlt, was sie täglich produzieren. Ein gebauter Beitrag, das heißt recherchieren, rausfahren und O-Töne einholen, Schneiden, Texten und Vertonen bringt 45 Euro. Meist fällt dabei noch ein O-Ton für die Nachrichten ab und das bringt noch einmal 15 Euro. Mehr Geld gibt es aber auch schon mal, wenn ein Beitrag viel Rechercheaufwand verlangt.

Wolfgang ist stolz auf seine Leute, denn oft landen sie nach den Knochenjahren bei größeren Sendern, im Mutterhaus, beim Fern- sehen oder bei öffentlich-rechtlichen Rundfunkanstalten. Der umgekehrte Karriereweg passiert noch immer so gut wie nie.

Der Frühmoderator arbeitet beispielsweise drei Wochen für Radio Herne90acht und eine Woche für einen anderen Sender. Eine Moderatorenstunde bringt in der Regel 40 Euro.

„Hallo wach" von Radio Herne weckt morgens die Zuhörer von 6 bis 9 Uhr. „Zwischen Ruhr und Emscher" heißt die Sendung von 15 bis 18 Uhr.

In der Zeit zwischen 6 und 9 Uhr und dann wieder zwischen 12 und 18 Uhr laufen Nachrichten: Zur vollen Stunde werden sie von Radio NRW überregional gesendet um ′20 und um ′40 gibt es von Herne aus ebenfalls einen 2 ½ Minuten- Nachrichtenblock mit zwei Weltnews und drei bis vier regionalen Meldungen. In der Zeit zwischen 9 und 12 Uhr sendet Radio Herne 90acht nur Verkehrsnachrichten.
Angefangen hat Wolfgang vor 15 Jahren seinen Job hier mit Elan, mit einem Kopf voller neuer Ideen. Viele Elemente unterschieden sich von der normalen Sendestruktur. Jetzt sind die sechs Stunden aus der Ruhrstadt dem Rahmenprogramm angepasst.
Damals war das Verhältnis von Musik zu redaktionellen Beiträgen noch 60:40, heute beträgt es 80:20 Prozent. Die Umfragen haben es so bewirkt: Der Zuhörer bestimmte, weil ihm Musik lieber ist als Wort.
Und dies hatte auch Konsequenzen: Um 50 Prozent hat sich der Sender im Gegensatz zu seiner Anfangszeit räumlich verkleinert und auch beim Personal wurde reduziert. In Essen beispielsweise hat die Redaktion in 16-Mann-Stärke begonnen, heute sind es noch sechs Redakteure.
Im Moment sind die Zeiten sowieso schlecht für Neueinsteiger. Die Branche vergibt überall meist nur noch Praktikantenstellen, aber kaum noch feste. Bei den Ausschreibungen in den letzten Jahren war das Verhältnis auch in Herne gravierend: auf eine Stelle kamen 40 bis 50 Bewerbungen. Im Privatfunk war und ist jedoch eines besser im Gegensatz zu den öffentlich-rechtlichen: hier gibt man eher auch Quereinsteigern eine Chance. Praktikanten werden in Herne gerne gesehen und so flattern Tatzel zahlreiche Bewerbungen auf den Schreibtisch, denn hier werden die Sechs-Wochen-Praktikanten noch gerne genommen, im Gegensatz zu Düsseldorf oder Köln.
Die Volontärsausbildung bei Radio Herne90acht übernimmt der Chefredakteur höchstpersönlich. Er bildet sie zwei Jahre aus und alle durchlaufen Volontärslehrgänge in Dortmund.
Unsere kleine Studioführung wird unterbrochen. Wolfgang hat einen Anruf vom Friseur erhalten. Nein, hier geht es nicht um sein haarliches Wohl, sondern um den in Herne gastierenden Zirkus. Der lässt im Salon gleich unten im Haus seinen Dalmatinern noch mal schwarze Punkte auffärben. Ein netter Gag, und schon beauftragt Wolfgang eine Kollegin mal schnell einen Bericht aufzunehmen.
Ein Chefredakteur hat es gut, zumindest jetzt. In der Aufbauphase hat er noch selbst moderiert. Eine Zeit zwischen Nichts und Allem. Mit dem

Quote gut – alles gut

üblichen Prozedere wurde begonnen: alle Vereine, Polizei, Feuerwehr, usw. wurden angeschrieben, mit der Bitte, Termine an den Privatfunk weiterzugeben. Niemand wusste was ankommt, niemand wusste, was die Hörer erwarten und was sie wollen - produzieren ins Leere. Tatzel führte die ersten Gewinnspiele ins Programm ein. Zwei Jahre gab es keine Einschaltquoten, dann die ersten Zahlen und der Platz im ersten Drittel der Lokalen Radiosender in NRW. Für Tatzel kein Maßstab für Qualität, aber ein fester Platz.

Ein erfolgreiches Radioprogramm lässt sich nicht einfach transponieren, so Wolfgang, was in Bayern ankommt, begeistert in NRW noch lange nicht und umgekehrt. Ein bisschen skeptisch lausche ich den Worten, denn meiner Einschätzung nach ändern sich vielleicht die Wortbeiträge, aber nicht die Struktur und die Musik. Nischenprogramm hat wenig Chancen, alle Versuche von der Jazzwelle bis zum Bibelsender kommen nur durch massive finanzielle Unterstützung über die Runden.

Am Anfang seiner Amtszeit war auch die Rede von einem Betriebsrat, doch die Mannschaft wollte keinen. Die Absprachen im kleinen Kreis genügten, fest vorgeschriebene Arbeitszeiten wurden abgelehnt, wer schneller ist, kann früher gehen, und das galt als ausschlaggebendes Argument gegen eine Mitarbeitervertretung.

Vor 10 Jahren gab es sogar einen Streik im Privatfunk für bessere Arbeitsbedingungen. Eine prekäre Situation für den Gewerkschafter Tatzel, denn durch seinen Vertrag als Chefredakteur war er damals verpflichtet, den Sendebetrieb aufrechtzuhalten, als Streikbrecher zu arbeiten. Was für ein Stich wohl ins rote Herz. Als die Redakteure von Herne90acht dann in einer Sitzung sich über die hohe Belastung durch das Produzieren von zwei gebauten Beiträgen am Tag beschweren, hat Wolfgang es vormachen müssen und drei pro Schicht produziert. Dies verschaffte Respekt. Fünf Jahre hat er neben seinem Chefredakteursposten auch die Nachmittagssendung „gefahren".

Auch die festangestellten Redakteure schwimmen nicht im Geld. Die Lohnsteigerungsquoten sind gering, am Anfang gibt es 2200 Euro brutto, egal ob Früh- oder Spätschicht, egal ob in Köln, Düsseldorf oder Herne. Für Tatzel gilt die Ausnahme, denn der Chefredakteur im kleinen Sender verdient nicht so viel, wie der Chefredakteur im teuren Pflaster Düsseldorf.

Tatzel fährt das Konzept des offenen Büros und des Vertrauens. Jeden Morgen um 9.15 Uhr ist Redaktionskonferenz. Da werden vier Themen für Reportagen vergeben. Offen diskutiert die kleine Runde über Vorschläge, bespricht gemeinsam die Einladungen und die Aufmachung der Beiträge. Diesmal stehen die Baumfällung, die Feinstaubproblematik und das Osterfeuer in Herne auf der Liste der zu bearbeitenden Themen. Dazu kommt noch die Doppelwopper-Aktion. Handschriftlich notiert sich Tatzel Stichpunkte, benennt Autoren. Ansonsten das Übliche: es gibt das Horoskop, das Biowetter und die Tiergartennews. Das war es. In der Regel dauert die Sitzung 30 bis 45 Minuten, heute war sie in zehn Minuten vorbei. Dann ist der Tag festgezurrt und der Chefredakteur lehnt sich gelassen zurück. Das Vertrauen ist groß, denn nur bei Volontären nimmt er die Beiträge ab, bei Festangestellten oder langjährigen Freien vertraut er den Mitarbeitern.

Ein bisschen Post ist zu erledigen, die übliche Korrespondenz. Repräsentationstermine gehören zu seinen Aufgaben und vor allem Hintergrundgespräche: was ist wo los in Herne, was bahnt sich an, was läuft bei wem. Einmal im Monat trifft er sich meist mit dem Oberbürgermeister der Stadt und auch mit den Fraktions- vorsitzenden aller Parteien gibt es Gespräche. Sollte ein Mitarbeiter in einer Schicht ausfallen, dann springt der Chef ein. Auch die Organisation und die Betreuung von Events fällt unter seinen Aufgaben, denn Radio will nah am Hörer sein und nah ist hier wirklich bildlich gemeint, ist Vorgabe. So gibt es den „Tanz in den Mai" und die „Open-air-Kino-Nacht im Revierpark" oder das „Haloween-Fest".

Früher besuchte Tatzel oder einer seiner Redakteure auch noch die Stadtratsitzungen, doch das ist, wie in jeder Stadt, viel Blabla und kostet viel Zeit. Heute wird über wichtige Ergebnisse berichtet oder, wenn es interessante Probleme der Bürger gibt, die dort entschieden werden.

Es ist zwölf Uhr und Wolfgang nimmt sich Zeit für eine kleine Sightseeing-Tour.

Hernes Ruf ist schlecht und das hat die Stadt nicht verdient, nach diesem Motto werde ich vom Revierpark mit dem Haustierzoo zum Streicheln zur Zechensiedlung Teutoburgia chauffiert, eine der schönsten Siedlungen in Deutschland, so Wolfgang. Vorbei an der „Glück-auf-Apotheke" und weiter in die Jürgen-von-Manger-Straße. Malocherstadt Herne, rund 2000 Menschen von hier arbeiten in Bochum bei Opel, sehen ihrem Schicksal entgegen, dem Personalabbau. Schlechte Stimmung in der Stadt. Weiter nach Herne-Sodingen mit einem türkischen Bevölkerungsanteil von 18 Prozent.

Quote gut – alles gut 39

Bis 2004 war Tatzel der Sprecher der Ruhrgebietschefredakteure, dann wurde das Amt aufgelöst. In seiner Zeit als Reporter, CvD und Chefredakteur hat er viele Menschen getroffen und interviewt, ob Wolfgang Clement oder Johannes Rau, am beeindruckensten für ihn war jedoch ein Gespräch und Interview mit Willy Brandt, Ex-Bundeskanzler, Ehrenfraktionsvorsitzender der SPD. Warum? Tatzel geht es hier wie vielen: In Brandt sah und erkannte er noch den wirklichen Politiker, dem es nicht nur um Macht, sondern um die Bedürfnisse der Menschen ging, der Visionen hatte und vermitteln konnte. „Die politische Landschaft verarmt", so sieht es wohl nicht nur Wolfgang.

Es ist 14 Uhr und Zeit, wieder ins Studio zu fahren. Da ein kurzes Gespräch mit der Sekretärin, dort eine Rücksprache mit dem jetzt verantwortlichen Redakteur der Nachrichten. Alles läuft und noch immer ist alles ruhig. Dann steht ein Mann in der Tür und möchte mit dem Chefredakteur kurz reden. Tatzel nimmt sich noch schnell die Zeit für ein Flurgespräch. Der Mann trägt sein Anliegen vor: er möchte Wolfgang zum Ehrenmitglied des örtlichen Karnevalvereins ausrufen. Klar, alles kein Problem, je mehr Publicity umso besser und dann wird er sich wohl im nächsten Jahr die Narrenkappe aufsetzen und zur Fastnachtsitzung wandern als Verankerter in dieser Stadt.

Eine Stunde später steigen der Chefredakteur, ein freier Mitarbeiter und ich in den Dienstwagen, einen Mitsubishi Space Wagon, den er auch privat nutzen darf. Aufkleberjagd ist angesagt. Wir kurven in den Straßen von Herne, währenddessen gibt der Moderator von Herne 90acht die Jagd frei und macht die Hörer aufmerksam, dass Tatzel hinter ihnen her ist. Schon hat er einen roten VW-Sharan entdeckt und schon hängt er sich hinten dran. Der Freie neben ihm wird über das Handy in die Sendung verbunden. Er gibt das Nummerschild durch und fordert die Fahrerin zum Anhalten auf. Die winkt auch schon fröhlich und fährt rechts ran. Tatzel, der Fuchs, hat doch wieder alles gut gelöst: Er ruft dem Reporter zu, auch noch den VW-Händler zu nennen, bei dem gerade und zufällig die Fahrerin gestoppt wurde, denn schließlich ist das ein Sponsor der Aktion. Einmal im Jahr wird sie durchgeführt für einen Monat. Täglich wird ein Hörer mit 50 Euro beglückt und so ist es auch diesmal. Nicht unbedingt Jubelschreie bei der Frau: Sie bedankt sich artig, schaut alle 10 Sekunden nach ihrem Kind auf der Rückbank, unterschreibt die Quittung und fährt weiter. 50 Euro mal kurz cash auf

die Hand, für viele keine große Sache mehr, angesichts der Quizmillionäre, die noch immer im Fernsehen beglückt werden.
Ein Stadtbus fährt vorbei mit der Werbung von Radio Herne90acht: „Wir kennen jedes Schlagloch" und schon geht es zurück in den Sender.
Ob er sich das eigentlich gedacht hat vor 15 Jahren, dass die Privaten sich durchsetzen? Überzeugt war Tatzel davon, sonst wäre er auch nicht nach Herne gegangen. Den Lokalfunk wird es immer geben, erklärt er, trotz neuer Frequenzen, der Verbreitung von Glasfaserkabel, noch mehr Sendern und terrestrischem oder digitalem Radio. Die Konkurrenz wird sich aber durch die Digitalisierung verändern. Sein Vorteil bleibt die Nähe zum Hörer.
Vor 15 Jahren war jeder private Sender sein eigener Herr und der Rest Konkurrenz. In Nürnberg gab es Radio F, Radio Charivari und Radio Gong - die Großen im Markt. Dann begann man die Nach- richten zu vereinen, Beiträge abzukaufen und Netzwerke aufzubauen. Als die Anbieter jedoch auch noch versuchten, die Beiträge von ein und demselben Redakteur auf allen Sender zu spielen, versagte die Zuhörerschaft die Gefolgschaft. Zu viel Gleichmache auch beim Wort trugen sie nicht mit. Doch die Kooperationen werden noch stärker werden, angesichts des Kosten- drucks. Von einem zentralen Ort wird ein zentrales Serviceprogramm gefahren, mit verkauften Werbepaketen. Nur die lokalen Nachrichten unterscheiden sich, das ist das Radio der Zukunft, ein Modell, das bundesweit greifen wird, meint Tatzel.
Ich frage nach den Sendeplänen und ob ich sie mir ansehen darf. Ein Lächeln beim Chefredakteur. Sendepläne hat man im Kopf, die Playlists sind eh klar und kommen aus Oberhausen. Jeder weiß, dass in der Primetime zwischen 16 und 17 Uhr die wichtigen Beiträge gespielt werden, alles andere ist Papierverschwendung.
Er hat viele Kollegen gesehen, die schöne bunte Sendeuhren gemalt haben. Verschwendete Zeit. Er zeigt mir den Programmablauf, den die Zentralstelle nach Herne für den heutigen Tag geschickt hat. Ein Zahlengewirr.
Vorne die Archivnummern, dann der Titel und dann die so genannten Ramps. Die Ramps zu treffen ist die Kunst des Moderators.
Wenn ein Titel anfängt, dann gibt es eine gewisse Vorlaufzeit, bis der oder die Sängerin mit dem Text beginnt. Das ist der Ramp und jeder gute Moderator redet genau die Sekundenzahl bis er den Regler hochzieht und Madonna anfängt zu flöten. Dann gibt es aber auch

manchmal nur ein kurzes „yeah" und wieder vergehen Sekunden bis der Sänger wirklich beginnt. Auch das kann als Ramp benutzt werden. Ein Beispiel wäre von Shania Twain der Titel „thank you baby" mit drei Ramps: einer bei null, für alle maulfaulen Moderatoren, dann bei 18 Sekunden, bei etwas redegewandteren und für alle Plapppermäulchen sind auch noch 36 Sekunden drin als dritter Ramp. Bei der langen Zeit kann beispielsweise ein Programmhinweis eingebaut werden oder Sätze wie „Radio Herne90acht, ihr Sender für diese Stadt". Was der Mann am Mikrofon sagen kann und darf ist ebenfalls vorgegeben. Da heißt es dann auf dem Plan beispielsweise: „Folgende Titel mit „Neu im Frühling" verpacken.

Dann gibt es auf dem Ablauf noch die bekannten „Drei am Stück", sprich: drei Titel werden hintereinander gespielt ohne Kommentar, Bemerkung oder sonst was.

Wie macht man Privatfunk? Tatzel kommt ins Schwärmen, denn 2004 wurde er als Berater für Antenne Ruhr-Mühlheim, Oberhausen engagiert. Innerhalb von einem Jahr brachte er die Quote von 16 auf 21 Prozent: Neue, am Anfang zumindest, ausgedruckte Programmuhren, Mitarbeiterschulungen, und Programmoptimierung, Veränderung der Gestaltung und der Längen von Beiträgen. Eigentlich ein Stich mitten ins journalistische Herz von Wolfgang, denn er war ein vehementer Verfechter von einem informationsorientierten Sender, mit vielen Wortbeiträgen. Das ist aber nicht gefragt. Die Leute wollen Musik, Infos, kurze Nachrichten, wenig Wort und lieber Meldungen, die ein Lächeln hervorrufen.

Das Telefon läutet und der Anrufer wird durchgestellt. An Tatzel heranzukommen ist nicht schwer, im Gegensatz zu anderen Chefredakteuren.

Ein Schreibtisch mit Flachbildschirm und Knäckebrot „Roggen-dünn", denn Wolfgang will mal wieder abnehmen. Das Übliche. Er ist kein Kostverächter. Da ein eingerahmtes FC Nürnberg-Trikot und auf dem Boden viele Bücher. Er liebt Bücher und sammelt alles was die Frühzeit betrifft. Im Wandschrank hat er einen signierten Schalke-Ball für alle Fälle. Der kann verlost werden oder versteigert. Man weiß nie, was kommt.

Zeit, die Internetseite wieder mal durchzuforsten. Was muss um- gebaut werden, was muss noch rein? Die Gestaltung macht der Chef selbst, auch alle E-Mails gehen über seinen Schreibtisch, manchmal, meist Montagmorgen, können das schon mal bis zu 500 Stück sein. Innerhalb der Redaktion duzt sich Wolfgang mit allen, nur die Sekretärinnen siezt er. Der Privatfunk an sich ist meist in Händen von Verlagen. Es gibt auch bei Herne 90acht eine Betriebsgesellschaft und eine Veranstaltungergemeinschaft, die bestimmt. Ist Tatzel gut, wird er bestätigt, ist er schlecht, wird sein oft über fünf Jahre abgeschlossener Vertrag nicht verlängert. Die Betriebsgesellschaft Radio Herne mbH&Co.KG setzt sich wie folgt zusammen: 75 Prozent ZVW (Westdeutsche-Allgemeine-Zeitungs-Gruppe) und 25 Prozent VuV (in diesem Fall die Stadtwerke, eine 100prozentige Tochter der Stadt Herne). Innerhalb der WAZ-Gruppengeschäftsführung, denn es gibt mehrere Geschäftsführer, ist Bodo Hombach für Radio Herne zuständig, früher Balkan- beauftragter der Bundesregierung.

Die Veranstaltergemeinschaft wiederum setzt sich aus Vertretern verschiedener Interessensgruppen zusammen: der katholischen und evangelischen Kirche, Stadträten jeder Couleur, den Gewerkschaften, paritätischen Wohlfahrtsverbänden, den Arbeitgebervertretern und der Verbraucherzentralen. Jeder hat ein Stückchen mitzureden.

Der Vertreter der SPD schaut regelmäßig und oft bei Tatzel im Büro vorbei. Kritik gibt es jedoch kaum. Er albert etwas mit ihm herum, erzählt ein bisschen über Neuigkeiten und dann geht er wieder.

Der Hunger nagt jetzt doch auch bei mir und wir gehen gegenüber in einen Imbiss. Ich soll „Stielmus mit Mettwurst, Rheinische Art" nehmen. Tu ich auch. Schmeckt nach Spinat, ist aber keiner. Zumindest typisch, obwohl mir hier keiner erklären kann, was Stielmus ist.

Dann wieder zurück in den Sender, checken ob der Laden läuft. Er tut es. Alles ist ruhig und geht seinen Gang.

Tatzel lehnt sich zurück, seine Kaffeeration hat er stark reduziert, er will ja noch alt werden in diesem Sender. Noch so ein Problemfall also.

April 2005

3 Mit ihm in der Dusche

Das ist nicht wirklich meine Zeit. 2 Uhr morgens aufstehen, nach München fahren, um mich dort pünktlich um 4.30 Uhr in der Redaktion bei ANTENNE BAYERN zu melden. Zwei Uhr ist weder morgens noch abends, ist mittendrin in meiner Hauptschlummerzeit. Ab 4.30 Uhr aufstehen ist kein Problem, da halte ich den ganzen Tag auch durch, aber das heute ist einfach gegen meinen Rhythmus. Es fällt niemanden leicht, wie ich feststelle, auch nicht denjenigen, die das regelmäßig machen. Sascha Roos ist so einer. Er ist seit kurz nach drei Uhr in der Redaktion und bereitet für Stephan Lehmann, dem Moderator von „Guten Morgen Bayern", die Frühsendung vor und Roos ist ein mitfühlender, sehr sensibler Mann. Das zeigt sich schon allein daran, dass er mich freundlich begrüßt und im zweiten Satz bereits einen Kaffee anbietet.
Um diese Zeit hat er seinen Plan für die nächsten vier Stunden komplett, wobei sich während der Sendung ständig etwas ändern kann.
Die Atmosphäre ist locker, die Räume und Arbeitsplätze großzügig und hell angelegt. Blumen sind um die Schreibtische angeordnet und auf jeden Platz steht eine komplette Anlage zum Aufnehmen und Schneiden sowie Mithören des Programms. Die Studios sind einsehbar und durch Glasscheiben getrennt. Jeder Raum hat seine Beschriftung, von Studio 1 bis meeting lounge.
Auf meinen Besuch ist man hier eingerichtet, jeder weiß Bescheid und jeder zeigt sich relativ offen für Auskünfte und Fragen. Im Eingangsbereich befindet sich eine kleine Sitzgruppe mit quietschblauem Sofa und da darf ich mich dann auch gleich mal niederlassen, um mir den ersten Kaffee hineinzuschütten.
Sascha ist um die 30, das Durchschnittsalter in der Redaktion um die 35 Jahre. Eine junge Mannschaft, die aber gerade „Dinosaurier" wie Stephan Lehmann braucht, denn der lebende Morgenwecker lässt die Quoten von 5 bis 9 Uhr stetig und ständig steigen.
Die Frühschicht ist um 4.45 Uhr fast komplett. Herr Lehmann fehlt, was hier aber, 15 Minuten vor Sendungsbeginn, nicht wirklich jemanden

wundert oder stört. Gudrun Beckh, die Wetterfee des Morgens, holt sich ebenfalls einen Kaffee, um anschließend ihren Computer im Studio anzuschmeißen und die neuesten Prognosen für Regen, Sonne und Wind abzufragen.
Christian Franz ist bereits um diese Uhrzeit für Späßchen zu haben, ebenfalls mit einem Kaffee bewaffnet und zuständig für den Verkehr. Auch Franz hat seinen Arbeitsplatz direkt im Studio und kommt ebenfalls generell kurz vor knapp, wie ich im Laufe der Zeit mitbekommen.
Fünf Minuten vor 5 Uhr und Lehmann ist immer noch nicht in Sicht.
Immer noch sitzt Sascha Roos völlig unaufgeregt neben mir und erklärt den Ablaufplan, den er für den Morgenmoderator vorbereitet hat. Acht Seiten lang, für jede halbe Stunde eine, noch zusammengetackert. Lehmann wird ihn Seite für Seite abarbeiten, dann abreißen und die „abgefahrenen" Seiten auf einen zweiten Stapel legen.
Die Sendung „Guten Morgen Bayern" heißt hier generell nur GuMoBa, genauso wie „Servus Bayern" am Nachmittag nur SeBa genannt wird. Man ist sparsam, auch bei den ersten Zeilen auf dem Ablaufplan. Der Mod wird nur mit Lehm bezeichnet. Die News wird Antje fahren, die Autorin ist Uli, der MvD (Magaziner vom Dienst) Ralf und der RvD1 (Redakteur vom Dienst) ist Silvia.
Unter der Auflistung ist gleich ein Vermerk angebracht: „Zu „Krieg der Welten" gibt es noch einen Kurz-GAG im *MagPl."
Alles klar, der Tag kann beginnen, wenn der Moderator kommen würde.
Die Studiomannschaft umfasst drei Mann bzw. Frau, die Morgenschicht insgesamt ist mit acht Personen besetzt. Dazu gehört Max, der noch sehr verschlafen aussieht. Er ist der Produzent und wird die Berichte mit Effekten aufpeppen und den Comedys Leben durch Geräusche einhauchen. Uli Reisch ist die Comedy-Autorin und kümmert sich um einige Gags in der Sendung. Dann ist da noch Ralf Zinnow als MvD, Magaziner vom Dienst, er bereitet am Vortag die Themen bereits auf, und Antje Müller, die jede halbe Stunde die Nachrichten schreiben und lesen wird.
Um 4.57 Uhr kommt er endlich. Völlig ruhig, ohne Hektik. Er begrüßt mich, setzt sich kurz hin und entschuldigt sich, denn er müsse jetzt doch ins Studio. Routine? Auch, aber wohl eher eine generelle Lebenseinstellung.
Sein Kollege Wolfgang Leikermoser, mit dem Lehmann GuMoBa im wöchentlichen Wechsel moderiert, sitzt bereits um 4 Uhr morgens in der

Mit ihm in die Dusche 45

Redaktion, um seine Sendung noch einmal durchzugehen. Lehmann überlegt sich unter der Dusche oder beim Morgenkaffee ein paar Gags, Kommentare oder Wortspielereien, schreibt sie sich handschriftlich auf ein Stück Papier und benutzt das dann als Arbeitsgrundlage.
Am 5.September 1988 hat er die allererste Sendung des landsweiten Rundfunks moderiert. Seitdem ist er dabei. Gleichzeitig ist er noch Stadionsprecher des FC Bayern. Damit hat er natürlich für den Sender einen besonderen Wert, genauso wie für seine Hörer, denn im Freistaat ist die überwiegende Zahl der Bevölkerung nicht nur tief verwurzelt in ihrem Land und da kommt ein urbayerisch sprechender Moderator besonders gut, die überwiegende Zahl der Bayern ist auch noch eingefleischter FCB-Fan. Doch nicht nur das macht ANTENNE BAYERN mit rund 2,5 Millionen Hörern Tag für Tag zu Deutschlands Privatradio Nummer Eins. Antenne gilt als publikumsnah, will meinen, dass sie mit Aktionen genau das treffen, was ihre Hörer gerade stört, aufregt oder beschäftigt. Als die Benzinpreise plötzlich innerhalb kürzester Zeit immer weiter nach oben kletterten gab es die „Tankeschön-Aktion". Jeder, der einen Aufkleber an bestimmten Zapfsäulen in Bayern vorfand, durfte umsonst einen Tank füllen. Als der Sommer einfach nicht kommen wollte und sich alle nach Badewetter und 28 Grad im Schatten sehnten, rief der Sender die Aktion „für den Sommer 2004" ins Leben. Zuhörer konnten ihre Appelle über den Äther jubeln und das machte ziemlich Luft im Bauch.
Das Team ist oft mit Events in Bayern unterwegs, veranstaltet die „Partypiste" im Winter oder die „Gute Launemacher Tour" im Frühjahr mit dem „Cheffe versenken", wo der Vorgesetzte mal richtig von seinen Mitarbeitern getaucht werden kann.
Der Frust über die Politik wird auch hier in Comedy gepackt, ob Gerd-Show oder Merkel-Comedy, gespielt zur Prime-Time und das ist Lehmanns GuMoBa.
Nach den 5 Uhr-Nachrichten, übernimmt er das Programm. Er wirkt nicht fitter als ich, aber im Radio hört er sich an, als ob er eine Stunde Waldlauf und zwei Stunden Dusche hinter sich hätte.
Das Studio erinnert an einen großen Schaltraum, es ist halbrund angeordnet und der Moderator macht seine Arbeit im Stehen. Selbstfahrerstudio nennt man dies, wo der Sprecher gleichzeitig auch Producer und Techniker ist. Captain Kirk vom Raumschiff Enterprise hat 28 Regler vor sich, eine so genannte dB-Kontrolle, die ihm anzeigt, wie

sein Lautstärkenpegel ist, daneben befinden sich rechts und links jeweils zwei Computerbildschirme. Er blickt von seinem Platz direkt in das Nachrichtenstudio und in den Redaktionsraum auf den Schreibtisch von Sascha Roos, seiner Regie. Ihm gegenüber sitzt bereits Gudrun Beckh und links an einem Schreibtisch hat es sich Christian Franz mit seinem Verkehr bequem gemacht.
Blickt Lehmann geradeaus nach oben, dann sieht er fünf Monitore. Auf einem läuft das Morgenmagazin der ARD, daneben eine Anzeige, die ihm den komplikationslosen Ablauf anzeigt. Rechts versetzt sind die Fernseher noch aus. In der Mitte gibt es 12 kleine, bunte, beschriftete Signale, die bei Bedarf aufleuchten. Unter anderem „News-Hot", wenn die Nachrichtenredakteurin on air ist, also die Nachrichten verliest. Eine weiße Anzeige für „Pegel". Ist er zu hoch, dann leuchtet das Lämpchen auf. „MUTAXI 2" für Musiktaxi, eine intern bekannte Telefonnummer für Reporter, die direkt ins Studio reportieren. Darunter noch Lampen mit Num- mern für bestimmte Telefonleitungen. Sollte ein Anruf kommen, leuchten sie auf. Ein grünes Signal mit PD kann Ärger bedeuten, denn das ist die Leitung des Chefs, des Programmdirektors, wenn er direkt, unvermittelt und sofort den Moderator sprechen will. Sie scheint etwas verstaubt, hat aber doch wahrscheinlich etwas Beunruhigendes sollte sie wider Erwarten doch einmal aufleuchten.
Unterhalb der Bildschirme befindet sich ein Laufband, was permanent in bunten Farben verkündet „wir rocken den Sommer", abgewechselt von „mehr Musik auf Antenne".
Der erste Computerbildschirm links vom Mikrofon angeordnet, beinhaltet den so genannten Musikplan. Hier ist der komplette Ablauf vorgegeben. Auf einem riesigen Server liegen die Musiktitel, die einzelnen Werbeblöcke, die Jingles und die Promos. Promos sind gesungene oder gesprochene Promotion-Teile für den eigenen Sender, wie beispielsweise „wir spielen Bayerns besten Musikmix".
Jingles sind produzierte Einspieler, mit Melodien, die das Wetter oder die Nachrichten ankündigen.
Lehmann muss per Tastendruck die einzelnen Jingles, die in der rechten Hälfte des Musikablaufplans liegen in den aktuellen mit Hilfe des Cursers reinziehen, denn schließlich ist das Abspielen abhängig von der Zeit. Hat er sich verquatscht fällt ein Musiktitel weg, damit die Nachrichten pünktlich beginnen können. Er zieht den Regler hoch und aktiviert den Jingle durch einen Knopfdruck und schon geht es über den Äther.

Mit ihm in die Dusche 47

Der linke Bildschirm zeigt die aktuelle Playlist, den Musikablaufplan. Hier sind auch Zeitangaben und weitere Infos vermerkt, wie lange der Titel ist, wie lange der oder die Ramps sind oder wann das Lied geschrieben wurde, wer es singt, von wem es ursprünglich komponiert wurde. Ramp ist so etwas wie der Auftakt eines Liedes. Perfekt ist es, wenn der Moderator ihn haargenau erwischt. Lehmann sollte also mit seinem Text fertig sein bevor der Sänger loslegt oder die Musik richtig in Schwung kommt. Er braucht dazu keine Uhr mehr. Er hat die Sekunden im Blut, er hat im Gefühl, wann er fertig sein muss. Fairerweise muss angemerkt werden, dass Titel sich oft wiederholen und er damit auch genug Zeit zum Üben hatte.

Ganz rechts hat Captain Kirk seinen so genannten MagPl, also den Magazinplaner, ein so genannter Avid-Computer, der Geräusche wie Donnern im Speicher hat, die Musik von „Krieg der Welten", komplette Beiträge oder die O-Töne zu bestimmten Gesprächen. Dieser Magazinplaner wird von Sascha Roos oder dem Planer am Nachmittag gespeist. Weiß der Redakteur, dass am nächsten Tag die Filmbesprechung von „Krieg der Welten" auf dem Programm steht, dann legt er die entsprechende Musik Lehmann in sein Morgencomputerfach, damit der sie gegebenenfalls unter seine Anmoderation legen kann. Ist Gewitter angesagt, dann gibt's ein schönes Donnern im MagPl.

„Radio muss Bilder im Kopf erzeugen, das macht das Ganze interessant, aber auch schwierig", meint Lehm, wie er von vielen genannt wird und mischt Gudrun Beckhs Wetter mit seinem Donnergeräusch.

Am rechten Ende der Cockpiteinheit ist eine Platte, die sich abnehmen lässt und Lehmann zeigt mir eine alte Studer-Schnittmaschine. Die ist verstaubt und nur für die allerletzten Notfälle gedacht. Hier können alte Bänder abgespielt werden mit Musiktiteln oder Beiträgen. Doch sie wird wohl nie mehr zum Einsatz kommen, denn sollte der Computer abstürzen, so gibt es immer noch Ersatz-CDs auf denen die kompletten Titel einer Sendung gebrannt sind. Eine Drehung um 180 Grad im Studio, eine Handbewegung, ein Einschieben in den CD-Player und der Zuhörer draußen merkt nicht mal, dass da vielleicht ein Ausfall war.

5.20 Uhr Stephan Lehmann hängt schon mit einer Minute im Programm. Das Gespräch mit dem Donner und Gudrun war zu lang und doch ist der erste Witz des Tages ist fällig: Den Hinweis seiner Wetterfee, doch empfindliche Sachen vom Balkon zu holen, denn es könnte heute zu schweren Unwettern kommen, kommentiert Lehman mit: „Na ja, dann

können sie sich ja überlegen, ob sie jetzt ihre Schwiegermutter reinholen."
Spontaneität ist Grundvoraussetzung für alle guten Moderatoren, genauso wie die Fähigkeit mit der Stimme zu spielen: Einmal ernst, einmal gepresst und verstellt, einmal das Lächeln hörbar machen.
Der Lehm ist bekannt für seine Wortspielereien. Nach dem Confed-Cup Spiel Deutschland gegen Mexiko spricht er davon, dass wohl nun alle Spieler in den verdienten Urlaub gehen und besonders Ballak denkt sich „da chill i jetzt".
5.31 Uhr eine Minute über der Zeit kündigt er die Kurznachrichten an. Das muss er wieder einholen. Während Antje Müller das Wichtigste des Tages verkündet, kommt Roos ins Studio, bespricht die nächste halbe Stunde: Wo Lehmann Zeit sparen könnte, wie der Plan jetzt weitergeht.
Die Stimmung ist entspannt und trotz weniger Sekunden bis zum Wetter und Verkehrsjingle unterhält sich Lehm noch seelenruhig darüber, was er gestern Abend gemacht hat.
Auftakttitel nach dem Verkehr ist eine kleine, veränderte Version eines Liedes. Gerne nehmen sich die Moderatoren selbst aufs Korn und so läuft: „Stephan Lehman – that don't impress me mouch". Auch in der Kurzbroschüre des Senders gibt sich der Moderator selbstironisch:

> „Na gut, ich habe in den vergangenen Jahren im Sendestudio pro Minute jeweils ein Haar verloren. Na gut, das sieht man auch. Na gut, ich kenne bei Antenne Bayern alles und jeden und sende auch heute noch. Aber darum muss man mir doch nicht die Walt Disney-DVD „Dinosaurier" schenken und mir eine Schnabeltasse auf den Schreibtisch stellen! Es reicht ja schon, wenn der FC Bayern München mir als offiziellen Stadionsprecher einen Katheder an den Spielfeldrand legen lässt!"

Langsam kommt draußen richtig die Sonne durch. Im Gegensatz zu vielen anderen Studios hat Lehmann einen Blick ins Freie. Zugegeben, der ist jetzt nicht der ganz große Hit, aber immerhin kann er den Verkehr auf der Autobahnumgehung A99 und die davor liegenden Felder angucken. Dazu hat er aber wenig Zeit, denn er hängt ja immer noch.
Ich setze mich ihm gegenüber an eine Art Theke. Nach zwei Anläufen schaffe ich es sogar auf den Barhocker zu klettern, der anscheinend für Menschen ab 1,80 Meter geschaffen wurde. Der Tisch ist für Studiogäste gedacht, ausgestattet jeweils mit Mikros und Kopfhörern. Die blicken dann direkt den gegenüberstehenden Moderator an und sind nur durch

die wuchtig wirkenden Holzverkleidungen der Computerbildschirme von ihm getrennt.
Endlich auf dem Hocker beobachte ich den Star, der sich auch selbst so sieht. Papa Lehm wird er hier im Sender genannt, meint Stephan zu mir. Ich habe es nicht gehört, nur die Abkürzung „Lehm" und der tritt jetzt von einen Fuß auf den anderen, zieht fünf Mal das Mikrofon nach unten während er einen Beitrag anmoderiert, dreht sich nach links und rechts und umspielt dabei das Mikro mit seinem persönlichen Windschutz. Ohne Witz, hier hat jeder seinen eigenen und die sind feinsäuberlich im Regal im Studio aufgereiht und beschriftet mit dem jeweiligen Namen. Hygienegründe. Ich habe ganz vergessen zu fragen, wer die regelmäßig wäscht.
Roos kommt ins Studio und bringt Lehmann den Text für die Merkel-Comedy. Sie muss noch produziert werden und Max, der Produzent, braucht ihn jetzt, schließlich muss er ihn noch bearbeiten und das Ding ist bald auf Sendung. Lehm nutzt den nächsten Vier-Minuten-Titel und stellt seinen MagPl auf Aufnahme. Lockerungsübungen, kurze Stimmprobe, verschiedene Variationen eines Lachens, fertig. Anschließend spricht er per Mikro zu Max ins Produktionsstudio und gibt durch, wo er ihn abgespeichert hat.
Also so einfach beschreibt mir das Lehmann natürlich nicht. Er erklärt mir, dass der Text im DigAs eingespeichert wurde als off-air-editing. Das wird regelmäßig nebenbei gemacht.
Rund 2,5 Millionen Hörer lauschen jeden Tag den Sendungen von ANTENNE BAYERN. Das Konzept, das dahinter steckt, ging auf. Der Sender gibt sich bayerisch und sympathisch, geht auf seine Hörer zu und die fühlen sich wie in einer großen Familie. Dazu trägt beispielsweise auch der Stau- und Blitzerservice bei. Die Zuhörer melden Vorkommnisse auf den Straßen und gestalten so das Programm ein kleines Stück mit. Sechs Korrespondenten in den einzelnen Regierungsbezirken garantieren, dass sich jeder, ob Oberfranke oder Schwabe, im Programm vertreten fühlt.
Der nächste Take ist fällig. Er verkündet die Geburtstagskinder des Tages und die Comedy-Redakteurin liefert ihn den witzigen Gag dazu: Gitte Henning feiert heute ihren 59. Geburtstag und meines Wissens hat sie immer noch keinen Cowboy als Mann. Insgesamt schreibt die Redaktion Lehm nur eine Geburtstagsliste und kurze Stichpunkte dazu. Manchmal fällt der Comedy-Autorin zu den einzelnen Leuten ein lockerer Spruch ein,

doch Allgemeinwissen des Moderators ist trotzdem gefragt, denn nur so klappt´s mit den lustigen Bemerkungen dazu.
5:53 Uhr. Die Praktikantin Sabine hat Arbeitsbeginn. Sie übernimmt heute ausnahmsweise den Telefondienst, denn geplante Berichte von Chefreporter Michael Watzke über dubiose und seriöse Nebenjobs könnten Hörerreaktionen zur Folge haben. Leute, die ebenfalls von versprochenen 10000 Euro pro Monat berichten, die sie nie gesehen haben. Sabine sitzt in Sichtweite nur durch eine Glasscheibe getrennt. Sie hat die Möglichkeit auf einen Bildschirm die Telefonanrufer, ihre Nummer und ihr Anliegen in Kurzfassung zu notieren und Lehmann direkt ins Studio zu schicken. Sollte der einen Hörer in die Sendung nehmen wollen, so hat er alle Infos.
Zeit für Watzke, der kommt jetzt ins Studio, bringt Lehmann den Text für das Gespräch und nimmt schon mal Platz auf dem Stuhl, wo nach ihm gleich wieder der Verkehrsmann ran muss. Watzke hat einen O-Ton (Originalton, Ausschnitt aus einem Interview) und sagt Lehmann, wo er ihn im MagPl abgespeichert hat.
Der MagPlaner ist der große Speicher des Senders. Jeder, der etwas produziert hat, gibt sein Werk in den Magazinplaner und damit können alle darauf zugreifen. Lehmann holt sich also jetzt von diesem Speicher die O-Töne von Watzke und legt sie in seinem Studiocomputer in das Sendefach. Dann zieht er den Regler hoch und muss nur noch bei Bedarf auf den roten Knopf drücken, um ihn abzufahren. Vorher jedoch gibt es die Werbung und damit die Leute trotzdem dranbleiben und auch nicht mal daran denken ihren Finger auf die Searchfunktion des Radiogerätes zu legen, gibt es von Lehm noch einen so genannten „Newstease", das ist so was wie ein Appetithäppchen, ein Appetizer und soll den Hörer halten. Diesmal kündigt er den Bericht von Christian an und verspricht mehr Infos über Angebote von Nebenjobs, bei denen man steinreich oder eben nicht werden kann.
Wieder Musik und dann pünktlich um 6.13 Uhr der Chefreporter im Gespräch mit dem Moderator. Angesichts der hohen Arbeitslosigkeit, ein Thema, das viele anspricht, denn jeder versucht aus seiner prekären Situation zu entkommen und sei es mit einem viel versprechenden Nebenjobs. Doch oft funktionieren die Angebote nach einer Art Schneeballsystem: Erst muss Ware abgekauft und dann ein weiterer Mitarbeiter geworben werden. Wenn das alles klappt, kann es auch

Mit ihm in die Dusche 51

wirklich finanziell reizvoll sein, doch die meisten bleiben auf ihrer Ware sitzen und damit meist auch auf Schulden.
Nach dem Gespräch warten Roos, Watzke und Lehmann gespannt auf erste Reaktionen. Das Telefon schweigt. Einmal klingelt es, doch das ist nur Martin, der gerne „jump" gehört hätte.
Die Regie reicht Lehm die ersten zwei Seiten der Comedy-Autorin ins Studio. Für Krieg der Welten schlägt sie den Text vor: Nein, nein, das sei kein Film über eine Ehe. Lehmann gefällt es und er wird es zur gegebenen Zeit mit seinem Lächeln und leicht verändert in den Äther schicken.
6.19 Uhr Wetter und Verkehr, Musik, Musik, ein Promo und um 6.24 Uhr eine heute Morgen produzierte Comedy von Max mit dem Titel „Rubi und Klinsi zum ConFed-Cup".
Dann wieder ein Newstease, die Werbung mit 2:20 und pünktlich um 6:30 Uhr Nachrichten mit Politik, Sport, Wetter und Verkehr.
Jedes Mal wenn Antje Müller mit ihren Nachrichten beim letzten Satz angelangt ist, blickt sie zu Lehmann ins Studio und hebt die Hand. Zeichen, dass sie zum Ende kommt und damit er weiß: Nach diesen Worten den Jingle für Wetter abfahren. Genauso macht es auch Gudrun Beckh bei ihren Gewittermeldungen und dem Ausblick für Morgen und ebenso verfährt Christian Franz, der Mann für den Verkehr. Manchmal, beobachte ich, genügt aber im Studio selbst nur ein Blick, ein kurzes Nicken und die Kommunikation läuft.
Nach diesem Block spricht unser Moderator wieder eine nette Begrüßung und macht ein Witzchen. Dabei lässt er die Mikros von Christian und Gudrun offen, denen jedoch meist nur ein kurzes Lachen heute Morgen entfleucht.
Schon ist es eineinhalb Stunden nach Moderationsbeginn und ich bin wirklich erstaunt, wie schnell hier die Zeit vergeht. Ständig ist der Moderator in Bewegung. Tippelt von einem Computer zum anderen, verschwindet mal kurz in der Redaktion, um sich noch ein paar Infos vom Kollegen Roos zu holen, manchmal auch, um kurze Züge aus der Zigarette zu nehmen. Er holt sich Kaffee und fährt den nächsten Titel ab.
Ständig kommen Leute ins Studio. Sei es Roos, der den aktuellen Plan noch einmal abspricht oder Moderationsvorschläge reinreicht. Sei es Max, der kurz Lehmann einen Satz hinwirft oder die Telefondame, die von der endlich erfolgten Resonanz berichtet.

Schon donnert er seinen Show-opener vom Magazinplaner durch den Äther und fordert die Leute draußen auf anzurufen, sollten sie eigene, ob positive oder negative Erfahrungen mit Nebenjobs gemacht haben.
Anschließend legt er sich wieder seine vorgesehenen Teile in seinem DigAs zurecht. Die Elemente sind weiß, verfärben sich manchmal grüngelb, manchmal nur gelb, wenn sie in das Fach P1 oder P2 gelegt werden. Die Farben bedeuten, Freund, mach dich bereit, du bist als nächstes dran. Werden sie abgespielt, so läuft eine Uhr rückwärts. Die Bausteine verfärben sich rot, wenn weniger als 10 Sekunden bis zum Ende bleiben.
Nach zwei Stunden habe ich selbst schon das Gefühl für Routine entwickelt. Das System ist durchschaut und ich arbeite im Geiste schon Blatt für Blatt mit Lehmann ab.
7 Uhr, nichtsdestotrotz bekomme ich jetzt einen Tiefpunkt, nehme dankbar das Angebot einer weiteren Tasse Kaffee an und frage mich, ob mir in meinem Zustand noch irgendein lustiger Kommentar einfallen würde. Wahrscheinlich nicht, aber zum völligen Abschlaffen kann hier keiner kommen, denn schon wieder steht Sascha Roos in der Tür, es ist Zeit die ersten Anrufer aufzuzeichnen.
Was live klingt, ist in der Regel vorproduziert. Kein Hörer kommt mal so spontan auf Sendung, das ist zu gefährlich und könnte blamabel enden, man denke nur an Martin, der sich doch nur Musik wünschen wollte und gar nichts zum Thema Nebenjobs beizutragen hatte.
Lehmann aktiviert wieder sein im Computer integriertes Aufnahmegerät und drückt den ersten Hörer „im off" ins Studio, während draußen an den Radios Musik zu hören ist. „Im off" heißt, er produziert im Studio nur für sich, keiner der Hörer draußen bekommt etwas davon mit.
Die Hörerin ist viel zu lang, zu kompliziert und kommt nicht zur Sache. Sie wird gelöscht. Die Comedy über und mit Kanzlerkandidatin Merkel wird abgefahren und gibt Lehmann wieder fast drei Minuten Zeit, um nebenbei den nächsten Anrufer aufzuzeichnen. Alfred ist prägnant, erzählt über seine Zeit als Staubsaugervertreter der amerikanischen Edelmarke rainbow und wie er im Endeffekt mit seinem Nebenjob finanziell noch mehr in die Miesen gerutscht ist, statt Geld in die eigene Kasse zu bekommen.
Michael Watzke ist aufgeregt und nickt beharrlich bei den Erklärungen von Alfred. Erfolg für den Reporter. Der Nerv des Publikums wurde mit dem Thema getroffen. Das aufgezeichnete Interview ist fertig und Merkel

spricht noch immer ihren Gag. Das Gespräch wird jetzt entweder von Watzke oder von Roos bearbeitet, etwas gekürzt, um es dann wenig später schon ins Programm aufnehmen zu können.
7.30 Uhr. Lehmann singt gut gelaunt, aber völlig schräg im Studio, während er wieder seinen Computer bearbeitet.
Nachrichten, Wetter, Verkehr, Opener, Musik.
7:38 Uhr. Lehmann ist in der Zeit.
Lux Lessel von der Kinoredaktion hievt sich ebenfalls völlig verschlafen auf den Hocker. Ihr Thema ist der gerade anlaufende Kinohit „Krieg der Welten". Zwei Ausschnitte des Films liegen auf 7.39 1 und 2, so Lux, und Lehmann klickt auf seinem Computer, zieht die O-Töne in seinen MagPI. Nach dem Gespräch mit ihr macht er seine Trickkiste auf, ändert seine Stimme durch einen Equalizer und warnt die Zuhörer vor der Infasion der Außerirdischen. Draußen in der Redaktion gehen die Köpfe hoch und kurz danach stehen schon drei Kollegen im Studio, um ihn zu fragen, wie er das genau gemacht hat.
Roos reicht einen kurzen Anmoderationsvorschlag für Alfred rein, dem Hörer mit den Staubsaugern. Alles geschnitten, alles startklar und alles im Computer. Aber durch Alfred verschiebt sich jetzt der Plan, jetzt muss das Programm der nächsten Minuten neu durchdacht werden.
7.48 Uhr. Der Wetterjingle und Alfred liegen startklar im P2 vor. Während der Hörer seine Erfahrungen wiedergibt macht sich die Putzfrau ans Scheibenwienern im Nachrichtenstudio. Das Gespräch mit dem Nebenjobler hört sich absolut live an, es ist so geschnitten, dass draußen niemand einen Schnitt, eine Kürzung ahnen würde.
Wieder kommt Sascha ins Studio. Er will die Gerdshow schieben und wegen der großen Resonanz am Hörertelefon lieber noch ein Gespräch aufzeichnen.
Also spielt Lehmann am Mikrofon wieder mit den Wörtern und spricht davon, dass er jetzt einen Xavier nei tun wird und stellt sein DigAs anschließend wieder auf Aufnahme.
7:55. Lehman ruft Tatjana an. Auch sie hat ihre Erfahrungen sammeln können mit den diversen Angeboten an Traum-Nebenjobs und spricht davon, dass diese Stellen mit utopischen Verdienstmöglichkeiten meistens in die Hose gehen. Sie sei aber im Stande mit legalen Nebenjobs bis zu 3000 Euro im Monat zu machen.
Danke fürs Interview – ab zum Kürzen und Promo ab. Leider passiert diesmal gar nichts. 30 Sekunden bis zur vollen Stunde und den Nachrich-

ten fehlen, noch mal ein Druck auf die Taste und wieder nichts. Also noch eine Bemerkung über die neuesten und aktuellsten Nachrichten, die jetzt von der Kollegin Antje Müller kommen und der Nachrichten-Jingle fährt ab. Wenigstens der. Antje Müller blickt den Moderator etwas verdutzt an, beginnt aber dann mit völlig normaler Stimme mit der ersten Meldung. Lehmann ist sauer. So schnell konnte er die kurze Zeit nicht ganz füllen, jetzt sind die Nachrichten zu früh am Start gewesen. Roos kommt rein und wird beauftragt dem Techniker Bescheid zu geben.
Ein aufgezeichnetes Gespräch mit der Musikgruppe „Global Kryner" steht auf dem Ablaufplan. Lehm debattiert, dass das überhaupt nicht gut sei, da er es gestern Nachmittag um 12.30 Uhr aufgezeichnet hat und nun aber eine ganz andere Stimmung zu spüren ist. Es wirkt eben nicht als seien sie wirklich live um 8 Uhr morgens im Studio. Man merkt ganz einfach, dass die Leute ausgeschlafen sind und ich nicht. „So was nicht wieder", sagt er ständig, „entweder sie kommen früh oder eben nicht. Eine Ausnahme würde er da doch gerade mal bei Robbie Williams machen", bemerkt er noch mit einem Lächeln im Gesicht. Na ja oder vielleicht auch bei Mick Jagger fügt er noch hinzu. Für mich ist im Gespräch mit der Gruppe fast kein Unterschied zu hören, ob das jetzt etwas müder oder munterer klingt.
Per Funke versichert sich Lehmann noch mal kurz bei Sascha Roos rück, der draußen sitzt, ob diesmal wirklich bereits Filmstart am Mittwoch sei.
8.13 Uhr. Die Redaktion ist zur Hälfte besetzt. Katrin Müller-Hohenstein, kurz KMH, ist bereits im Nebenstudio und geht ihre Sendung durch. Sie wird um 9 Uhr Lehmann ablösen mit ihrer Sendung „Extra".
Lehm spricht den Übergang zum Wetter mit Gudrun Beckh ab.
Sascha Roos ist wieder im Studio und hat seine Uhr im Kopf: Alles o.k., immer noch gut in der Zeit.
Kopfhörer auf, am Mikro ziehen, leichtes Wippen von einem Bein aufs andere.
Watzke im Studio, Tatjana wird abgefahren, kurzes Gespräch mit Watzke und Roos steht wieder im Studio. Sehr schön alles, aber jetzt ist man wieder im Verzug mit dem Ablaufplan.
Ein Teaser wird gestrichen und Lehmann hat Hunger.
Mit Techniker Heiko spricht er das Problem mit dem nicht abgefahrenen Promo durch und anschließend kann er ihn dann auch überreden zwei Semmeln mit Leberkäs und Salami zu besorgen.
8.30 Uhr. Noch eine halbe Stunde und auf dem Plan sieht die so aus:

Mit ihm in die Dusche

8.30 Uhr   Nachrichten, Achtung neuer Ablauf:
            CvD beendet News und sagt nix!
            CvD gibt Handzeichen, Lehm spielt Trenner „Wirtschaft"
            Take startet
            Lehm – wenn Stück zu Ende, einfach Wetterbett ein spielen und Gudrun macht wie immer!
            Verkehr

Dann folgt ein Hinweis, was der Inhalt des Wirtschaftsstücks ist und der Plan geht weiter:

8:33   Der kleine Nils „Pasta" 1:57   *MagPl
8:46   Wetter und MOD (mit Umfrage?) „Krieg der Welten" und TEASE antenne.de Hookpromo
8:53   Kurz-Talk mit KMH über „Job-Kleinanzeigen"
8:56   Newstease:
8:56:49   Singlespot 0:28
            Promo im Werbeblock!!! (Top 30)
            Werbung 2:43
            Nachrichten/Wetter/Verkehr

Lehmanns Richtmikrofon ist so fein eingestellt, dass man ein Räuspern von Gudrun Beckh während der Moderation von ihm gar nicht hört.
Salami und der Leberkäsklassiker sind fast verdrückt.
Noch 20 Minuten und der letzte Schluck aus der Kaffeetasse ist fällig.
Zum x-ten Mal für mein Gefühl läuft die Moderation „Krieg der Welten" unter ein und demselben Musikteppich und zum dritten Mal kann ich jetzt dazu die Umfrage unter Kinobesuchern hören. Mich nervt es, aber wer sitzt schon durchgängig vier Stunden vorm Radio. Insgesamt liegt die Aufmerksamkeitsspanne eines Zuhörers bei maximal 20 Minuten. In der anderen Zeit läuft das Radio nebenher ohne dass man ihm große Aufmerksamkeit schenkt.
Noch 15 Minuten. Lehmann schaut seine E-Mails durch und entdeckt, dass der Sender noch Anastasia Konzertkarten verlost. Noch ein kleiner Hinweis darauf, anschließend passend ein Lied der Amerikanerin und Roos will die Übergabe an KMH streichen.
Noch 9 Minuten und das Wetter ist dran.

Noch 8 Minuten und der Beitrag über das Kinderbetreuungsgesetz wird gespielt. Der Plan passt überhaupt nicht mehr.
Noch 4 Minuten. KMH ist da und Lehmann macht doch noch eine kurze Übergabe.
Noch 30 Sekunden, noch 10 Sekunden - der letzte Knopfdruck für den Jingle der Nachrichten und Lehmann räumt das Feld pünktlich.
Pause.
Radio ist sein Medium, meint er wenig später auf dem Quietschsofa. Zwar habe er es auch mal mit Fernsehen versucht, hat zwei Jahre lang die Show „Herz ist Trumpf" auf SAT1 moderiert, doch die wechselte ständig die Sendeplätze und konnte nicht wirklich Erfolg bringen.
Auch bei DSF hat er in der Show „power-play" täglich getalkt anschließend „sport-star", eine Talkspielshow mit jeweils vier prominenten Sportlern. War alles nichts, obwohl er damit sogar mal für den Bambi nominiert wurde.
Max drängt, denn es müssen noch zwei Promos produziert werden, die in nächster Zeit schon auf Sendung sein sollen.
Ab ins Produktionsstudio und in die Sprecherkabine. Kurzes Räuspern und Lehm rattert einen spanischen Text nur so runter. Aus dem Ganzen produziert Max dann den so genannten „pre-seller", einen Hinweis, was die Zuhörer am morgigen Tag in „GuMoBa" erwartet. Die Comedy-Autorin schreibt dazu den Text. Danach spielt er die gesammelten „magic moments" der heutigen Frühsendung vor und unter anderem findet sich da auch das völlig falsche Gesinge im Studio, das eigentlich im off stattfand. Diese ganzen Elemente bastelt Max dann zum „back-seller" zusammen, ein Promo, dass den Leuten draußen sagt, was sie heute verpasst haben, wenn sie von fünf bis neun nicht die richtige Frequenz im Ohr hatten.
Wieder kurze Pause bis 10.30 Uhr, dann findet die tägliche Redaktionskonferenz für die Morgenshow statt. Sollte stattfinden, doch die Pünktlichkeit ist hier so eine Sache. Zwar ist der Hauptteil der Mannschaft da, aber Ralf Zinnow fehlt noch. Er wird die Planung der Sendung am Nachmittag übernehmen, denn schließlich passiert hier das meiste für das nächste GuMoBa.
Zu dieser Zeit können noch Interviews ausgemacht und Beiträge bestellt werden.
Währenddessen erzählt mir Lehm von seinem Traum, einmal einen Piratensender in den Alpen zu gründen: Alle zwei Tage den Standort

Mit ihm in die Dusche 57

wechseln und es richtig abgehen lassen über den Äther. Wer träumt davon wohl nicht, egal in welchen Medium er arbeitet.
10.49 Uhr, das Team ist komplett. Die Sendung wird noch einmal durchgesprochen. Lehm diskutiert noch einmal das generelle Problem der Voraufzeichnungen durch. Fragt, wie die Kollegen das Interview mit den Global Krynern empfunden haben und bespricht auch die kleine technische Panne mit dem nicht abgefahrenen Promo.
Die Planung für Morgen: Arbeitslosenzahlen aus Nürnberg, Watzke vielleicht doch noch mal mit einer Zusammenfassung der Reaktionen über Nebenjobs und Ralf Schumacher ist angefragt für ein Interview zu seinem 30.Geburtstag. Dann vielleicht noch, dass vor 24 Jahren die erste Folge von Dallas im Fernsehen zu sehen war, eingesetzt nicht als Beitrag sondern eventuell als running-gag, mit der berühmten Filmmusik, die natürlich dann im MagPl liegt. Zunahme der Markenpiraterie und als Verbraucherthema ein Bericht über die neue Hotline mit der Nummer 116116, die morgen bundesweit geschalten wird und mit der man im Notfall all seine Karten sperren lassen kann, von der ec-card bis zur Handy-card. Dann müssen noch zwei Versionen für die Rubrik „Klinsi und Rubi" produziert werden, je nach Ausgang des Endspiels im Confed-Cup.
Noch ein Ausblick auf Freitag, schließlich wird dieser Tag besonders wichtig: Im Bundestag stellt Gerhard Schröder die Vertrauensfrage. Die Comedy mit Merkel muss darauf abgestimmt werden, schließlich sollte die CDU-Frau dann als Pendant dazu auch Lehmann die Vertrauensfrage stellen.
11:21 Uhr Sitzungsende. Lehmann und Zinnow bleiben noch sitzen. Das ist die beste Zeit für neue Ideen. Der Hit „funky-town" wird 25 Jahre und man sollte doch wirklich mit der Musikredaktion sprechen, ob man nicht ausnahmsweise mal das Format verlassen und diesen Titel in die Morningshow aufnehmen kann. Und dann sinniert man noch ein bisschen: Wäre doch mal ganz lustig, wenn man in Bayern verschiedene Stephan Lehmanns in GuMoBa moderieren ließe, vielleicht zu einem Jubiläum des Senders oder zu einem Betriebsjubiläum von Lehm.
Eine neue Tasse Kaffee und Lehm genehmigt mir noch ein paar Minuten. Über sein Privatleben will er nicht so recht sprechen, wie eben ein echter Star. Er ist Frauenschwarm, auch wenn er dass abstreitet, schließlich findet er sich in der Rolle des Opas mit 43 Jahren ganz nett. Das einzige, was ich erfahre, ist, dass er nächste Woche nach Malle fährt mit ein paar Jungs, um ein bisschen zu Golfen, auf dem Platz von einem Star, der so

viel Geld hatte, um sich mal kurz den zu kaufen. Außerdem liebt er seinen Oldtimer und seine Touren mit der Harley. Und wenn es mal nichts mehr ist mit der Morgenmoderation, dann setzt er voll auf sein zweites Standbein, dem Fußball: Fifa-Sprecher, WM 2006 oder so. Für den Erfolg hat er schließlich hart und konsequent gearbeitet.

Im Privatleben sei er schon recht witzig und humorvoll, doch er liebe auch die ernsten Gespräche über Politik und Gesellschaft, schließlich sei er kein Clown, der ständig und überall unterhalten müsse.

Seine berufliche Karriere hat angefangen mit einem Angebot von einem Privatradio in München. Damals war er im sechsten Semester seines Studiums Politologie und Germanistik. Das hat er dann kurzerhand geschmissen, weil er schon damals wusste, dass es das Radio sein wird.

Der Anfang war ein unentgeltliches Arbeiten, dann gab es 1000 DM und wenig später 1800 DM im Monat.

Endlich der Ruf des damaligen Gonggruppenchefs Markwart, der gerade Leute für den landesweiten Sender ANTENNE BAYERN suchte und auf Lehmann aufmerksam wurde.

1988 sein Start und 17 Jahre später immer noch da. Der Optimist Lehmann ist eben mit seinem Lächeln und dem Charme der zehn Herzen zum richtigen Zeitpunkt am richtigen Ort gewesen.

Und das will er noch lange so durchziehen als Mann, mit dem die Frauen jeden Morgen duschen gehen, und als Star.

29.Juni 2005

4 Eine Insel für die Königsdisziplin

Ein imposanter Bau aus Beton und Stahl und unendlich vielen Fenstern. Auf einer Säule sitzt der achtzehnstöckige Deutschlandfunk. Mitten in Köln, in der Stadt, die für mich für Aufgeschlossenheit, Humor und wirkliches Großstadtformat steht.
Der Deutschlandfunk ist mein Dauersender im Auto, weil ich nicht nur von meinem Bundesland, in dem ich wohne, etwas erfahren will. Ich stehe da nicht alleine, denn 47 Prozent der Journalisten, 24 Prozent aller Politiker und 13 Prozent der deutschen Wirtschaftsmanager schalten regelmäßig schon früh am Morgen die Welle ein, so der Sender auf seiner Homepage.
Meine „Hör-Entwicklung" hin zum Deutschlandfunk war schleichend. Irgendwann konnte ich über die platten Witze der bekannten dritten Hörfunkprogramme nicht mehr lachen. Irgendwann hatte ich es satt, jeden Morgen dieselben Musikstücke fast zur selben Zeit zu hören. Irgendwann war, so Mitte zwanzig, der Zeitpunkt, als ich gemerkt habe, dass Information zur Sucht werden kann, dass ich als Journalistin ständig auf der Suche nach Themen und Informationen bin. Das Bedürfnis, zumindest in vielen Punkten ein Wissen aufzubauen, wurde immer stärker. In der aktuellen Redaktion fing ich dann an, jedes Thema zu hinterfragen, lieber tiefgründig und investigativ zu arbeiten und nicht die netten leichten Sachen über die Sommerzeit oder den Wintereinbruch bearbeiten zu wollen. Viele fühlen sich in dem Bereich wohl, Gott sei Dank und viele Journalisten blicken kaum über den Tellerrand ihres eigenen Bundeslandes hinaus, das ist schade.
Verglichen mit den anderen Sendestrukturen, wie beispielsweise B5 aktuell, dem Informationssender des Bayerischen Rundfunks, wiederholen sich die Nachrichten nicht penetrant im 15-Minuten-Takt, sondern werden halbstündlich gebracht, mit immer neuen, gut aufbereiteten Themen oder immer wieder umformulierten Hauptnews. Nichts nervt mich mehr als zwei Stunden im Auto zu sitzen und dann soweit zu sein, die Nach-

richtenmeldungen auswendig zu können und schon den Text zu kennen, der nach dem Verlesen der Schlagzeile kommt.
Der Deutschlandfunk bietet eine große Bandbreite an politischer, wirtschaftlicher und kultureller Berichterstattung. Wohltuend wortreich.
„Ein Informationsprogramm – bundesweit und werbefrei", heißt es auf der Internetseite www.dradio.de und weiter: „Das Kölner Programm trägt den Namen Deutschlandfunk. Er steht seit über 40 Jahren für schnörkellose Information aus Politik, Wirtschaft und Kultur. Der hohe Wortanteil von über 75 Prozent prägt sein unverwechselbares Profil. Deutschlandfunk, das ist die hörbare Alternative für alle, die gründlicher und umfassender informiert werden wollen."
Das will ich und deshalb werde ich vom Dienstleiter Dr. Marco Bertolaso morgens um 10 Uhr in der Empfangshalle abgeholt. Um diese Zeit beginnt er seinen Dienst, obwohl die offizielle Schicht erst um 12 Uhr anfängt, doch bis zum Arbeitsbeginn setzt der Sender voraus, dass sich der Journalist in den Themen des Tages eingearbeitet und mindestens zwei überregionale Zeitungen gelesen hat.
Bertolaso ist, wie auch seine Kollegen, „Überzeugungstäter". Das spürt man in der Minute, in der man mit ihm anfängt, über seine Arbeit zu sprechen. Er kennt die Geschichte des Deutschlandfunks und Deutschlandradios, schwärmt von 4 Stunden täglichen News und vier Stunden Politikmagazin, den Fachsendungen zu Forschung, Literatur und Wirtschaft.
Bertolaso erzählt mir die Geschichte der Nachrichten, angefangen in der Weimarer Zeit und äußert seine feste Überzeugung, dass die Reduzierung der Nachrichten oder die Verwaschung der wirklichen Inhalte langfristig keine Chance habe. Er glaubt daran, dass die Zuhörer zukünftig nicht ein Mehr an leichter Unterhaltung in den Nachrichtensendungen wollen. Er glaubt daran, dass die Heiratsgeschichten der Popstars, die Skandälchen der Fußballstars keinen wirklichen Boden dauerhaft in der Newsschiene finden. Den Deutschlandfunk bezeichnet er als den „Rückzugsbereich" für den Hörer, der Infos will im klassischen öffentlich-rechtlichen Stil. „Wenn alle gehen müssen – der letzte, der bleibt, ist der Nachrichtenmensch", meint er und setzt die Frage nach: „Meinen Sie nicht?". Sein Wort in Gottes Ohr, denn leider stamme ich aus einem privaten Rundfunkhaus, das am Anfang hehre Ziele in Sachen Informationspolitik setzte und den Wortanteil Monat für Monat zurückgefahren hat. Plötzlich wurde die An-

Eine Insel für die Königsdisziplin 61

zahl der Berichte gekürzt, dann gab es keine ausführlichen Mittagsnachrichten mehr, dann wurden die halbstündigen News zurückgefahren.
Wer die leichte Unterhaltung liebt, der ist hier falsch am Platz, denn in Köln sitzen die Journalisten im „klassischen" Sinn. Die werden leider immer rarer auf dem Markt und die Mehrzahl ist mittlerweile schon in einem etwas gesetzteren Lebensalter, also ab Anfang 40 aufwärts. Die Redaktion versteht sich auch so und viele haben den Weg von der Agentur zum Deutschlandfunk eingeschlagen oder kommen aus der politischen Szene, wie auch Marco Bertolaso. Lange Zeit hat er in Bonn für einen Parlamentarier gearbeitet. Er weiß, wie Politik gemacht wird, er weiß wie die Zusammenhänge sind. Als damit bereits in eine Richtung politisch ausgerichtet sieht er sich jedoch nicht. Das könne er sich hier bestimmt nicht leisten, es gehe eher darum zu wissen, wie die Abläufe sind, wie alles zusammenhängt. Wer beispielsweise Pfahls als ehemaligen Parlamentarischen Staatssekretär und nicht als Staatssekretär betitelt, der bringe Fehler in die Nachrichten. „Bei der jetzigen Anklage würde ihn eine ganz andere Strafe erwarten", so Bertolaso.
Da ist er wieder, der Überzeugungstäter im Deutschlandfunk, und ich lerne im Laufe meines Besuchs eine ganze Menge davon kennen.
Hier spürt man das Niveau förmlich. Ob beim Umgang miteinander oder eben sogar bei der Suche nach den kleinen Stillen Orten. Selbst da braucht das Auge nicht nach irgendwelchen Frauen- oder Männerzeichen Ausschau zu halten. Beim Deutschlandfunk sind die WC-Türen mit einem Auszug aus dem Duden versehen:

„Mann [germanisch, zurückgehend auf indogermanisch manu/monu >Mann<, >Mensch<], erwachsener männlicher Mensch. Zu unterscheiden ist grundsätzlich zwischen dem Mann als Individuum und der männlichen Geschlechtsrolle, durch die in der jeweiligen Gesellschaft bestimmte Eigenschaften, Verhaltensweisen und Einstellungen als typisch männlich festgelegt und tradiert werden. Als Individuum unterscheidet sich der Mann von der Frau genetisch durch das geschlechtsdeterminierende Y-Chromosom, das zur Ausbildung der im Dienst der Fortpflanzung stehenden geschlechtsspezifischen körperlichen Merkmale führt.

Frau [althochdeutsch frouwa >Herrin<, >Gebieterin<],weiblicher erwachsener Mensch. Die geschlechtsspezifischen körperlichen Merkmale der Frau sind wesentlich geprägt durch die biologische Funktion der Fortpflanzung (Geschlechtsorgane , Mensch). Die Wesensdefinition der Frau variiert je nach geographischem Raum, historischer Epoche sowie Gesellschafts- und

Kulturtypus. Ihr zahlenmäßiger Anteil an der Bevölkerung ist länderspezifisch uneinheitlich."

Alle sitzen sie im zweiten Stock des Funkhauses. Glastür und Schild „Deutschlandfunk – Die Nachrichten – Die Presseschau".
Die Redaktion beschäftigt zu 85 Prozent festangestellte Redakteure. Alle zwischen 40 und 50 Jahre. Freie Mitarbeiter gibt es kaum.
Der Chef der Zentralen Nachrichten ist Volkher Just, seines Zeichens Abteilungsleiter. Immer wieder schaut er während meines Besuches in die Redaktion, bespricht Themen, klärt einzelne Punkte. In der Hauptsache ist er aber der Verwaltungsmensch, der oft viel Zeit auf Sitzungen verbringt und den Papierkrieg führt.
Marco Bertolaso ist in seiner Abwesenheit Vertreter und gleichzeitig Dienstleiter. Zwölf von dieser Position gibt es bei der Nachrichtenabteilung, sie sind wechselweise für die halbstündlichen Nachrichten oder für die Stunde zuständig.
Bertolaso hat heute die Verantwortung für die News zur vollen Stunde. Seine Kollegin Susanne Hirte übernimmt die um halb.
Zwölf Stunden lang wird in einer solchen Doppelbesetzung gefahren. Ab 18 Uhr arbeitet nur noch ein Redakteur für die Nachrichten. Während der 24 Stunden Nachrichtenschiene sind die Mitarbeiter für Auswahl, Recherche und Text der News verantwortlich – gelesen werden sie von einem Sprecher.
Kurz nach elf ist es Zeit für die Übergabe der Schicht an Bertolaso und Hirte. Das Gedenken an die Opfer des Londoner Bombenanschlages ist heute der Aufmacher. Nicht ganz zufrieden ist Bertolaso mit der Lösung, die zwei Schweigeminuten in vielen europäischen Städten auch in der Nachrichtensendung mit 15 Sekunden Stille zu berücksichtigen. Schweigen hat nichts im Radio zu suchen und erst recht nicht in den Nachrichten. Aber Anweisung ist Anweisung, und da er sonst in der Gestaltung der Sendung frei ist, wird er dies auch so tun. „Noch nie gab es Anrufe vom Chefredakteur", erinnert sich Bertolaso, „noch nie gab es Einfluss von oben auf die Nachrichten". Die Unabhängigkeit wird gewährleistet und die Unabhängigkeit wird von den Redakteuren erwartet. Jeder hier hat seine persönlichen Schwerpunkte mit in diesen Job eingebracht. Der eine ist Fachmann in Sachen Russland, der andere kennt sich in der Verkehrspolitik oder mit dem Thema Islam besonders gut aus und der andere sieht die Sozialpolitik als sein Steckenpferd. Jeder versucht diese Stärke auch weiterhin auszubauen. Wenn hier miteinander geredet wird,

Eine Insel für die Königsdisziplin

dann geht es um eine Nachricht. Einer entdeckt die Meldung über die PISA-Studie und schon wird diskutiert. „Erinnert ihr euch noch an die Kultusministerkonferenz im letzten Jahr, da wurde doch..." Hat nicht gestern Reuters dazu folgendes gemeldet....Und in der Herald Tribune habe ich dazu gelesen....".
Ob El Kaida oder Pflegegesetz, das Wichtigste sind Wissen und Wissensaustausch, das Wichtigste sind saubere Recherche, Selbstbewusstsein, sich auch einmal über Meldungen, die selbst in der Tagesschau laufen, hinwegzusetzen, sie nicht zu senden, wenn etwas nicht eindeutig zu klären ist, in den Agenturen falsch wiedergegeben wurde. „Der Nachrichtenredakteur muss aus eigenem Wissen zu jeder Meldung etwas gegenhalten können, ob Dopingfall bei der Tour de France oder zum Vorschlag der Reduzierung der Körperschaftssteuer", so Bertolaso. „Vergleichen Sie unser Haus mit einer Klinik, dann sind die Nachrichten die Ambulanz oder die Notaufnahme. Hier arbeiten Allrounder, Allgemeinmediziner und keine Fachärzte". Trotzdem zählen auch die oft privat aufgebauten Stärken, denn innerhalb kürzester Zeit müssen Entscheidungen getroffen werden: heißt es Hallenser oder Hallischer Bürgermeister? Die Bewohner von Laos sind Laoten und ist Mali ein westafrikanisches Land?
Da der Deutschlandfunk viele Fachleute und oft sehr gebildete Schichten unter seinen Hörern hat, ist das zwar auf der einen Seite schmeichelhaft, auf der anderen Seite eine Belastung. Ein falsch ausgesprochenes Wort in der Meldung, eine falsche Zahl in der Nachricht, und diese Fachleute melden sich, umgehend, prompt. „Die Fehlerquote einer Sendung muss gegen Null gehen", so Bertolaso, denn er ist überzeugt, Fehler bei den Nachrichten vergraulen Zuhörer am meisten. Bertolaso kennt Anrufer, die sich über einen Konjunktiv beschweren, der falsch gesetzt wurde.
Insgesamt arbeitet der DLF nach strikten Regeln. So hat die direkte Rede nichts in einer Meldung zu tun, denn nur die indirekte Rede schafft eine nachrichtliche Distanz und eine klare Differenzierung zur Darstellung. Hier heißt es auch nicht: „Die Opposition sprach von der katastrophalen Finanzlage der Regierung", sondern: „Die Opposition sprach von einer katastrophalen Finanzlage der Regierung". Wertung ist keine Nachrichtensache.
Die internationale Presseschau ist für die Mittagsschicht fertig. Um 12.50 Uhr geht sie auf Sendung. Bertolaso muss sie abnehmen, dann wird sie vom Sprecher der Schicht live gelesen. Das „Abnehmen" ist hier ein Gegenlesen, das Achten auf Formulierungen oder Tippfehler. Über die Ges-

taltung oder die Auswahl der Meldungen wird nicht gesprochen, sie obliegt dem Redakteur der Presseschau. Tagtäglich durchforstet er die wichtigsten Zeitungen Europas. Zusammen mit Kollegen oder zum Teil auch mit freien Mitarbeitern, die besondere Sprachkenntnisse haben, wird von der spanischen Zeitung El PAIS, dem französischen FIGARO, der schwedischen SYDSVENSKA DAGBLADET, der polnischen RZECZPOSPOLITA, bis zu HERALD TRIBUNE, GUARDIAN und den österreichischen VORARLBERGER NACHRICHTEN alles durchforstet, um so ein breites Meinungsspektrum aufzuzeigen, um Themen dem deutschen Zuhörer zu präsentieren, die vielleicht hier von niemanden aufgenommen werden, um Probleme in anderen Ländern oder verschiedene Meinungen zu einem bestimmten Schwerpunkt aufzuzeigen, um einen anderen Fokus zu schaffen als nur den deutschen.

Vor allem während des Irakkrieges war der Blick in die Zeitungen des arabischen Raumes eine wichtige Sache, um den Krieg von allen Seiten beleuchten zu können, um nicht angewiesen zu sein auf Propagandanachrichten der Amerikaner. Der türkische Kollege hat während der Diskussion um den EU-Beitritt der Türkei Einblicke aus der Sicht der dortigen Zeitungen geben können. Bei der jetzigen Diskussion um einen ständigen Sitz der Deutschen im UN-Sicherheitsrat verfolgte der Deutschlandfunk in seiner Presseschau auch die afrikanischen Zeitungen, die die Bestrebungen der Bundesrepublik eher kritisch sehen. Die komplexen politischen Dinge sollen hier dem Hörer erklärt werden. Jeder der Redakteure beherrscht ein, zwei oder mehr Fremdsprachen. Für Journalisten wird dies insgesamt immer wichtiger in Hinblick auf Europa.

Bertolaso ist mit einer Portugiesin verheiratet, zudem hat er in England und Frankreich studiert.

Auf die Frage, wie er heute in den Beruf des Journalisten einsteigen würde, antwortet er spontan: „Nicht über ein reines Journalistikstudium." Fachwissen und Auslandserfahrung sieht er als entscheidende Pluspunkte für den Beruf an.

Ein Lebenslauf, wie ihn Harald Gesterkamp hat. Fünf Jahre lang war er bei Amnesty International, beherrscht ebenfalls zwei Sprachen und hat tiefen Einblick in die Arbeit von Hilfsorganisationen und der Organisation für Menschenrechte bekommen. Hier liegt sein Spezialgebiet.

Heute ist ein ruhiger Tag. Alles läuft und es tickern keine außergewöhnlichen Nachrichten über den Bildschirm. Die Redaktion ist in Warteposition und ein leichtes Sommerloch ist bereits zu spüren. Es ist Urlaubszeit. Die

Eine Insel für die Königsdisziplin

Politiker in Berlin begnügen sich mit neuen Versprechungen für die Zeit nach der Bundestagswahl 2005 und hier im Deutschlandfunk warten alle erst einmal auf die Entscheidung des Bundespräsidenten, ob es überhaupt eine Neuwahl geben wird.
Das Großraumbüro ist modern, hell mit durchgehender Glasfront und sechs Schreibtischen mit 10 Computern. Von jedem Platz aus sind jeweils ein bis zwei Fernseher einsehbar. Im Moment laufen Phoenix und ntv. Später zappen die Redakteure sich durch BBC, CNN und N24, um dort die neuesten Nachrichten zu erfahren oder Debatten und Pressekonferenzen live im deutschen Bundestag mitzubekommen. Die neueste PISA- Studie über die Lernerfolge der Schulkinder steht neben London als Hauptmeldung an. Im Fernsehen verfolgt Harald Gesterkamp die ersten Stellungnahmen und wartet auf eine Rede der Bildungs- und Forschungsministerin Edelgard Bulmahn. Die Anforderungen an die Redakteure sind auch beim Deutschlandfunk mit der Vielzahl an Fernsehprogrammen und dem Internet gestiegen. Früher konnte man sich auch noch besser auf Agenturmeldungen verlassen. Durch den enormen Zeitdruck, der heute auf die Kollegen von dpa oder Reuters ausgeübt wird, ist die Zuverlässigkeit gesunken. Drei bis vier Termine müssen von ihnen oftmals täglich wahrgenommen werden, es geht um einen hohen Abdeckungsgrad, den Agenturen erreichen können und die Qualität lässt verständlicherweise nach.
Ganz hinten sitzt Ingrid Tramm, sie ist heute für die Kulturnachrichten zuständig. Tramm hat fast keine Chance, auf Agenturen zurückzugreifen. Eröffnet nicht gerade der Verhüllungskünstler Christo ein neues Projekt oder verabschiedet sich mal wieder ein Intendant eines Theaters mit deftigen Worten, so gibt es kaum Kulturnews, die bei den Agenturen aufgegriffen und veröffentlicht werden. Ihre Meldungen kann sie nicht aus den Ticker nehmen. Tramm sucht sie mühevoll zusammen aus Zeitungen, Fachmagazinen und aus dem Internet. Ihr Arbeitsplatz ist zwar in der Kölner Nachrichtenredaktion des Deutschlandfunks angesiedelt, doch sie liefert für das Deutschlandradio Kultur in Berlin. Sechsmal am Tag laufen die Kulturnachrichten zwischen 9.30 Uhr und 11.30 und zwischen 14.30 Uhr und 16.30 Uhr. Für mich hat sie kaum Zeit, denn ständig ist sie auf der Suche nach Neuigkeiten. Jeder Block umfasst im Durchschnitt fünf Meldungen. Auch sie werden von Bertolaso gegengelesen, manchmal am Schreibtisch, oft jedoch vor der Tür, wo rechts in der Hand der Kugelschreiber ruht und links die Zigarette.
Etwas abgetrennt befindet sich eine kleine Küche mit Sitzgelegenheit.

Bertolasos Arbeitsplatz ist im hinteren Bereich der Nachrichtenredaktion. Er sitzt an einem langen Schreibtisch zusammen mit einer Sekretärin in einer Front. Oberhalb des Arbeitsplatzes sind die obligatorischen Uhren mit der aktuellen Zeitanzeige von New York, Moskau, Peking, Tokio und Köln platziert. Dahinter hängen eine riesige Weltkarte und eine etwas kleinere Europaübersicht.
Die Sekretärin ist zuständig für das Wetter. Aus den Meldungen des Deutschen Wetterdienstes kürzt sie es für die Nachrichten zusammen. Beim Europawetter fügt sie die entsprechenden Temperaturen und kleine Zusätze, wie bewölkt, sonnig oder Regen hinzu. Wird es eng, dann ist sie für alle Redakteure da, die ihr die Nachrichten noch in letzter Minute diktieren können. Zudem erstellt sie den so genannten Sendeplan: eine Seite, auf der kurz die jeweilige Nachrichtensendung zusammengefasst ist, mit Wochentag, Datum, Uhrzeit, verantwortlicher Redakteur, die Anzahl der Meldungen und die entsprechenden Schlagzeilen dazu. Dieser Sendeplan ist auch im ganzen Haus einsehbar für jede Abteilung, so dass die Redaktionen ebenfalls wissen, was die Nachrichten derzeit bringen und Doppelungen vermieden werden können. Jede Nachrichtensendung wird so abgeheftet, um einen lückenlosen Nachweis zu führen. Zudem ist die Sekretärin, wie so oft auch in anderen Redaktionen, einfach die gute Seele und langt zielgenau da zu, wo der Redakteur sie gerade braucht. Oft kommt es vor, dass der Sprecher noch handschriftliche Korrekturen vornimmt, die von ihr ausgebessert werden, bevor sie jede Nachrichtensendung sofort ins Internet lädt.
Vor diesem Schreibtisch des Dienstleiters und der Sekretärin liegt das Sendestudio, getrennt durch eine Fensterscheibe. Sie blicken bei ihrer Arbeit direkt auf den Sprecher. Dahinter liegen weitere Studios, ebenfalls durch Glas voneinander getrennt und die Senderegie, die beispielsweise den Piepston der Sekunden vor den Nachrichten einfährt.
Der Sprecher gibt sich distinguiert. Er ist der einzige an diesem Tag, mit dem ich lediglich einen Satz tausche. Meist fünf Minuten vor der vollen oder halben Stunde bekommt er die neusten Meldungen in sein Studio gereicht. Insgesamt 11 Nachrichtensendungen wird er heute in seiner Schicht fahren. Er liest langsam im Gegensatz zu seiner Spätschichtkollegin. Beim Lesen hilft ihm die linke Hand bei den Betonungen. Er ist damit ständig am Gestikulieren, legt den Daumen und Zeigefinger aneinander. In der Luft setzt er so Akzente in seinem Text. Ist er fertig, gibt er die gelesenen Nachrichten dem Dienstleiter zurück und verzieht sich an-

schließend wieder in sein Studio. Seine Stimme ist sonor und verleiht den Nachrichten eine Seriosität. „Gefahren", also ausgepegelt wird vom Nebenraum aus, der Senderegie. Heute hängt der Sprecher durchschnittlich 10 bis 15 Sekunden.
Normalerweise ist die Nullzeit, also die genaue Einhaltung der eingeplanten Minuten, wichtig, doch zehn Sekunden sind im Rahmen des Möglichen. Nur der Sprecher ist unzufrieden, will beim nächsten Mal weniger Zeilen zu verlesen haben, sonst müsse er in der letzten Minute hetzen.
Es wird zur Kenntnis genommen von Bertolaso, der äußerlich sehr bedacht, ausgeglichen und ruhig wirkt, aber wer ihn länger beobachtet, spürt seine innerliche Unruhe. Nur nichts verpassen an der Newsfront, könnte sein Leitspruch sein. Links die ständig gefüllte Kaffeetasse, scrollt er rechts die Nachrichten auf dem Bildschirm.
Er öffnet die Maske für eine neue Nachricht. Automatisch fügen sich im oberen Kopfteil die neue Meldungsnummer ein, sowie Datum und Uhrzeit.
Dann formuliert Bertolaso das Stichwort. Hier: „14.Juli". Anschließend folgt die Schlagzeile: „Traditionelle Militärparade zum Nationalfeiertag in Paris begonnen". Oder: „Londoner Terroranschlag/Ermittlungen und Schweigeminuten".
Die Unterzeile gilt bereits als Hinweis für den Sprecher, eine kleine Übersicht: „Londoner Polizei hat vier Attentäter identifiziert."
Blitzschnell kopiert er wichtige Abschnitte aus den Agenturmeldungen und schiebt sie auf eine neu geöffnete Seite der eigenen Nachrichtenmaske. Schon kopiert er den nächsten Abschnitt. Dann fängt er oben an zu schreiben, kopiert lange Wörter aus den Agenturmeldungen in den eigenen Text, manchmal, eher selten, auch ganze Sätze. Immer wieder gegenlesen, ändern, andere, klarere Formulierungen einfügend, schreibt er News im Akkordtempo.
Von einem „konservativen" Nachrichtenstil will Bertolaso nicht reden, er nennt ihn den öffentlich-rechtlichen.
Der Deutschlandfunk hat bei seinen enormen Ansprüchen Nachwuchsprobleme, denn oft gibt es bei jungen Journalisten sprachliche Lücken. Wer hier den seltenen Posten eines freien Mitarbeiters bekommt oder als Volontär die Nachrichtenredaktion durchläuft, hat eine schwere und strenge Schule zu absolvieren.

Bertolaso hat sich einen frischen Kaffee geholt und sitzt wieder an seinem Computer. Als Agenturprogramm verwendet der Sender Newswire. Doch Bertolaso hofft, dass es in einiger Zeit ein neues System gibt mit zusätzlichen technischen Hilfen, denn den Redaktionen langen nicht mehr nur die Auflistung sämtlicher Agenturmeldungen. Mittlerweile benötigen die Redakteure eine noch bessere und schnellere Vernetzung von Zeitungen, Agenturen, Internet und externen Quellen.

Susanne Hirte schreibt die Kurzmeldung über die Bombenattentate in London und die Schweigeminute in ganz Europa. „Es sind doch die ersten Selbstmordanschläge in Westeuropa?", ruft sie Bertolaso zu. Der recherchiert noch einmal im Internet, sichert sich in der Auslandsredaktion ab. „Das kann man so formulieren", erwidert er.

Der Ton hier ist außergewöhnlich. In der Mehrzahl siezen sich die Kollegen, es gibt keine platten Witzchen, wie oft in anderen Medien, alles geht gediegen zu, kein lautes Wort. Die Kollegen entschuldigen sich sogar noch, wenn sie ein Gespräch unterbrechen müssen. „Frau Schmidt, würden sie diese Meldung bitte an Frau Hirte weiterreichen?" Das ist ein Umgang, der mich schlichtweg verblüfft.

„Kollegialität und Engagement in der Redaktion machen es noch einfacher. Gemeinsam suchen wir im Meer von Informationen und Geschwätzigkeit nach dem Wesentlichen, immer unter Zeitdruck und selbst feiertags um drei Uhr nachts", meint Bertolaso.

Dass er selbst nicht vor dem Mikrofon sitzt stört ihn dabei nicht. „Nun, die Nachrichten sind bei den Profisprechern in besten Händen. Und für etwaigen Moderatoren- und Medienruhm hat mich wohl das Geschichtsstudium verdorben: ob in 100 Jahren noch jemand weiß, wer heute die „Tagesthemen" präsentiert".

Hirte hat die Halbestundennachrichten fertig gestellt und spricht die Reihenfolge noch einmal mit Bertolaso ab. Dann reicht sie dem Sprecher die Meldungen ins Studio. Während sie im normalen Radio nebenan laufen, checkt Bertolaso noch einmal, mit einem gewissen Abstand sozusagen, die Formulierungen. Klingen sie korrekt, zu kompliziert? Ständig verfolgt er nebenbei die Newslage. Mehrmals in der Woche kommt es vor, dass Eilmeldungen während der laufenden Sendung ins Studio gereicht werden. Die Sprecher sind darauf trainiert. Innerhalb weniger Minuten kann sich die Lage schließlich ändern und die Nachrichten dauern im Deutschlandfunk zum Teil zehn Minuten.

Eine Insel für die Königsdisziplin 69

„Alle 20 Sekunden wird in Deutschland eine Pfändung vorgenommen, so Seghorn Inkasso", läuft eine Meldung über dem Bildschirm. Wer kennt Seghorn Inkasso? Fragende Blicke in die Runde. Niemand. Die Wirtschaftsredaktion wird angerufen und die kennt das Unternehmen ebenfalls nicht, hat aber bereits Anfragen diesbezüglich laufen. So lange die Seriosität der Firma nicht geklärt ist, wird die Meldung auf einen Stapel rechts von Bertolaso abgelegt. Dort haben sich bereits weitere angesammelt. Einer mit dem internen Kürzel A wie Abwarten, darunter fallen Sperrfristmeldungen, einer mit „Vielleicht-Nachrichten" und einer mit Meldungen der vorhergehenden Nachrichtensendungen. EU-Kommissionspräsident Barroso startet viertägige China-Reise", liegt da auf dem A-Haufen. Bertolaso spricht mit Harald Gesterkamp. Barroso wird mit Staatschef Hu Jintao und Regierungschef Wen Jiabao zusammentreffen. Bis der EU-Kommissionspräsident dort eintrifft, soll sich Gesterkamp schon einmal auf die Nachricht eingeschossen haben: Wird er die Menschenrechtskonventionen ansprechen? Was ist vor Ort geplant und könnte spannend sein? Wann wird er eintreffen?
Mittlerweile schauen die Kollegen etwas versteckt und gespannt ins Studio, das hinter ihrem Nachrichtenkasten liegt. Die „Informationen am Mittag" werden heute von einer Volontärin präsentiert, die damit ihren Einstand als Moderatorin gibt. Wie formuliert sie, wie sicher ist sie, wie nervös? Sie hat eine intensive Schulung hinter sich. Ich erkenne weder Unsicherheit noch Nervosität. Ganz selbstbewusst und sicher gibt sie ihr Handzeichen an die Senderegie, dass sie nach diesem Satz mit ihrer Moderation zu Ende ist und der Beitrag abgefahren werden kann. Auch die Kollegen sind zufrieden.
Harald Gesterkamp schlägt Bertolaso die Nachricht über Kenia vor. Dort soll es ein Massaker gegeben haben und die Zahl der Toten ist bereits auf über 70 gestiegen. Bis 13 Uhr muss er die Meldung fertig haben. Die Recherchen im Internet fallen schwer, denn über Kenia gibt es wenige Informationen.
Der Deutschlandfunk hat den höchsten Anteil an eigen-recherchierten Nachrichten aller öffentlich-rechtlichen Sender. Nr. 1 ist er auch bei der Internetnutzung und den gezählten Klicks bei den Audio-Abrufen und Newslettern. Bei der letzten Media-Analyse aus dem zweiten Quartal 2005 konnte eine Zunahme bei den täglichen Hörern gemessen werden. Von 1,14 Millionen im ersten Vierteljahr 2005 ist die Zahl auf 1,225 Millionen täglich gestiegen. Der Marktanteil lag bei 1,9 Prozent. Die Zahl der

regelmäßigen Hörer des Programms hat ebenfalls zugelegt, auf 6,1 Millionen. Nach ANTENNE BAYERN kann der Deutschlandfunk damit die zweithöchste Steigerungsrate im ganzen Land vermelden. Auch im Zitatenranking liegt der Sender weit vorne, trotz allem ist eine so genannte O-Ton-Nachricht hier tabu. Es werden keine Interviewausschnitte in die Nachrichten genommen, sondern alles wird in indirekter Rede formuliert. O-Ton-Nachrichten sieht man hier als einen Rückzug aus dem Politischen an. Der Abstand, ich weiß.

Nachrichten des Deutschlandfunks werden zeitweise von Deutschlandradio Kultur und außerdem von zahlreichen nichtkommerziellen Lokal- und Campusradios übernommen.

Wieder wird eine neue PISA-Meldung von Bertolaso geschrieben. 14 bis 16 Zeilen kalkuliert er für eine Aufmachernachricht. Diesmal will er den Aspekt Bayern herausheben und dass dort die Schulkinder in Mathe mit der Weltspitze mithalten können.

Im Durchschnitt kalkuliert der Dienstleiter für eine 10-Minutensendung 12 bis 15 Meldungen, bei einer 5 Minuten-Sendung fünf bis acht Meldungen. Geht er an seine Zeitrechnung, dann kalkuliert er für eine Minute rund 15 geschriebene Zeilen. Daran haben sich auch die Sprecher zu halten. Sie müssen einen entsprechenden Takt erlernen, so dass mit allen einheitlich gerechnet werden kann.

Bertolaso zählt, er ist jetzt für seine 10-Minuten-Sendung an der Reihe. 140 Zeilen dürfen es demnach sein. Für die Fünf-Minuten-Nachrichten kalkuliert die Kollegin 70 Zeilen.

Vor Bertolaso steht eine Vierdrahtanlage, die Rücksprachen mit dem Sendestudio, der Senderegie und der Verkehrsredaktion zulassen. „L01" steht für das Büro der Sprecher, dem Leiter vom Dienst. Der LvD koordiniert hier alle Abläufe, ist verantwortlich, dass alle Sendungen produktionstechnisch optimal ablaufen und die Sprecher alle an ihrem Platz sind, die Presseschauen in einem von ihnen gebuchten Studio rechtzeitig gelesen werden können. Die Nachrichtensendungen werden 24 Stunden live gelesen.

„Braucht Ihr voll?", fragt er ins Mikrofon. „Voll"! lautet die Antwort und die bedeutet, dass der Verkehrsfunk die volle Minute braucht, die im Nachrichtenablauf einer fünf Minuten-Sendung und zwei Minuten bei einer 10-Minuten-Sendung eingeplant sind. Also kalkuliert Bertolaso seine 13 Uhr Nachrichten noch einmal neu, nimmt eine Meldung heraus und steckt eine neue in den Stapel.

Eine Insel für die Königsdisziplin

Die Nachrichten laufen fast ab wie ein Ritual. Die restlichen Sekunden zur vollen Stunde piepsen und der Sprecher beginnt: „13 Uhr – Deutschlandfunk – Die Nachrichten". Danach folgt ein Überblick mit den Main Stories und die einzelnen Meldungen. Am Schluss kommt wieder eine kurze Zusammenfassung, für diejenigen, die sich erst während der 10 Minuten einschalten konnten. Der Überblick beinhaltet jedoch nicht immer die ersten drei Meldungen, sondern nimmt in sich noch einmal eine Gewichtung vor, zählt die Themen auf, die der Nachrichtenredaktion am wichtigsten erschienen sind.

Die heutigen 13 Uhr Nachrichten unterscheiden sich jedoch vom normalen Ablauf, denn auch hier will man sich der Schweigeminute in Europa anschließen und damit seiner Erschütterung über die Anschläge in den Londoner U-Bahnen Ausdruck verleihen. Der Überblick am Anfang und am Ende fällt weg. Jetzt kann Bertolaso doch die Nachricht aufnehmen, die er eigentlich geplant hat.

Eine Abkürzung ist noch unklar, heißt IANS nun Indian Agency News Service? Recherche im Internet. Handschriftlich korrigiert Bertolaso Indo Asian News Service und gibt es Frau Schmidt weiter. Die wird es im Computer austauschen und ausdrucken.

Insgesamt kann hier wohl niemand von einem annähernd papierlosen Büro sprechen. Nicht nur auf Bertolasos Schreibtisch stapeln sich die Meldungen. Er muss sie vorher in der Hand halten und lesen, so kann er am besten beurteilen, ob sie passen.

Immer wieder kontrolliert er sein E-Mail-Redaktionsfach. Dort laufen aktuelle Pressemitteilungen von Parteien oder Lobbygruppen auf, aber auch interne Mitteilungen aus dem Haus, wie jetzt von der Kollegin der Wirtschaftsredaktion, die noch nichts über Seghorn Inkasso finden konnte.

Mit einigen Zeitungen gibt es zudem Sondervereinbarungen, die beinhalten, dass Vorabmeldungen dem Deutschlandfunk zugeschickt werden oder beispielsweise auch ein Vorabdruck bereits am Abend zugesandt wird. Hier geht es jedoch nicht nur um die Schnelligkeit, sondern vor allem wieder einmal um die Genauigkeit. „Traue niemals nur einer Nachricht über ein Geschehen und traue keiner Kurzfassung eines Zeitungsartikels, ohne dass du ihn vorher ganz lesen konntest". Der Originaltext ist für die Redaktion hier das Wichtigste, um nicht auf Agenturen alleine angewiesen zu sein bei Zusammenfassungen, denn schon oft gab es Zuspitzungen bei einem Thema, die der Originaltext aber nicht zuließ. Bei dieser Vorgehensweise hat die Nachrichtenredaktion von den Kollegen der Kulturnachrichten gelernt, die, wie bereits erwähnt, selten auf Agenturen zurückgreifen können. Diese Kontakte der Kollegen hat man hier genutzt und ausgebaut, um ein immer besser und ineinander greifendes Newsnetz aufzubauen.

Kurz nach 13 Uhr überlegt sich Bertolaso schon wieder den nächsten Nachrichtenblock. PISA muss wieder rein, aber diesmal könne man ja den Aspekt aufgreifen, was es denn heißt, dass insgesamt die Leistungen der Schüler gestiegen sind. Ist Bremen jetzt vielleicht so gut wie Bayern vor drei Jahren? Gesterkamp hat bei Phoenix die einzelnen Pressekonferenzen zum Thema verfolgt und einige neue Punkte mit notiert. Durch das Verfolgen der PK am Fernseher hat er einen durchschnittlichen Zeitgewinn von 20 Minuten, denn so lange brauchen im Durchschnitt die Agenturen, bis sie die ersten Meldungen zur jeweiligen Pressekonferenz über den Ticker-Bildschirm jagen können. Gesterkamp wird die PISA-Neufassung also übernehmen. Hirte gibt dazu dem Kollegen noch die Meldung über die SPD, die sich ebenfalls gerade dazu geäußert hat und die gerade „rübergekommen" ist.

Gesterkamp ist ein ruhiger und anscheinend sehr genauer Mensch. Ganz sauber liegen seine Stapel an Meldungen neben der Tastatur, Ruanda neben PISA. Pro Stunde hat auch er einen „Auswurf" von zwei bis drei Nachrichten. Stehen große Themen an, so wie beispielsweise vor kurzem die Misstrauensfrage von Gerhard Schröder im Bundestag, so wird ein Kollege für dieses Hauptthema angesetzt. Sowohl für die Halben-Stunde, also auch für die Vollen-Stunde-Nachrichten übernimmt er diesen Themenblock, was vier bis fünf Meldungen innerhalb kürzester Zeit bedeuten kann.

Vor rund einer Woche hat die Redaktion wieder beweisen müssen, wie eingespielt das Team bei unvorhergesehenen Ereignissen reagieren muss und kann. Als die ersten Meldungen über den Bombenanschlag in London über den Bildschirmticker liefen, verteilten die Kollegen bereits ihre Schwerpunkte. Wer verfolgt BBC, wer die Meldungen, wer beobachtet die Sondersendungen des Deutschen Fernsehens, wer recherchiert im Internet und sucht nach neuen Quellen, wer organisiert den Fachmann, der sowohl das angebliche El Kaida Schreiben übersetzen, wie auch beurteilen kann?

Rücksprache mit der Abteilung der Sendung „Hintergrund Politik". Die Kollegen stellen heute die Wahlprogramme der CDU und der FDP vor, doch dort ist nicht wirklich Neues zu erfahren, was nicht bereits in den

Eine Insel für die Königsdisziplin

Nachrichten in den letzten Tagen abgedeckt wurde. Bertolaso plaudert noch kurz mit dem Kollegen, denn der ist ausgewiesener Bundeswehrfachmann. Wenn eine Truppe des deutschen Kontingents nach Afghanistan oder Afrika geschickt wird, dann ist er bereits vor vielen anderen Journalistenkollegen informiert. Er pflegt seine Kontakte, das hilft. Doch auch hier gibt es im Moment keine entscheidenden Neuigkeiten.

Für die Nachrichten des Deutschlandfunks gibt es keine generelle Formatierung, lediglich die Wichtigkeit entscheidet. Auch die Länge der einzelnen Nachrichten obliegt einzig und allein dem Dienstleiter. Es gab auch schon Zeiten, in denen der Sender trotz seines Namens lediglich eine bundesdeutsche Meldung in den Nachrichten brachte, weil die Weltnews einen stärkeren Stellenwert einnahmen.

„Wenn in Mecklenburg-Vorpommern ein Obdachloser totgeprügelt wurde und zehn Passanten tatenlos zusahen, dann ist das vielleicht bei den Kollegen der Tagesschau die letzte Nachricht am Abend, wenn überhaupt. Sollte ich es für wichtig halten, weil ich hier auch ein gesellschaftliches Problem sehe, dann kann ich diese Meldung als Aufmacher spielen und das würde ich so auch tun. Ich muss mich lediglich journalistisch rechtfertigen, ansonsten bin ich an keine Fußangeln hier im Sender gebunden. Niemand gibt mir hier vor, dass ich drei Weltnachrichten, zwei bundesdeutsche und drei landesweite Nachrichten aus drei Bundesländern bringen muss", so Bertolaso.

Und wieder dreht er sich um und tippt die nächste Nachricht in seinen Computer. Bei ihm habe ich das Gefühl, sie fließen ihm förmlich durch die Finger, gehen absolut mühelos von der Hand. Und das, obwohl viele andere Medien auf ihn einprasseln. Zum einen verfolgt er im Radio das aktuelle Programm, rechts neben ihm läuft ntv und dazwischen immer wieder Rücksprache mit den Kollegen.

Abnahme der nächsten Kulturnachrichten für Berlin. Eine Nachricht findet er zu kompliziert formuliert. Tramm und Bertolaso sitzen über der Meldung und versuchen gemeinsam einen neuen Text zu schreiben.

Die Kulturnachrichten hätten eine neue Entdeckung der Sprache auch hier in der Redaktion zur Folge gehabt, denn sie werden in einem viel lockereren Stil formuliert als die konservativen, öffentlich-rechtlichen. Auch hier hat sich die Redaktion noch einmal überprüft, ob sie nicht zu viele Standardsätze verarbeitet, die Formulierungen nicht zum Teil „holzschnitzartig" wirken. „Jede Sendung sehen wir als Unikat und jede Sen-

dung versucht, vom Vorgefertigten wegzukommen". Vor Fachbegriffen hat man hier keine Scheu. Sie wirken distinktiv.
Adjektive sind dagegen in der Regel tabu in den Nachrichten, da sie, wenn sie wirklich einmal bei wichtigen Nachrichten eingesetzt werden sollten, dann als zu „normal", zu oft verwendet, zu ausgeschöpft wirken.
Immer wieder arbeiten die Redakteure auch an neuen Ideen. Bertolaso wünscht sich eine Online-Rubrik mit „vergessenen Nachrichten". Die tägliche Flut an neuen Meldungen lässt oft vergangene vergessen. Was ist aus Gerster, dem Vorstandsvorsitzenden der Bundesagentur für Arbeit geworden? Was hat sich seit dem Skandal damals dort getan?
Komplexe Sachverhalte könnten nur mit komplexen Texten dargestellt werden. Zudem sollten in einer Nachricht zwei grammatikalische Zeiten einfließen, das macht schon alleine die Ehre eines Redakteurs aus.
10 Millionen Menschen erreichen die Nachrichten des Deutschlandfunks im Durchschnitt in der Woche. Die Hörerzahlen konnten in den letzten 5 Jahren verdoppelt werden. Das Durchschnittsalter des typischen Deutschlandfunkhörers beträgt 58 Jahre.
Die Nachrichten gelten als Kernbereich. Alle Newssendungen um Halb dauern fünf Minuten. Die Volle-Stunde-Nachrichten wechseln. Zwischen 12 und 14 Uhr laufen generell 10 Minuten News, zwischen 15 und 18 Uhr wechselt die Länge zwischen fünf und zehn Minuten. Um 18 Uhr folgt eine Tageszusammenfassung, danach dauern die Nachrichten verschieden lang:
19 bis 19.05 Uhr
20 bis 20.10 Uhr
21 bis 21.05 Uhr
22 bis 22.05 Uhr
23 bis 23.10 Uhr
Wieder tickern neue Meldungen über das Bombenattentat in London über den Bildschirm. Eine Agentur schreibt, dass die britische Regierung El Kaida für den Anschlag verantwortlich macht. Udo Stiehl, einer der wenigen freien Mitarbeiter ist dazu gekommen, hat seine Schicht begonnen und recherchiert gleich mal auf der offiziellen Seite der britischen Regierung, durchforstet sämtliche Pressemitteilungen aus dem Hause Tony Blairs. „Inspired" heißt es auf der Seite von Downingstreet Number 10. Also wird die Meldung umgeschrieben, denn inspired bedeutet schließlich etwas anderes als die Agentur verkündet, nämlich, dass die britische Regierung El Kaida für den Anschlag verantwortlich macht. Feinheiten, aber

Eine Insel für die Königsdisziplin

entscheidende. Zeitgleich verfolgt Susanne Hirte die Nachrichten von BBC. Was vermelden die Kollegen in Großbritannien vor Ort. Auch sie verwenden die Formulierung „inspired".
Absprache mit Hirte. Bertolaso will um 15 Uhr noch einmal mit PISA aufmachen. Hirte sucht sich als erste Meldung demnach Bundesaußenminister Fischers Besuch in Nahost aus.
Jeder hat auch beim Schreiben sein eigenes System. Während Susanne Hirte alle Meldungen zu einem Thema ausdruckt, durchliest und dann aus dem Kopf eine eigene Meldung formuliert, kopiert Bertolaso die Agenturen und schreibt dann seine eigene Nachricht dazu. Wieder geht er auf die Google-Site und ruft dort die News ab, gegengleich fragt er dazu infolive.de und das öffentlich-rechtliche Suchsystem Sphinx ab.
15:45 Uhr. Eine Meldung fehlt noch. Entweder „Zunahme von Bulemie unter Jugendlichen" oder „Brandenburg verbietet Neo-Nazi-Verein".
Die Europatemperaturen sind fertig. 17 Zeilen braucht die Sekretärin hierfür. Für Bertolaso bleiben 123 Zeilen.
Pause – Fehlanzeige. Bertolaso vertilgt das dritte Stück Apfelkuchen nebenbei und holt sich die nächste Tasse mit frischem Kaffee.
16.45 Uhr. Ein kleines Fenster taucht im unteren rechten Bildschirmrand auf: Eine Vorabmeldung des FAZ-Net.
Und dann die Clement-Meldung. Der Superminister äußert, dass die Arbeitslosigkeit in den nächsten fünf Jahren halbiert werden könne. „Ach", entfleucht es dem Redakteur und Udo Stiehl meint, dass er diese Meldung doch irgendwann von jemanden anderes schon mal gelesen habe. Die Nachricht wird aufgenommen. Die Hörer sollen auch zwischen den Zeilen lesen können.
Susanne Hirte stellt auch ihre neuen Nachrichten zusammen. Der Frauenanteil in der Redaktion ist mit 60 Prozent hoch. Hirte hat zwei Kinder von sechs und acht Jahren und kann ihren Dienst relativ gut auf die Schulzeit der beiden einstellen. Sie hat eine 50-Prozent-Stelle, doch oft liegt sie mit ihrer Arbeitszeit bei 75 Prozent. Die Frage, ob sie sich als nachrichtensüchtig bezeichnen würde, verneint sie. Dann denkt Hirte nach und meint, dass ihr Mann bei ihr eindeutig im Urlaub beispielsweise eine gewisse Nervosität bemerkt, wenn es Zeit ist für eine Nachrichtensendung. Seit Jahren lebt sie eine Wochenendehe. Derzeit arbeitet ihr Mann in Hamburg. Die Arbeitsmöglichkeiten für Journalisten werden immer eingeschränkter. Eine Möglichkeit in die Hansestadt zu wechseln als

Nachrichtenredakteurin sieht sie nicht und zum Privatfunk wechseln ist für Hirte nicht einmal eine Überlegung wert.
Neben ihrem Schreibtisch hängt der Dienstplan. Es gibt keine durchgängigen Schichten für eine Woche. Eine Kollegin hat beispielsweise folgende Arbeitszeiten:
Montag: 18 bis 24 Uhr
Dienstag: 18 bis 24 Uhr
Mittwoch: 12 bis 18 Uhr
Donnerstag: 6 bis 12 Uhr
Freitag: 5.30 Uhr bis 11.30 Uhr
Samstag: frei
Sonntag: 0 bis 6 Uhr
Hinzu kommen die Vorbereitungsstunden, die in der normalen Schichtplanung nicht berücksichtigt werden.
Langsam merkt man, dass ein Schichtwechsel bald fällig ist. Die Meldungen werden auf dem Bildschirm weniger abgelöst von immer neuen. Wieder klappern die Redakteure auf ihren Tastaturen. Bearbeiten die Tour de France, die aktuellsten Wirtschaftsnachrichten zum Thema VW. Rundumschlag für das Wissen. Udo Stiehl will sich die Nachricht mit dem Pflegeheim vornehmen. Drei Agenturen hat er sich ausgedruckt:

„Karlsruhe, 14.Juli (AFP) – Der Bundesgerichtshof (BGH) hat in einem Grundsatzurteil am Donnerstag bestimmt, in welchem Umgang Pflegeheime sturzgefährdete Senioren vor sich selbst schützen müssen. Verweigert demnach ein gebrechlicher Heimbewohner Schutzmaßnahmen wie das Hochziehen von Bettgittern in der Nacht, ist der Heimträger zunächst aus Gründen der Menschenwürde an den Willen des Patienten gebunden. Aus der Haftpflicht für etwaige Sturzschäden ist das Heim damit aber noch nicht entlassen."

„Karlsruhe (dpa) – Pflegeheime müssen im Normalfall keine einschneidenden Schutzmaßnahmen für gebrechliche Bewohner ergreifen, wenn diese das nicht wollen. Das ergibt sich aus einem Urteil des Bundesgerichtshofes (BGH) vom Donnerstag."

„Karlsruhe (ddp). Pflegeheime haften nur dann bei Unfällen von Heimbewohnern, wenn sie die generell üblichen Obhutspflichten verletzt haben. Das hat der Bundesgerichtshof (BGH) in Karlsruhe am Donnerstag bekräftigt. Zu prüfen sei stets, ob das Pflegepersonal Pflichten verletzt hat, die „sich aus dem allgemeinen Stand medizinisch-pflegerischer Erkenntnis ergeben"."

Eine Insel für die Königsdisziplin

Nicht wirklich schlau ruft er die offizielle Seite des BGH auf. Der entscheidende Satz lautet für Udo Stiehl:

„Im vorliegenden Fall hat der III. Zivilsenat das Berufungsurteil aufgehoben und die Sache zur neuen Verhandlung und Entscheidung an das Berufungsgericht zurückverwiesen. „

Damit ist für Stiehl die Nachricht tot, denn über das erste Urteil hatte der Deutschlandfunk bereits berichtet und heute ergab sich nichts Neues.
Die Ablösung von Bertolaso kommt. Es ist 17.30 Uhr, und er setzt zum Endspurt an.
Noch einmal 140 Zeilen. Der Verkehrsfunk braucht wieder „voll". PISA noch einmal und London. Die Union will muslimische Gemeinden stärker überwacht sehen und Kardinal Lehmann plädiert für die Einbürgerung nur nach Bekenntnis zur Verfassung, zwei Tote bei Anschlag in Bagdad und Raketenangriff auf israelische Siedlung nahe Grenze zum Gaza-Streifen, Staatsanwaltschaft Braunschweig beginnt in VW-Affäre mit Zeugenbefragungen, Emig legt Teilgeständnis ab, Weimarer Menschenrechtspreis geht an Libkan Bazajewa, Tausende Richter in Italien streiken gegen geplante Justizreform, weiterer Hurrikan erreicht Karibik, Moncoutié gewinnt die 12.Etappe der Tour de France, der DAX erreichte zeitweise Drei-Jahres-Hoch und das Wetter bleibt örtlich wolkig mit Schauern und Gewittern.
Ich verlasse die Insel der Königsdisziplin und brauche jetzt erstmal Ruhe. Später, etwas später schalte ich dann wieder ein. Vielleicht hat sich ja was an der Nachrichtenfront getan. Nur die ersten Schlagzeilen hören, ehrlich.

23.Mai 2005

Der Deutschlandfunk und das Deutschlandradio sind ein besonderes Kapitel in diesem Buch, da die Struktur des Senders nicht einfach zu durchschauen ist. Lange Zeit gab es in Deutschland keinen nationalen Hörfunk aufgrund der föderalen Struktur der Bundesrepublik und der deutsch-deutschen Teilung. Am 1.1.1994 formierte sich aus dem „RIAS Berlin"(seit 1946), dem Deutschlandfunk(Sendebeginn 1962) und aus dem DDR-Rundfunk hervorgegangene „Deutschlandsender Kultur"(seit 1990) unter dem Dach von ARD und ZDF das „Deutschlandradio". Nach dieser in der Bund-Länder-Grundsatzeingigung am 25.Juni 1992 beschlossenen Organisation dauerte es noch eineinhalb Jahre, bis die nötigen Staatsverträge ausgearbeitet und von allen 16 Länderparlamenten angenommen wurden. Am 1. Januar 1994 traten sie in Kraft. Von nun an konnte Deutschlandradio mit seinen beiden werbefreien und bundesweiten Programmen Deutschlandfunk und Deutschlandradio Kultur (ehemals Deutschlandradio Berlin) auf Sendung gehen.

5 Der Fuß von Prien

Die Filme „Hierankl" und „König Ludwig" werden gegenüber im Kino angeboten. Im Café davor sitzen um 10 Uhr die ersten Touristen völlig entspannt beim Cappuccino. Spätestens jetzt weiß man wirklich, wo man ist: Prien am Chiemsee. Ein Ort, der ein Gemisch aus hergerichteten, alten Bauernhäusern mit Lüftlmalereien und Holzbalkonen, Seebadidylle um die Jahrhundertwende und modernen Bauten vermengt. Direkt am Chiemsee übernachten im Sommer genauso viele Touristen wie der Ort Einwohner hat. Die Statistik zählt jährlich 450 000 Übernachtungen bei rund 75 000 Gästen. In Prien leben die Leute von den Touristen und folglich auch mit ihnen. Darum muss die Touristen in kurzen hellen Hosen auf kurzen hellen Beinen mögen, wer hier wohnt oder arbeitet. Bayern ist schön, habe ich für mich auf den Lippen. Dirndln in Dirndln, Buam in Lederhosen, Schuh Huber neben Muggis Nachtcafé und Augenoptik Schmetterer neben dem Piraten Pub.
Klischee pur. Und hier also Zeitung machen, über Kaninchenzuchtvereine schreiben, die neuesten Strandnachrichten aufschnappen und über die Modenschau von Trudis Hochszeitstraum schreiben. Wo bin ich?
Ich bin auf dem Weg zu Dirk Breitfuß, den verantwortlichen Redakteur der Chiemgau-Zeitung und im Kopf sind viele Vorurteile. Lokalredaktion war nie mein Ziel. Für mein Gefühl beengend die Vorstellung, über die Kleinigkeiten einer Stadt zu berichten, und von den großen politischen Entscheidungen fast ausgeschlossen zu sein. Es hat wohl etwas mit Status zu tun, wenn eben eher die Süddeutsche Zeitung oder die Frankfurter Allgemeine auf dem Frühstückstisch liegt und nicht die Lokalzeitung. „Die lese ich", so meine Nachbarn, „nur um zu wissen, was los ist. Alles andere überfliege ich oder ich kaufe mir am Wochenende eine „gescheite" Zeitung.
Die Redaktion der Chiemgau-Zeitung, einem Ableger des Oberbayerischen Volksblattes, liegt in einer Passage hinter dem Kino und einem Café. Stille herrscht im kühlen, weißen, etwas südländisch anmutenden Großraumbüro. Weiße Fliesen, Buche-Schreibtische, viel Platz, eine graue

Trennwand und dahinter sitzt er. Dirk begrüßt mich herzlich, stellt mir seinen Kollegen Gernot Pültz vor und fängt sofort an mir die wichtigsten Fakten um die Ohren zu werfen. Nebenbei bekomme ich Kaffee, sein Telefon läutet, die E-Mails laufen auf dem Bildschirm auf, die knallharten Zahlen werden mir serviert. „Wir füllen hier jeden Tag vier bis sechs Seiten. Es gibt fünf feste Mitarbeiter, davon drei Redakteure. Das ist ganz schön knapp manchmal, denn meist ist einer im Urlaub oder hat Freizeitausgleich. Insgesamt zählen zum Oberbayerischen Volksblatt sechs Lokalausgaben, also die Zeitung deckt die Landkreise Rosenheim, Mühldorf und einen Teil des Kreises Traunstein ab. Zu unserer Ausgabe zählen alleine 22 Gemeinden rund um den Chiemsee. Jetzt ist noch nicht so viel los, aber ich sag dir, das kommt noch. 100 Artikel haben wir da jeden Tag auf dem Schreibtisch", sagt er und bewegt sich zum Computer auf der anderen Seite. Darauf einen Schluck Kaffee. Ich lehne mich ruhig zurück und lasse erst einmal alles auf mich wirken. Immerhin, so ein verantwortlicher Redakteur hat wenigstens einen gescheiten Schreibtisch, denke ich mir. Insgesamt alles großzügig, bequemer Bürostuhl, Dirk-Kaffeetasse, Ablagen, die selbstgemalten Bilder der Kinder. Die Bildschirme haben braune Flecken von der Lüftung, ein Zeichen für den ständigen „on-modus", daneben hängt ein Kruzifix. Alles wirkt etwas kalt, klar und wenn man ein bisschen Phantasie mitbringt, könnte man sich vorstellen, man wäre in Italien oder Spanien. Heller lichtdurchfluteter Raum, ein bisschen spartanisch eingerichtet, immer offene Tür, draußen Sonne, drinnen angenehme Kühle.

In einem Ablagekorb entdecke ich ein Dankesschreiben der Faschingsgesellschaft, die sich mit einem „herzlichen vergelts Gott" für die gelungene Berichterstattung über eine Versammlung bedankt.

„Ich bin oft der erste und fast immer der letzte", fährt Dirk fort. Heute Morgen um 8.30 Uhr war er schon hier, Postarbeit erledigen. Alle eingehenden Briefe, Einladungen, Mitteilungen, Hinweise müssen gesichtet und bewertet werden. Dann geht es an die E-Mails. „Prien ist Chefsache", ruft er von hinten. „Das übernehme ich selbst. Alleine hier im Ort gibt es 93 Vereine, das musst du dir vorstellen. Ich bin aber in keinem Mitglied. Ich will da unabhängig bleiben und wäre ich in einem dabei, dann wären die anderen sauer oder ich würde in alle gehen müssen und jeder erwartet dann, dass ich etwas über ihn mache. Jetzt komm rüber", ruft er und

Der Fuß von Prien 81

ich bin auf dem Weg zum Computer. Er zeigt mir die ersten E-Mails, sprich Artikel.
Über 40 freie Mitarbeiter arbeiten für den Lokalteil, davon photographieren 25 selbst, das heißt, sie liefern die Bilder einer Veranstaltung oder einer Ausstellung noch mit. Einen persönlichen Kontakt zu den Mitarbeitern gibt es kaum, alles läuft über Telefonabsprachen oder per E-Mail. Der freie Mitarbeiter schickt seine Texte via Internet und die Bilder im Anhang als Jpg.Datei. Die Freien sind selten ausgebildete Journalisten sondern in der Mehrzahl Rentner, Studenten, Hausfrauen oder sie haben einen Hauptberuf und schreiben nebenbei. „Das Wichtigste bei der Auswahl der Mitarbeiter ist, dass sie im Ort zuhause sind, dass sie jeden Winkel kennen, jeden Verein, die Mentalität, die Schwierigkeiten, die richtigen Ansprechpartner. Nur so haben wir eine Chance, gute Artikel und gute Themen zu bekommen. Unsere Devise lautet: Schreiben wie geredet wird, statt reden wie gedruckt. Sprich: Wir schauen den Bürgern aufs Maul." Dirk wandert wieder zu seinem Schreibtisch. „Wir schreiben für den Leser", meint der verantwortliche Redakteur. Ein Satz, den ich während meines Aufenthaltes so oft höre, dass er mir mittlerweile schon nicht mehr aus dem Kopf geht. Lokalredakteure wollen Service bieten und eine andere Art von Information als beispielsweise das Fernsehen. „Es geht darum", so meint er, „dass der Leser alles über seinen Ort wissen und über alles Wichtige informiert sein will. Das fängt eben an bei den Terminen der einzelnen Vereine und des Kindergartens und hört auf bei den neuesten Nachrichten über seine Gemeindeverwaltung. Für den Leser der Lokalzeitung ist es wichtig zu wissen, dass der Parkplatz vor dem Rathaus für die nächsten zwei Tage gesperrt sein wird. Das erwartet er von uns, und das bieten wir."
Schon legt er mir Zeitungen auf den Tisch. „Es gibt hier zwei Konkurrenzblätter und wir haben die Nase vorn. Das zählt.
Trotz allgemeiner schlechter Lage in der Branche ist die Auflage von 80 000 für das OVB (Oberbayerisches Volksblatt) konstant geblieben. Am Wochenende werden 94 000 Stück für das Kerngebiet gedruckt. Es gibt kein Sommerloch, denn genau da strömen die Touristen und es gibt jede Menge Veranstaltungen. Der Verkauf der Zeitung am Kiosk steigt proportional zu den Touristen. Wir haben Pfingstferien und Prien schwillt in diesen Tagen auf das Doppelte seiner Einwohnerzahl an. Heute ist Dienstag. Da fahren wir eine normale Ausgabe, aber morgen produzieren wir für zwei Tage, denn Donnerstag ist Feiertag. Wir müssen heute schon vorar-

beiten für die kommende Ausgabe, Themen und Bilder in Auftrag geben", sprach's und griff zum Telefon. Ein Anruf vom Bauamtschef. Dirk hat um Rückruf gebeten, denn heute Morgen war er schon unterwegs, um die Asphalt-Ausbesserungsarbeiten auf dem Wendelsteinparkplatz zu photographieren. Es wird einen kleinen Artikel dazu geben und einen kleinen Seitenhieb auf die Gemeindeverwaltung, denn die hat die Zeitung über die Sperrung des Platzes nicht vorher informiert. Die Bürger fanden heute Morgen keinen Parkplatz und das hätte vermieden werden können. Dirk fragt die Zahlen für die Ausbesserungsarbeiten ab und notiert sie auf einen Zettel.

Neben dieser Info stehen bereits einige weitere Artikel fest: zwei zur anstehenden Europawahl, einer zur Veranstaltung der Krieger und Soldatenkameradschaft in Traunstein, einer über die Versammlung des Vereins für bayerische Sprache und Dialekte, einer über eine Goldene Hochzeit und natürlich die Veranstaltungstipps. Der Lokalteil ist logisch aufgebaut. Die erste Seite mit dem Titel „Lokales" und links „Markt Prien" bringt Informationen über den Ort. Je weiter nach hinten der Leser geht, desto weiter ist die Gemeinde, um die es geht, von Prien entfernt. Ganz hinten kommen Traunstein und Siegsdorf.

Der Königbauer Charlie ruft an und sagt zu, einen Teil von den drei Bezirksschützentagen zu übernehmen. Über 3000 Teilnehmer haben sich angesagt und nachdem die Veranstaltung auf der Herreninsel auch noch verschiedene Lokalteile umfasst, muss geklärt werden, wer welchen Teil übernimmt. Es gibt Spezialisten unter den Freien. Die einen sind eingeschossen auf bayerisches Brauchtum, die anderen auf Sport. Dirk ist Allrounder, kennt Segelbegriffe genauso wie die Fachausdrücke bei Haushaltssitzungen in den Gemeinden.

Der Königbauer Charlie – so ist das. Hier wird der Name gerade eben mal umgedreht. Immer. Die Müller Lisel und der Schmidt Anderl heißt das. Jeder Mitarbeiter hat sein Kürzel. db steht für Dirk Breitfuß. Am Anfang des Artikels steht also der Ort, aus dem berichtet wird und in Klammer steht das Kürzel des entsprechenden Autors: Prien (db) – Jede Seite ist durchstrukturiert.

Dirk ruft sein spezielles Programm auf, den so genannten „Funk-in-Form-Dialog", eine Software für Zeitungsmacher. Eine Seite erscheint mit verschiedenen Spalten. Jetzt kann der Redakteur durch Anklicken verschiedene Ein-, Zwei- oder Dreispalter einfügen. Ein Unterfenster erscheint mit kryptischen Abkürzungen, wie „Bild 317", was heißt, dass beim Anklicken der leere Platz für ein dreispaltiges Bild mit einer 17-Punkt-Überschrift zum dazugehörigen Text erscheint. „Text 337/3" ist dann ein dreispaltiger Text mit einer 37-Punkt-Überschrift und einen ebenfalls dreispaltigen Foto darüber. Insgesamt legt Dirk an diesem Tag Schablonen, so genannte Jobs, also Einzeldateien für 67 Artikel an. Gerade im rechten Moment ruft wieder ein Freier an. Er bietet das Photo „Schäferhund im Schlauchboot" an. So richtig bekomme ich nicht mit, um was es da wohl gehen mag, aber Dirk bestellt den Artikel und den Hund bis Samstag.

Die Texterfasserin legt ihm einen Stapel Papiere auf den Tisch und verabschiedet sich. Sie arbeitet halbtags und tippt die Artikel in den Computer, die per Fax oder auch mal handschriftlich in die Redaktion kommen. Heute Morgen hat sie 50 Kurzmeldungen und an die 20 Artikel in den Computer geschrieben und ebenfalls so genannte Jobs angelegt. Das sind die Kästen, in denen Veranstaltungen angekündigt werden. Also zum Beispiel: „Senioren-Programm der Marktgemeinde – Heute, Mittwoch, 11.30 bis 13 Uhr, Mittagsstammtisch im „Wieninger Bräu", oder: „Wertstoffhof – Heute, Mittwoch, von 13 bis 16 Uhr geöffnet". Lebensnah, eigentlich fast näher als die fünftausend Vorschläge zur Gesundheitsreform und dem Hin und Her in Berlin.

Dirk hat sich mittlerweile ein fast perfekt funktionierendes System aufgebaut. Jeder Verein macht Öffentlichkeitsarbeit, teilt seine Termine rechtzeitig mit, schreibt Einladungen oder bereits fertige Artikel über eine Veranstaltung und gibt sie an die Zeitung weiter.

Mittagspause, und er fährt mit mir zum Schützenhaus. Auf dem Weg dorthin erzählt Dirk, bei all der Schönheit, komme er gerade maximal zwei bis drei Mal im Monat an den Chiemsee. Bewusst habe er sich auch dafür entschieden, mit der Familie nicht nach Prien zu ziehen, sondern im 22 km entfernten Rosenheim zu bleiben. „Früher bin ich nach Hause gekommen und war noch voll in der Arbeit drin. Das war überhaupt nicht gut. Heute helfen mir die 20 bis 30 Minuten Fahrzeit, um abzuschalten und ins Familienleben eintauchen zu können. Ich habe heute bewusster Feierabend als früher."

Der Biergarten ist urig gemütlich und auf dem Weg zum Tisch werde ich beäugt, gemustert von oben bis unten und ein jeder zweite hält Dirk auf, um ihn zu grüßen oder kurz etwas zuzurufen. Mittagspause mit Weißbier, da passt mein Klischee doch Gott sei Dank wieder. Und weil es gerade so entspannt ist, wage ich endlich die Frage, ob das mit dem Lokaljournalist wohl ab und zu nicht doch deprimierend sei. Themen wie Gesundheitsre-

form, Arbeitsmarktpolitik aus Berlin gehen an einem glatt vorbei. Vielleicht nicht doch also ab und zu die Sehnsucht ein Journalist in Berlin, München oder Hamburg zu sein? „Nein", meint er, „nein, niemals. Der Berliner Journalist berichtet über Theoretisches. Er schreibt über das, was die Politik so beschließt, überlegt oder vorgibt. Ich beschreibe und schreibe über das, was wirklich abläuft, über die Praxis. Nimm die Gesundheitsreform. Ich gehe in die Apotheke und informiere dann die Leser, was das genau mit der Schmidschen Reform auf sich hat. Ich bin viel näher dran." Neben Schweins- und Zwiebelrostbraten kommt es dann doch auf das Private zu sprechen. Dirk ist Familientier. Seine Vorstellung vom Leben wird durch diesen Beruf fast 1:1 erfüllt. Er will eine Familie, er will sie sehen, er will ein Haus, eine einigermaßen geregelte Arbeitszeit und Journalist sein. Die Abendtermine sind überschaubar und beschränken sich auf durchschnittlich zwei in der Woche. Jeden Tag gibt es eine Deadline, bis zu diesem Zeitpunkt muss die Zeitung stehen und die Wochenendeinsätze bleiben ebenfalls im Rahmen. Ein Leben als Journalist, als Vater und Ehemann ist hier umsetzbar. Die Überzeugungsarbeit ist bei mir schon fast gelungen. Da hat ein Journalist gefunden, was fast unmöglich scheint: Er lebt trotz dieses Jobs ein fast geregeltes Leben.
„Die Zeitungsarbeit hat sich in den letzten Jahren verändert. Sie ist, wie überall, durch Technik schneller geworden. Bilder, die früher erst im Labor entwickelt und dann mit dem Auto in die Redaktion rund um den Chiemsee gekarrt wurden, werden jetzt innerhalb einer Stunde in den Computer geladen und im Jpg.-Format versandt."
Wieder am Schreibtisch zurück wartet neue Post. Eine Einladung zu einem Gespräch mit dem slowenischen Verkehrssekretär und eine für die Vernissage „Kunst in der Landschaft". Daneben ein zweiter Stapel mit so genannten „Schmuckfotos". Das sind Bilder von Freien, die ohne Auftrag gemacht wurden und schöne Landschaften, Blumen, Tiere oder entspannte Menschen zeigen. Für Dirk sind das „Hingucker" und davon sollte nach Möglichkeit auf jeder Seite oben einer sein, gut platziert und oft vierfarbig. Das angelieferte Mohnfeld wird auf Wiedervorlage gelegt, denn für heute ist kein Platz im Blatt.
Kontrolle der E-Mails und schon ein Anruf von Hans. Der Artikel über die Goldene Hochzeit sei jetzt fertig. Dirk fragt nach, es gibt noch ein paar Unklarheiten. Drei Viertel seiner Arbeitszeit verbringt der verantwortliche Redakteur am Schreibtisch, baut Zeitungsseiten, recherchiert eigene Artikel oder korrigiert Berichte von freien Mitarbeitern. Haben die Freien ge-

liefert, so ist es eher die Ausnahme, dass die Zwei- oder Dreispalter eins zu eins übernommen werden können. Immer wieder gibt es was zu ändern, zu korrigieren oder zu kürzen. Hans hat es eilig und ist kurz angebunden am Telefon. Er muss heute noch einmal los und will ein Bild über den Hubschraubereinsatz gegen Mücken am Chiemsee schießen. Manchmal übernehmen die Freien bis zu vier Aufträge am Tag. Bezahlt wird jede Zeile, die veröffentlicht wird.

Für die Freien wurde extra ein kleines Arbeitsbuch erarbeitet, in dem steht, wie Standard-Veranstaltungen zu bearbeiten sind, also Themen, die immer wieder auftauchen, für die Zeitung bearbeitet werden sollten: Wie lang der Bericht darüber sein darf, welche Wertigkeit damit auch dem Ereignis eingeräumt wird.

Zitat aus der Anleitung für freie Mitarbeiter, Chiemgauer Zeitung:

„Grundsätzlich kommen 50. Geburtstage nicht in die Zeitung. Der 60., 65. und 70.Geburtstag nur dann, wenn es sich um den Ersten Bürgermeister, den Pfarrer oder um Personen, die weit über das normale Maß hinaus im öffentlichen Leben engagiert sind, handelt. Der 60.Geburtstag von Vereinsvorständen fällt nicht in diese Kategorie. Den 75.Geburtstag, auch von Personen, die sich nicht im kommunalen Leben engagierten, kann man mit einem einspaltigen Bericht würdigen, ein 80., 85., oder 90. Geburtstag wird maximal in Form eines Zweispalters mit Foto gebracht. Das Bild soll nur den Jubilar zeigen. Der Bürgermeister sollte möglichst nicht im Mittelpunkt des Fotos stehen. Besser ist, Sie fotografieren das Geburtstagskind mit seinen Enkeln oder bei seinem Lieblingshobby. Die Länge des Berichts sollten Sie von der Bedeutung der Person abhängig machen. Ein 100.Geburtstag wird mit einem dreispaltigen Bericht mit Bild gewürdigt. „

Und weiter heißt es zum Thema „Schützenveranstaltungen":

„ Regularien haben in der Zeitung nichts zu suchen. Von einem Königs- oder Endschießen werden ausschließlich Fotos, die den Schützenkönig, Jungschützen-König, Pokalsieger und Scheibengewinner zeigen, veröffentlicht. Bilder mit Brezen- oder Wurstkönigen kommen nicht in die Zeitung. Bei den Schießergebnissen werden nur die ersten drei Sieger in den Klassen, jedoch ohne Teiler- und Ringangaben, genannt. Berichtet wird auch über besondere Schießveranstaltungen, nicht aber über normale Schießabende. Die Vergabe von Geburtstags.- und Hochzeitsscheiben wird in Form eines kurzen Einspalters erwähnt."

Es ist 14.30 Uhr und der Spiegel der Zeitung kommt pünktlich per Fax in die Redaktion. Er zeigt in Kurzfassung, wie die Seiten der Ausgabe von morgen aufgeteilt sind, welche Anzeigen auf den einzelnen Seiten platziert sind.
Unter Position 19 heißt es: Wa 3/150 Taverne Italiana – 4c. Kurzfassung für: Die Anzeige soll nur in Wa, also Wasserburg, erscheinen und zwar dreispaltig mit einer Höhe von 150 Millimeter. Der Auftraggeber der Anzeige ist Taverne Italiana und die 4c bedeuten ganz einfach „four colours", also Vierfarbdruck.
Der Spiegel zeigt in diesem Fall genau auf, dass die Anzeige bereits verkauft wurde und genau an einer Stelle platziert werden muss.
Dirk und Gernot teilen sich wie immer die Arbeit. Heute müssen vier Seiten produziert werden, also übernimmt jeder das Füllen von zwei. Füllen, das heißt, beide müssen versuchen, die Artikel so in die Spalten, zwischen Anzeigen und Bilder, einzufügen, dass die Zeitung passt. Ein gutes äußeres Erscheinungsbild hat.
Dirk legt den Spiegel hin und lädt sich die Goldene Hochzeit von Hans auf den Bildschirm. „Der gleiche Fehler, wie immer", schimpft er, „der Hans nennt immer erst den Mann und dann die Frau." Wohl tief verwurzeltes oberbayerisches Bewusstsein. Dirk tauscht um, schiebt einen Satz von oben nach unten und umgekehrt, kämpft sich durch verschachtelte Sätze. Der Artikel ist zu lang, also kommt hinten ein Absatz weg. Noch einmal ein Auge auf den korrigierten Text und weg. Durch einen Klick wird aus dem normalen Bildschirmtext ein Zweispalter in der Zeitung.
Sein Kollege schnauft tief. Gernot sitzt ebenfalls über einem Artikel eines freien Autors. Eine volle DIN A4 Seite, also ein Vierspalter ist auf seinem Bildschirm. Viel zu viel. Über 50 Prozent müssen raus. Rigoros geht Pültz über den Text. Auch bei ihm heißt es streichen, umstellen, umschreiben, rauf- und runterschieben. Der Bericht muss passen, schließlich wird er der Aufmacher. Ganz am Schluss kommt die Überschrift dran. Beim Vierspalter darf sie 25 Zeichen beinhalten, wenn sie ganz eng geschrieben wird, dürfen es auch einmal 30 werden. Jetzt kommt der Redakteur ins Grübeln. Die Überschrift ist auch für ihn mit das Schwierigste am ganzen Artikel. Schließlich fällt der Blick des Lesers immer erst darauf. Interessiert es ihn? Macht es ihn neugierig, liest er weiter. Der freie Mitarbeiter hat „Kriegerdenkmäler als Prediger des Friedens" vorgeschlagen. Gernot löscht den Text und schreibt „Gräber mahnen zum Frieden".

Jetzt ist langsam Umbruchzeit, sprich, die entscheidende Arbeit beginnt. „Die meisten Leser lassen sich durch Fotos fangen. Dann werden Überschriften gelesen und dann erst, wenn es ihn interessiert, geht der Kunde an den Text, an den Artikel ran", erklärt Dirk und schiebt noch ein, „den Mantel bekommen wir aus München. Er umfasst die Seite 1, also Gemischtes, Sport, Kultur, Politik, alles Überregionale sozusagen."
Ich blättere das Blatt noch einmal ganz bewusst durch. Große deutliche Schrift mit großen Überschriften. Das Layout überfordert den Leser nicht, das Blatt wirkt aufgelockert und damit einfach lesbar. Seite 1 das Gemischte, meint Artikel, wie „Bayern sagen Ronald Reagan good-bye", mit einem mittigen Vierfarbfoto, das eine junge Münchnerin beim Eintrag ins Kondolenzbuch im US-Konsulat zeigt. Nichts politisch Hartes als Blickfang auf der Titelseite, sondern das, was Tagesgespräch in der Bevölkerung war oder sein wird. Am Tag davor entschied sich die Redaktion in München beispielsweise „Venus auf Sonnen-Wanderung" und weist darauf hin, dass am Erscheinungstag der Zeitung, die Venus kurze Zeit vor die Sonne tritt. Wieder ein Vierfarbbild mit Zuschauern, die eine spezielle Sonnenfinsternis-Brille tragen, ist im rechten oberen Rand platziert.
Langsam tauche ich in die Arbeit eines Lokaljournalisten ein. Was nützt die hohe Politik aus Berlin, wenn die wichtigen kleinen Dinge des Lebens vor der Haustür des Lesers liegen und für ihn in dem Moment wichtiger sind. Nein, ich muss nach meiner Lehrzeit bei Dirk vom Kunden reden. Das Leben der Kundschaft. Fernsehen ist weit weg. Es zählt die Einschaltquote. Ich weiß nach einer Sendung wie viele Zuschauer ich erreicht habe. Er weiß, wer seine Leser sind. Er bekommt die direkte Resonanz jeden Tag. Hier kommen sie in die Redaktion, kennen ihn, grüßen ihn, erzählen Geschichten und geben einen kleinen Zettel ab. Für den Leser ist die Versammlung der Feuerwehr wichtiger als die Verschuldung Deutschlands.
Ich schau auf seinen Bildschirm und der ist leer, fast leer, außer dem Artikel mit der Goldenen Hochzeit. Jetzt kommt langsam der Zeitdruck hoch. Jeden Tag. Seiten müssen schließlich gefüllt werden. Und dann schiebt er wieder und kürzt, telefoniert, um sich eine Zahl bestätigen zu lassen, um Daten zu korrigieren, die im Text eines Freien enthalten sind. Verantwortlicher Redakteur heißt hier eben auch: er steht gerade, für das, was veröffentlicht wird. Konkret: für 40 freie Mitarbeiter und deren Artikel.

In der Mitte kommt wieder ein Text von „db". „Morgen haben die Leute mehr Zeit, morgen ist Fronleichnam, neben der Prozession hat der Leser Zeit für die Zeitung. Also muss ich auch bei der Auswahl der Artikel anders entscheiden."
Mike vom Kino nebenan kommt rein. Kurzes „Servus" und dass er das mit dem Kinoprogramm fast vergessen hätte. Die kleinen Deals im Geschäft. Dirk hat ihn angesprochen, dass doch das Kinoprogramm noch nicht da sei für morgen. Ein kleiner handgeschriebener Zettel, mit einer Schrift für Kenner liegt jetzt auf seinem Tisch, dafür gibt es dann am Feiertag für die, die arbeiten müssen, einen schönen echten italienischen Cappuccino auf dem Tablett, mit kleinen Amarettokeksen, frei geliefert vom Kino-Mike.
Die Sisyphos-Arbeit beginnt. Alle Bilder geht Dirk durch. Keines kann irgendwie geschnitten oder verkleinert werden.
Ran an die Artikel und kürzen, umschreiben, einfügen und löschen. Wer selbst einmal einen Artikel geschrieben hat, der weiß, wie der Journalist doch letztendlich an jedem einzelnen Satz klebt. Alles ist wichtig, alles sollte doch gedruckt werden, aber es geht nicht. Aus dem vierspaltigen Veranstaltungskalender wird ein langer Zweispalter.
„Ich will das Bild drinhaben", wird still geflucht. „Das Widersprüchliche an unserer Arbeit ist doch wohl, dass du erst was schreibst und es nachher ein anderer rausschmeißt". Wieder Telefon. Sieben Zeilen immer noch zu viel auf der ersten Seite. Zwei Mal auf die Taste „Entfernen-fast". Ein kleiner Trick: Um den Artikel wird durch das Anklicken ein Rahmen gezogen, dadurch wird der Bericht schmaler und länger. Passt. Um die Seite nicht zu gedrungen erscheinen zu lassen, werden so genannte „Zwischentitel" eingefügt. Das sind Sätze, die im Bericht vorkommen und dadurch hervorgehoben werden. Sie bilden eine Art „Essenz". Die sieben leeren Spalten werden voll und voller. Der letzte Artikel wird grob eingepasst und dann per Tastendruck „ausgetrieben". Damit passt er sich genau ins Layout ein. Die Seite ist fertig. Um Rechtschreibfehler zu vermeiden, wird gegengelesen. Gernot liest die zusammengestellten Seiten von Dirk und umgekehrt. Das fasst hier niemand als Schwäche auf. Hier ist es die Überzeugung, dass unter Druck Fehler passieren können und jeder ein Profi ist und über Korrekturen steht. Nach diesem ersten Gegenlesen wird die Seite per Datenleitung an die so genannten Korrektoren gemailt, die noch einmal über den Text gehen. „Nichts ist so schlimm, wie ein Rechtschreibfehler in der Zeitung."

Dirk kennzeichnet bestimmte Artikel und legt sie ins „Internetfach". Knopfdruck und die Sache ist auch hier erledigt. Sie erscheinen, nach einem Gegenlesen, als Zeitungsartikel auf der website der Zeitung. Knopfdruck. Die zweite leere Seite baut sich auf und das Spiel beginnt von vorn. Abheben von der Konkurrenz, ist die Devise. „Da schau her, das hat von den anderen keiner", ruft Dirk voller Stolz. „Vor zwei Jahren war Hochwasser. Dann wurde für über 200 000 Euro eine Studie erstellt, wo ein Damm verlaufen soll. Mühsam habe ich aus einer PowerPoint-Präsentation mir zusammengefummelt, wo der Damm tatsächlich verlaufen soll. Jetzt haben wir es und die anderen Zeitungen nicht. Das interessiert die Leute", wieder der Satz. Und dann verlegt er zwei Bilder in die Seite und schwärmt: „das schaut doch gut aus, wenn die vier Spalten unter den Fotos gleichvoll sind". Also bastelt er wieder an den Texten: da ein Füllwort, dort eines weg. Die Rahmen für die dazugehörigen Photos werden angelegt, die Bilder geladen. Heute dauert es, denn sie liegen auf einem zentralen Server in Rosenheim. Die Leitungen sind überlastet.
Jetzt platziert er einen so genannten „Durchläufer". Ein Artikel, der alle Lokalausgaben „durchläuft", also in jeder veröffentlicht wird. Es geht um eine Umgehungsstraße von Rosenheim. Nach monatelangem Baustopp wird endlich weiter gearbeitet. Eine Sache, die logischerweise auch die Gemeinden um die oberbayerische Stadt interessiert, denn schließlich fahren viele dorthin, um einzukaufen.
„Kurz notiert" ist mittlerweile so kurz notiert, dass sich nichts mehr kürzen lässt. Dann ist sein eigener Artikel über den neuen Hochwasserdamm dran. An seinen eigenen Artikel ranzugehen ist wohl die schwierigste Sache. „Mit den Jahren lässt das nach. Mittlerweile gehe ich so radikal an meine Berichte, wie an die eines Kollegen". Wieder Telefon und „Servus".
16.25 Uhr und ein kleiner Lückenfüller wird nur noch gesucht. Ein Zusatzverzeichnis im Computer hilft. Es heißt „Vermischtes" und listet Verbraucher- oder Gesundheitstipps. „Vor ominösen Gewinnspielen wird gewarnt", passt ideal für die Ausgabe.
16.40 Uhr. Gegenlesen, Ausbessern der Fehler und ab per Leitung nach Rosenheim.
17 Uhr eine echte Punktlandung. Die Technik in Rosenheim wird informiert, dass die Seiten aus Prien im Computer fertig sind. Es bleibt noch Zeit, denn heute Abend steht ein Termin mit Erwin Huber an. „Wir haben so viele Staatssekretäre und Minister hier, so ein Höhepunkt ist das heute Abend nicht".

In Prien am Chiemsee ist was los und das habe ich vorher auch nie so gesehen. Gehobene Kultur und Freizeitspaß hätte ich wohl noch vor einer Woche lediglich in den Großstädten gesucht, nicht hier am Chiemsee. Das machen die Touristen. Heute Abend Erwin Huber beim Bauernverbandstreffen. Wieder ein Abendtermin für Dirk. Morgen steht „magic of the dance" auf Herrenchiemsee an, gefolgt von „ Aida", mit der Originalbesetzung aus Verona, dann Chris de Burgh und „Austria 3" mit Wolfgang Ambros, Georg Danzer und Reinhard Fendrich.
In Prien tobt der Bär und ich denke zum ersten Mal an Wechsel in meinem Job. Hier ist alles überschaubar. Man sieht und kennt die Leute, für die man letztendlich arbeitet. Es ist eine Nähe, die uns im Fernseh- und auch im Hörfunkbereich fehlt.
Es ist noch eine Stunde Zeit, und wir fahren auf eine kleine Anhöhe ins Wirtshaus. Unglaubliche Landschaft. Im Hintergrund die Berge, unten der See mit den Inseln und dann auch noch blauer Himmel und ein paar obligatorische bayerische Wolken. Wie aus dem Werbefilm pur. Eigentlich sollten wir jetzt hier sitzen bleiben und den Minister Minister sein lassen, aber die Arbeit ruft. Der Artikel muss morgen geschrieben werden für die Freitagsausgabe.
Was jetzt folgt, ist wieder eine Erfüllung all meiner Klischeevorstellungen. Wir fahren nach Atzing zu einem riesigen Zelt. Am Wochenende hat hier der Ort sein 100jähriges Feuerwehrfest gefeiert. Heute lädt der örtliche Bauernverband zur Ansprache mit Erwin Huber. Es geht um die Situation der Bauern, die Zunahmen der Auflagen aus Brüssel, die Milchquoten, der Verfall der Preise und natürlich, dass immer mehr Bauern aufgeben müssen. Die letzten Stimmen zur Europawahl, die am kommenden Wochenende stattfinden, sollen anscheinend noch mobilisiert werden. Stramme Burschen mit den kurzen, krachernen Lederhosen, bestickten Hemden und manche auch mit Hut und Gamsbart. Die wenigen Frauen, die kommen, meist in Tracht. Drei Demonstranten stehen vor dem Zelteingang und halten ihre Schilder „Stoppt den Genmaisanbau" hoch. Kaum beachtet von den Bauern, die, eine halbe Stunde vor Veranstaltungsbeginn, sehr zurückhaltend in das Zelt strömen. 1200 Mann fasst es und natürlich sind für die Prominenz vorne die aufgestellten Bierbänke mit weißen Plastiktischtüchern und etwas Efeu geschmückt.
Wir treffen den Hötzelsperger Anton. Den zuständigen freien Mitarbeiter für das Gebiet und natürlich ist er in Kracherner. Hauptberuflich ist er im Verkehrsbüro Samerberg tätig, nebenbei noch Gemeinderat, Zweiter Vor-

stand des Trachtenvereins Daxenwinkler und natürlich bei der Freiwilligen Feuerwehr Atzing. Den Artikel über Erwin Huber muss Dirk selbst übernehmen, da der Hötzelsperger, Anton in den beteiligten Vereinen und Parteien der heutigen Veranstaltung engagiert ist. Bilder wird der Anton machen und auch etwas schreiben, aber diesmal für die Feuerwehrzeitung. Auch hier werde ich beäugt, denn ich gelte als Fremde, und es wird getuschelt, wer ich wohl sei. Bei Dirk ebenfalls das bekannte Bild. Ein Hallo da und ein Servus dort. Die Frau Kreisbäuerin setzt sich an seinen Tisch und der Bürgermeister winkt ihm zu.

Fünf Minuten vor Veranstaltungsbeginn ist das Zelt nicht einmal halb gefüllt. An der Küchentheke mit Obazten und Radieschen, Kuchen und Brezn steht gerade mal einer an. Landwirte sind sparsame Leute, gegessen wird zuhause und außerdem scheint ihnen, angesichts des Themas, der Appetit sowieso vergangen zu sein.

Huber kommt in Gefolge von zwei Bodyguards, die sich dezent an den Rand stellen. Händeschütteln und der obligatorische Defiliermarsch, gespielt von der Atzinger Blasmusik. Der Obmann des Bauernverbandes schwingt sich zu seiner Begrüßungsrede auf die Bühne. Noch ist das Mikrofon so hoch gestellt, dass der kleine Mann kaum einen Ton in das Gerät sprechen kann. Aber der Hötzelsperger Anton eilt herbei und stellt die richtige Höhe ein. Und dann folgt das Lähmende einer jeden Veranstaltung: die Begrüßung der ganz Wichtigen. In diesem Fall vom stellvertretenden Landrat, dem Bürgermeister, der Kreisbäuerin bis hin zum ehemaligen Chef des Landwirtschaftsamtes und dem Chef des Tiergesundheitsdienstes. Trotz allem kommt der Obmann doch zur Sache mit markigen Worten. Er klagt über die Bürokratie, denen die Landwirte regelrecht ausgesetzt sind, schimpft über Schutzgebiete, wie Flora-Fauna-Habitat und ganz am Schluß lobt er auch noch die ansässige Zeitung, für die faire Berichterstattung.

Der Staatsminister lässt sich von dem halb gefüllten Zelt nicht aus der Ruhe bringen. Schmeichelt den Anwesenden erst einmal mit großem Lob, und dass auch er ein waschechter Feuerwehrmann sei. Es folgt die Standardrede für den Europawahlkampf und das normale Fußvolk unten wird schon etwas nervös, schließlich wollen sie etwas über ihre Zukunft als Bauern wissen. Ehrliches, spärliches Klatschen. Endlich beim Thema angekommen, wirbt der Staatsminister dann für die hohe Qualität der bayerischen Produkte und dass deutsche Bauern nicht zu viel Angst vor der Konkurrenz aus dem Osten haben brauchen. Da unten hat er ein hartes

Publikum sitzen, es ist kein leichter Auftritt für Huber. Hier harren Landwirte, die die Praxis kennen und keine theoretischen Worte brauchen. Bei Demonstrationen vor den Lebensmitteldiscountern Lidl und Aldi wurde den Milchbauern die Pistole auf die Brust gesetzt. Wer den gebotenen Preis nicht akzeptierte flog raus. Was ankommt, ist dann endlich das Schimpfen auf die Berliner Landwirtschaftspolitik. Huber wird bei Sätzen wie „die größte Katastrophe in der Landwirtschaft heißt Künast" endlich mit Applaus belohnt.
Exakt eine Stunde Rede. Der Minister verlässt die Bühne und nimmt erst einmal eine Stärkung ein.
Der Hötzelsperger Anton hat seine Bilder im Kasten und setzt sich zu uns. Auf die Frage, wie viel er von den 800 Einwohnern in Atzing eigentlich nicht kennt, antwortet er völlig ernst, „du, es gibt, ganz am Anfang von Atzing ein Haus, da weiß ich tatsächlich nicht, wer drin wohnt".
Das Bier schmeckt und der Abend klingt um 23 Uhr aus. Morgen um neun soll ich wieder auf der Matte in der Redaktion stehen.
„Ich hab noch nichts vom Huber, aber jetzt kriegst erst einmal einen Kaffee", begrüßt mich Dirk. Brezn liegen neben dem Computer, der schon wieder läuft. Das Mohnbild, der „Hingucker" liegt auf seinem Schreibtisch. Heute ist er dran, heute kommt er ins Blatt. Seine eigene Zeitung überfliegt Dirk höchstens, er kennt sie ja schließlich bereits. Die Konkurrenzblätter dagegen studiert er und ist sichtlich sauer, da eine freie Mitarbeiterin, die auch für ihn schreibt, einen Artikel bei den anderen platziert und ihm nicht angeboten hat. Oft schreiben die Freien für mehrere Blätter, Zeitungsjournalisten sind keine Großverdiener.
Er ruft sie an und bestellt den Artikel für seine Ausgabe am Freitag. Dabei ist es völlig egal, ob die Konkurrenz ihn schon hatte oder nicht. Die logische Antwort lautet nämlich: „wenn jemand die andere Zeitung liest, dann liest er nicht unsere und umgekehrt."
Newsticker, also Programme mit den neuesten Meldungen aus der Welt, Deutschland oder Bayern, fehlen völlig in der Redaktion. Vieles ist im Voraus planbar. Stürzt ein Flugzeug ab, so wie am Sonntag, dann ruft die Rosenheimer Redaktion hier an und informiert die Kollegen.
Gernot macht sich auf die Socken zum Bürgermeister nach Bernau. Dort wird es am Sonntag einen Bürgerentscheid geben und neben der Europawahl wird dies ein wichtiges Thema werden.

Der Fuß von Prien

Der Tag verläuft relativ ruhig. Alles kommt pünktlich und um 15 Uhr hat auch Dirk seinen Artikel über die gestrige Veranstaltung mit Erwin Huber fertig.

Auszug aus Artikel, 09.06.04, Chiemgau Zeitung, Dirk Breitfuß:

Naturschutz mit den Bauern sinnvoller
Minister Huber sprach bei Kreisbauerntag

Prin (db) – Staatskanzleichef Erwin Huber steht voll hinter der heimischen Landwirtschaft. Beim Kreisbauerntag im Festzelt in Prien-Atzing erteilte der Minister schärferen Gesetzen im Vergleich zu anderen EU-Staaten oder Steuererhöhungen der rot-grünen Bundesregierung eine klare Absage, weil dies weitere Wettberwerbsnachteile für die bayerischen Bauern zur Folge hätte. Huber sagte auch zu, dass die unvermeidliche Ausweisung weiterer Fauna-Flora-Habitat- (FFH) Flächen im Dialog mit den Landwierten folgen soll.
Dem Freistaat drohen Strafzahlungen von bis zu 800 000 Euro am Tag, wenn der EU die geforderten zusätzlichen FFH-Flächen nicht gemeldet würden, erläuterte Huber vor rund 500 Zuhörern, darunter zahlreiche Mandatsträger aus Land-, Bezirks- und Kreistag sowie Bürgermeister, Vertreter der örtlichen Bauernverbände und von Behörden. Als einziges Bundesland in Deutschland führe der Freistaat ein so genanntes Dialogverfahren durch, bei dem betroffene Gemeinden ihre Interessen darstellen können. Es soll in wenigen Wochen anlaufen (wir berichteten).
„Die Festlegung darf nicht einseitig durch Naturschutzbehörden diktiert werden. Wir sagen: Mit den Bauern Naturschutz zu betreiben ist viel sinnvoller", machte sich der Staatskanzleichef für die Interessen der Landwirte stark. Hart ins Gericht ging Huber mit der rot-grünen Politik, Verbraucherministerin Renate Künast bezeichnete er als die „größte Plage" für die Landwirtschaft.
.......Hubers Ausführungen hörten die Bauern aus dem Landkreis Rosenheim gern. Kreisobmann Sepp Ranner, der zum Beleg einige politische Erfolge der Staatsregierung auflistete, sprach aus Erfahrung: „Wenn´s drauf ankommt, steht er zu uns."

Der Tag geht langsam vorbei. Die Arbeit von Dirk ähnelt der am Vortag. Ich freue mich mittlerweile auf den Abend und die Show von „magic of the dance". Um 18 Uhr fahren wir zur Anlegestelle der Dampfer. Der Chiemsee liegt ruhig da und viele haben sich schon am Steg angestellt, um auf das nächste Schiff zu kommen. Schönes klares Wasser und das beruhigende Geräusch der Motoren. Am Ufer des Sees stehen die Villen der Reichen. Eine davon, deutlich und mächtig zu sehen, ist die von Bernd Pieschetsrieder, dem Vorstandvorsitzenden der VW AG. Ab und zu residiert er hier. Zu Gesicht bekommen hat Dirk ihn noch nicht. Angekommen auf Herrenchiemsee machen wir uns auf die Suche nach einem seltenen Tulpenbaum. Dirk hat einen Photographen beauftragt ihn zu knipsen. Jetzt laufen wir vor und hinter die Gebäude und finden ihn nicht. Verschnaufpause auf der Terrasse des Schlosses. Auch dort werden wir wieder angesprochen und beäugt. Dirk wechselt Worte mit dem Besitzer des Cafés und dem Veranstalter des Konzerts. Der Photograph gesellt sich zu uns. Ein Profi, der auch oft für die Süddeutsche Zeitung Bilder macht. Der Chiemgau ist seine Gegend und er hat ein offenes und freundschaftliches Verhältnis zu Breitfuß. Keine Arroganz zu spüren für einen von der SZ. Er zeigt uns die Aufnahmen des Tulpenbaums und heute Abend wird er die entsprechenden Bilder von den Steppdancern schießen. Wir unterhalten uns über Datenbanken für Zeitungsbilder und genießen die wunderbare Atmosphäre.

Sein Können kann ich dann am nächsten Tag in der Redaktion bewundern. Vom Bühnenhintergrund hat er Aufnahmen gemacht, die eine einmalige Perspektive bieten: Im Vordergrund die Steppschuhe und die Beine des Tänzers, im Hintergrund die Zuschauer und das Schloss. Einigen Kameramännern würde ich ein solches Äugchen wünschen.

Für die Freitagsausgabe schon platziert. Als ich nach meiner Reise an den Chiemsee wieder ins Funkhaus komme, stürmt ein Kollege auf mich zu. „Du sag, ich war auch am Chiemsee. Das ist doch meine Heimat. Was hast denn du dort mit dem „Fuß" gemacht?"

09.Juni 2004

6 Arbeiten unter der Käseglocke

Belgien, Brüssel, sechs Stunden Fahrt. Fühle Weltluft auf einer kaum befahrenen Autobahn. Es ist spät und ich bin völlig verblüfft, denn dieses Land muss nach wie vor Geld haben: Die Autobahn ist durchweg mit Lampen ausgestattet, aber nur vereinzelt sind sie in Betrieb. Die verschwenderische Art seine Autobahnen zu beleuchten stammt aus den 70er Jahren, als die Belgier noch zu viel Energie und Geld hatten.
Die Hinweisschilder wechseln, je mehr ich mich der Hauptstadt nähere: aus Bruxelles wird bald Brussel.
Im Radio läuft RTL Belgien und sie spielen überwiegend französische Musik, was meiner Seele gut tut.
Brüssel selbst ist noch schöner, als ich es mir vorgestellt habe: Renaissance-Bauten, Jugendstilhäuser, Flair und Charme, Hinterhöfe und viele enge Gassen mit jeder Menge Historie. Hier sitzen also die Herren Europas, die Denker und Lenker einer großen Staatenunion. Hier wird Geschichte geschrieben, für 25 Länder ein politischer und wirtschaftlicher Weg entschieden.
Alle Nationalitäten prägen das Stadtbild. Bei meiner Suche nach der Avenue de Stalingrad, nachts und bereits nach 23 Uhr, sind alle freundlich und zuvorkommend und lotsen mich à gauche und à droite. Mit Englisch kommt man hier nur bedingt weiter und so krame ich die letzten verbliebenen Reste meines Französisch aus dem Hirn und es klappt: Feu ist die Ampel und la gare der Bahnhof. Passt doch alles. Die Straßen sind um diese Zeit noch richtig belebt mit sehr gemischten, jungem und älterem Publikum. Schon bin ich richtig begeistert von dieser Stadt.
Meinen Dämpfer bekomme ich jedoch im Hotel, denn die Preise sind mehr als gesalzen. Von außen und weit weg hat diese Stadt für mich immer ein Bürokratenflair verbreitet, mit einem gigantischen Europa-Bürokraten-Apparat in der Mitte, mit Glasprotzbauten und viel zu vielen Beamten.
Ich habe die zahllosen Skandale von Abgeordneten im Hinterkopf, die Reisekostenabrechnungen, die Spesen, die hohen Diäten. Deutschland ist

schwach vertreten in den führenden Positionen und eigentlich zahlen wir viel zu viel ein in den großen europäischen Topf. So ungefähr könnte man meine gewisse Abwehrhaltung gegen Brüsseler Bürokratie beschreiben.
Gerade einmal Günter Verheugen fällt mir als Vertreter ein, dann hört es bei mir schon auf. Namen von Europa-Abgeordneten könnte ich vielleicht einmal fünf nennen und das bei der Tatsache, dass dieses Parlament auch für uns in Deutschland immer wichtiger wird.
Ich bin gespannt auf den nächsten Morgen. Jetzt ausschlafen, vorher den dunkelblauen Hosenanzug herauslegen- Jeans wegpacken.
Ich hätte es mir ja denken können und ich hatte eigentlich viel Zeit zum Suchen eingeplant, aber früh steht hier alles im Stau. Nach 12 Stunden habe ich mich der belgischen Fahrweise angepasst: Blinken und reinziehen – alles einfach etwas lockerer sehen. Mopeds schlängeln sich auf dem Mittelstreifen durch, dazwischen kurzes Bremsen, weil es die Radfahrer gleich tun. Wer hier fährt, braucht gute Stoßdämpfer. Die Straßen sind schlecht, dafür steht an jeder Ecke ein Baukran, der wieder einen neuen Glaspalast aus dem Boden stampft. Europa wächst und damit auch Brüssel. Je mehr ich mich dem Zentrum der Eurokraten nähere, desto mehr Menschen mit einem Plastikschildchen am Revers oder um den Hals siehe ich. Im Anzug auf dem Fahrrad oder zu Fuß, Aktenkoffer oder Rucksack dabei, streben sie alle auf die Bauten im Europaviertel zu.
Nach einem regelrechten Einkreisen habe ich dann verspätet um kurz nach 9 Uhr das Büro der Süddeutschen Zeitung, gleich neben der Reinigung mit dem wunderbaren Namen „Okapi", erreicht.
Christian Wernicke wirkte bis jetzt am Telefon und in seinen E-Mails eher etwas barsch. Mit gemischten Gefühlen steige ich daraufhin die engen und kleinen Stufen in den ersten Stock hinauf. Viel Zeit zum Begrüßen hat er nicht: Telefon da, Terminplanung für den Tag dort. Das riecht förmlich nach Hektik an dem Tag, aber, Gott sei Dank, jetzt macht er einen schon viel angenehmeren Eindruck: locker, kollegial, direkt, aber mit einem wirklich gut entwickelten Selbstbewusstsein.
Insgesamt über 40 SZ-Redakteure umfasst das weltweite Korrespondentennetz der Süddeutschen Zeitung. Sie berichten aus den deutschen Großstädten, den wichtigsten Zentren Europas und aus allen Kontinenten. Wernicke ist einer davon.
Ein Gespräch mit München, dem Stammhaus: es geht um das EU-Referendum am nächsten Sonntag. Frankreich stimmt über die EU-

Arbeiten unter der Käseglocke 97

Verfassung ab. Wernicke wird bis Morgen Nachmittag 250 Zeilen dazu schreiben müssen und eine Graphik in München in Auftrag geben, die jetzt in einer Telefonkonferenz besprochen wird: Wie werden die Entscheidungen in Brüssel getroffen, wer hat welche Kompetenz, wer entscheidet was? – ein Aufklärungsstück und selbst Wernicke und den Kollegen fällt es nicht unbedingt einfach, alles genau dazu aus dem Ärmel zu schütteln. Auch sie wollen in einzelnen Punkten nachrecherchieren.

Der Aufbau der EU ist komplex und man muss schon absoluter Insider sein, um alles bis ins Details zu kennen. Es geht konkret um die Klagemöglichkeiten eines jeden Bürgers beim EuGH. Die Redaktionen in München und Brüssel wollen nun beide noch einmal recherchieren, wie hier die Möglichkeiten generell ausschauen.

Wernicke holt sich Kaffee.

Sein Schreibtisch ist groß, doppelt so lang wie üblich und er liegt voll mit Zeitungen, Broschüren, Büchern, Wörterbücher für Englisch und Französisch, Weltalmanach, einer dicken Lektüre „Ratifizierungsverfahren zum EU-Verfassungsvertrag", Zeitschriften für Staats- und Europawissenschaften und Ablagefächern. Insgesamt hat das Papierchaos aber System, erklärt mir später Wernicke. Es gibt sechs Stapel, unter anderen für allgemeine Zeitungsausschnitte der internationalen Presse, dann ein zweiter mit Ideen, die er irgendwann mal umsetzen will und dazwischen Meldungen für die jetzige oder die zukünftige Arbeit.

Es gibt viele Aktenschränke die voller Hängeordner sind, Ordner zum Thema „EU-Beitritt Türkei", „Barroso-Kommission".

Insgesamt hat sich die dreiköpfige Mannschaft der Süddeutschen Zeitung die Aufgabengebiete geteilt. Kollegin Cornelia Bolesch, die am längsten im Brüsseler Büro arbeitet, hat die Teilbereiche Verfassungs-, Agrar-, Verbraucher-, Justiz- und Innenpolitik übernommen. Alexander Hagelüken ist für die Wirtschaft zuständig und der dritte im Bunde, Christian Wernicke, ist verantwortlich für die Themen Außen- und Sicherheitspolitik, für Grundsatzfragen wie die EU-Verfassung und die deutsche Grundorientierung in Europa sowie die NATO. Wernicke ist der Büroleiter in Brüssel, doch er sieht dies nicht als einen Chefposten an, sich selber nicht hier in Führungsposition. Alles wird kollegial im Team besprochen, wenn es etwas zu besprechen gibt. Die Mannschaft ist eingespielt, braucht keinen Leader. Jeder kennt seine Arbeit, jeder weiß, was zu tun ist. Seine Aufgabe ist es, wenn überhaupt, Termine zu koordinieren, die internen Absprachen zu treffen. Wenn es möglich ist, wird morgendlich um 9.15 Uhr eine Konferenz im Brüsseler Büro durchgeführt. Hier soll in der Regel jeder Kollege seinen Tagesplan kundtun, wer welches Thema bearbeitet und welche Termine konkret wahrgenommen werden. Trotzdem wünscht er sich manchmal mehr Diskussionen über die einzelnen Artikel, gesteht er. Zu oft arbeiten die Kollegen nebeneinander her, aber die Arbeitsteilung hilft, die Flut der Nachrichten und Themen zu bewältigen.

Alles ist eben hier zur Routine geworden, die Arbeit, aber auch der Ablauf: So wie es einmal in der Woche eine Sitzung der EU-Kommission gibt, mehrmals jede Woche der EU-Ministerrat in seinen verschiedenen Fachformationen tagt und einmal im Monat das Parlament in Straßburg sitzt. Die parlamentarischen Ausarbeitungen von Gesetzen und Verordnungen finden in Brüssel statt, die Abstimmung darüber in Straßburg. Nicht immer fährt ein Kollege dort hin, zum einen aus Kostengründen, zum anderen ist nicht das Ja oder Nein der Politiker zu einem bestimmen Thema wichtig, sonder eher der Inhalt und die Auswirkungen der neuen Regelung, die damit besiegelt wurde.

Im Münchner Stammhaus hat er insgesamt vier Ansprechpartner für seine Themen: Das ist zum einen Stefan Kornelius, der Leiter der Außenpolitik und direkter Vorgesetzter, dann noch ein EU-Experte im Ressort Außenpolitik sowie die zuständigen Ressortleiter für Wirtschaft und Nachrichten.

Heute ist jedoch kein guter Tag für ihn, denn er hat seinen Palm zuhause liegen lassen, sein halbes Gehirn sozusagen, denn in dem Gerät hat er alle wichtigen Termine des Tages abgespeichert und jetzt muss er sie sich erst einmal mühsam aus den E-Mails wieder zusammensuchen. Keine einfache Sache, denn am Tag laufen bei ihm rund 80 E-Mails ein, darunter in der Regel acht bis zehn Einladungen täglich zu Pressekonferenzen oder Gesprächen, bunt gemischt die Themen, von der Chemikalienverordnung bis zu Zusatzstoffen in Lebensmitteln.

Außerdem drückt ihn schon der 250-Zeilen-Bericht über die „positiven Seiten der EU-Verfassung, Demokratisierung und das Mitspracherecht der Bürger". Morgen soll er in München sein, pünktlich bis 17 Uhr, denn das ist die Deadline für alle Reporter der SZ. Damit bleibt ihnen weniger Zeit als Kollegen anderer, vor allem nicht-deutscher Zeitungen, die erst viel später mit ihren Blättern in Druck gehen.

Deutsche Journalisten in Brüssel nehmen selten an Hintergrundgesprächen beim Mittagessen teil, Spanier und Italiener haben es da schon besser. Den Teutonen bleibt das hintergründige Abendessen.

Arbeiten unter der Käseglocke

Seit Oktober 96 ist er nun bereits in Belgien und Brüssel. Bis 2001 für die „Zeit", anschließend als Korrespondent der „Süddeutschen Zeitung". Seit dieser Zeit hat sich hier auch das Standing seiner Zeitung enorm verbessert. Die deutschen Journalisten des Münchner Blattes werden wahrgenommen, haben ihren festen Platz. Man kennt sie und man schätzt sie in dem eingeschworenen Kreis rund um die europäische Politik. Nach Wernickes Auffassung gibt es in Deutschland vor allem drei Zeitungen, die sich ernsthaft der Europapolitik widmen: Die Süddeutsche Zeitung und die Frankfurter Allgemeine Zeitung, die Frankfurter Rundschau sowie die Financial Times Deutschland (FTD). Die FAZ-Kollegen haben heute im Gegensatz zu seinem Büro bereits zwischen vier und sechs Kollegen ständig in Brüssel, die FTD ebenfalls drei.

Zudem hat die FAZ eine eigene Rubrik „Europraxis", die jeden Dienstag erscheint und speziell für Insider gedacht ist. Meist geht es dabei um EU-Beschlüsse, die speziell für die Wirtschaft aufbereitet sind.

Die wahre Konkurrenz sieht Wernicke jedoch bei den Blättern „ Le Monde" und „Financial Times", auch, weil dort die Verleger und Chefredakteure der Franzosen und Briten viel mehr Wert auf die Berichterstattung aus Brüssel legen.

Heute steht, wie üblich, bei Christian Wernicke ein Termin nach dem anderen an, zumindest nach den ersten Recherchen in seinen E-Mails. Fluchend darüber, dass er den Palm anscheinend wirklich und tatsächlich zu Hause vergessen hat, gibt er mir die ersten Infos weiter: Drei Ministerratskonferenzen stehen an, die der Verteidigungs-, der Außen- und abends der Entwicklungsminister. Die zwei entscheidenden Papiere der Verhandlungen von ersteren hat Wernicke bereits vorab in die Finger bekommen, wie er es nennt, aus diplomatischen Kreisen. Und so steht das, um was es heute im Ministerrat geht, bereits auch heute schon in der Zeitung: Es wird um die militärischen Fähigkeiten der EU gehen, denn sie sollen erhöht werden, um beispielsweise auch Missionen in Afrika übernehmen zu können. Alle sechs Monate soll es dann einen Zwischenbericht geben, wie man auf den Weg dorthin vorankommt und was geändert werden muss. Dass die Verteidigungsminister mit dieser Lösung nicht zufrieden sind, ist kein großes Geheimnis, aber Kompromisse sind meist der politische Weg bei Entscheidungen von 25 verschiedenen Interessenslagen. Wernicke nennt Brüssel deshalb auch eine einzige Kompromissmaschine.

Insgesamt ist seine Arbeit eine sehr schwierige, denn für die Leser scheint die EU zwar generell wichtig zu sein, aber so ganz genau will keiner wissen, was da so passiert. Und auch die EU-Verfassung ist so ein Ding. Sollte die Abstimmung darüber am Sonntag in Frankreich scheitern, so wundert das den SZ-Korrespondenten gar nicht, denn er selbst findet sie hoch kompliziert und alles was in einem Fernsehbericht nicht in 1:30 zu erklären ist, ist damit auch für ihn gescheitert.

Wernicke macht auf mich den Eindruck, als sei selbst er etwas europamüde. Der gebürtige Hamburger macht das Geschäft schon fast zu lange, wie er meint. „Es ist Zeit zu wechseln, weil man glaubt, man weiß schon alles", sagt Wernicke. Deshalb freut er sich auch bereits auf seine neue Aufgabe, die ihn in wenigen Wochen als Korrespondent nach Washington bringen wird.

Richtig enttäuscht war er vor einer Woche. Da hat Wernicke eine Exklusivgeschichte über den Vorstoß der EU-Kommission im Blatt gehabt, wie Europa und USA sich wieder näher kommen könnten. Auch hier hatte er interne Papiere, aus denen er zitierte. Die EU-Kommission war daraufhin richtig sauer, weil er diese Informationen publik gemacht hat. Aber außer in seinem Blatt hat von seinen Kollegen die Brisanz niemand erkannt. Die Agenturen haben die Meldung nicht aufgegriffen, lediglich der Deutschlandfunk darüber berichtet. Es geht eben zu viel des ganzen Politiktheaters am Leser vorbei und vorüber und der Insider in Brüssel sieht vor allem seine Themen als wichtig an.

„Deutschland ist sowieso derzeit am meisten mit sich beschäftigt und kaum an Vorkommnissen im Ausland interessiert", meint er, „und in Brüssel kocht jeder so sein eigenes Süppchen, meist hinter verschlossenen Türen und vertraulich".

25 Kommissare mit 25 Kabinetten, die jeweils mit eigenen Kompetenzen ausgestattet sind. Dazu 25 Botschafter aus 25 Staaten und mehr als 25 Pressesprecher. Meist sind es die Skandinavier, die sich zumindest für etwas mehr Transparenz in der europäischen Politik einsetzen und dies auch wirklich betreiben. Die deutsche Botschaft ist eine gute Quelle, allemal besser als die Franzosen, Spanier oder Italiener. Bei den anderen gilt eher Verschlossenheit und auch auf den offiziellen Pressekonferenzen erfährt man nicht wirklich, was bei den Verhandlungen abgelaufen ist.

Die Kunst, in Brüssel als Korrespondent wirklich Wichtiges über die Politik und Zukunft zu erfahren, ist es, viele Telefonnummern von entsprechenden Konfidenten, sprich Vertrauten und Insidern, zu haben. Pressesprecher gilt es sich warm zu halten, um, während die nicht öffentlichen Verhandlungen laufen, immer wieder den neuesten Stand zu erfahren. Genauso gut, weil genauso gut informiert, sind auch die Berater der einzelnen Kommissare. Einen guten Kontakt pflegen, nur so gibt es die wirklich wichtigen Infos, die wichtigen Schreiben und Papiere, über die es mehr lohnt zu schreiben, als über die oft abgeleierten Platituden in den Pressekonferenzen. Wernicke formuliert es treffender: „Die Währung hier hat Papierform".

Beim Thema Außen- und Sicherheitspolitik sind die Ansprechpartner meist die Diplomaten der einzelnen Länder oder Mitarbeiter von Javier Solana, dem so genannten Hohen Repräsentanten für Europas Außen- und Sicherheitspolitik. Dann gibt es noch andere wichtige Telefonnummern, die nur im Notfall kontaktiert werden dürfen. Strapaziert man diese Drähte zu oft und zu sehr, ist der Kontakt bald verbraucht.

Der EU-Journalismus hat seine eigenen Regeln. Mit einigen Freunden und Kollegen hat Wernicke einen Infokreis gebildet. Dort trifft man sich in regelmäßigen Abständen, um mit Politikern Hintergrundgespräche zu führen. Als Gast kann Wernicke unter anderem Jean-Claude Juncker, dem damaligen EU-Ratsvorsitzenden und Luxemburger Regierungschef sowie Paavo Lipponen, finnischer Ex-Premier aufzählen. Was man aus diesen Gesprächen herauszieht ist noch nicht gedacht für Veröffentlichungen. Ganz bewusst wird meist im Vorhinein darauf hingewiesen. Sollte es doch jemand tun, dann war das wohl seine letzte Einladung zu überhaupt irgendeinem Hintergrundgespräch sein. Das wiederum gilt jedoch überall und auch in Deutschland so. Die Infos bleiben im Hinterkopf und können zu gegebenen Zeitpunkt in Artikel eingeflochten werden, manchmal erklären sie aber einfach auch nur die wahren Zusammenhänge und Konstellationen in der Politik.

Die Kunst ist es, das alles zu verstehen und genau im richtigen Moment anzuwenden und in eine allgemein verständliche Sprache zu „übersetzen". Gewusst wie, gewusst wann wen kontaktieren. Nicht ganz, wie ich nachher noch mitbekomme. In Brüssel existiert unter den Kollegen eine Art Kontaktbörse. Hier wird nicht gegeneinander gearbeitet, sondern wichtig ist das Miteinander. Da es eine Fülle von Terminen gibt, die vielleicht alle etwas Neues an den Tag bringen, man aber nicht alle besuchen kann, gilt das Netzwerk als die effektivste Methode, um immer am Ball zu bleiben. Der eine berichtet dem anderen nach der PK, was Sache war und umgekehrt. In Brüssel herrscht Geben und Nehmen unter den

Journalisten. Eineinhalb Jahre hat Wernicke gebraucht, um sich ins System einzufinden, um zu wissen, wo was ist, um zu wissen, wer für Kontakte wichtig ist, mit wem man zusammenarbeiten kann und vor allem wer wer ist.
Kornelius aus München ruft an. Im Stammhaus haben die Kollegen heute allerhand um die Ohren, denn schließlich hat gestern Bundeskanzler Schröder verkündet, er will die Vertrauensfrage im Bundestag stellen und Neuwahlen im Herbst. Jetzt will Kornelius wissen, ob Brüssel Stimmen einzelner Abgeordneter oder Minister zu dieser Entscheidung zuliefern kann. Wernicke sichert zu, dass Kollege Hagelücken ein Stück über die Finanzverhandlungen schreibt und, sollte es Stimmen dazu geben, sie auf jeden Fall einfließen lässt.
Schröder hat selbst in Brüssel den Tag durcheinander gebracht. Die SPD-Eurokraten versuchen sich gerade Klarheit bei ihrer Regierung und ihren Kollegen in Berlin zu verschaffen.
Es ist ein hektischer Tag, zudem kommt die Sekretärin erst um kurz vor 12 Uhr und so laufen alle eingehenden Telefongespräche über Wernickes Schreibtisch. Und wieder ein Münchner, der sich wieder erkundigt, ob es erste Äußerungen über Schröders Ankündigungen gibt.
Wenn in Deutschland übermorgen die Gehsteige hochgeklappt werden, weil der Feiertag Fronleichnam ansteht, wird Wernicke die Zeit nutzen und im feiertagsfreien Brüssel ein Hintergrundgespräch mit Verheugen führen. Das kann er gerade nebenbei mit dem Pressesprecher des EU-Industriekommissars klarmachen.
Dann geht es endlich los in seinem Golf-Cabrio. Auf ins Europaparlament. Die Frisur sitzt, der blaue Anzug auch, nichts wie mit.
Parken vor den Glas-Stahl-Bauten und erster Sicherheitscheck. Schon trennt sich der Routinier vom Neuling. Für alle Fälle habe ich immer mein Schweizer Messer einstecken. Dies kommt jedoch gar nicht gut an bei der Durchleuchtung meiner Sachen. Überall gibt es hier Kontrollen, wie auf jedem Flugplatz. Laufband für die Utensilien, Metalldetektor beim Eintreten in jedes Gebäude. Als der Wachmann zwar im freundlichen aber bestimmten Ton wissen will: „Do you have a swiss?" laufe ich verdammt rot an und ziehe das kleine rote Messer aus der Tasche und gebe es in Verwahrung bei seiner Kollegin. Dann ab zum Mittagsbriefing mit der Chefpressesprecherin des derzeitigen EU-Kommissionspräsidenten José Manuel Barroso. Um dorthin zu kommen, müssen wir ins Untergeschoss.

Arbeiten unter der Käseglocke

Gleich trifft Wernicke die ersten Kollegen, unterhält sich mal deutsch, dann wieder im fließenden Englisch.
Was jetzt folgt ähnelt dem Angriff aufs Buffet. Der SZ-Korrespondent gibt mir die ersten gut gemeinten Ratschläge, als wir an einer langen Theke mit lauter kleinen Fächern angelangt sind, in denen jeweils verschiedene Pressemitteilungen liegen: nicht lesen, einfach nehmen, das hält den Fluss nicht auf und später im Büro kann man Spreu vom Weizen trennen, sprich: Ab in den Papierkorb oder ab auf den Schreibtisch. Einer nach dem anderen der Journalisten verfährt so. Es ist eine riesige Schlange und die kleinen Fächer schätze ich auf ungefähr 50 an der Zahl. Ab hier kommt auch kein Tageslicht mehr ins Gebäude. Wer hier längere Sitzungen mitmacht, weiß weder etwas über Temperatur oder Wetter des Tages. Vollklimatisiert, hochmodern, neonbeleuchtet.
Im Konferenzraum des Briefings haben sich bereits über 250 Journalisten versammelt, als die Chefsprecherin ans Rednerpult tritt. Sie steht, wie in einem großen Audimax, unten und etwas erhöht. Um sie herum in den ersten Reihen sitzen die jeweiligen Pressesprecher der einzelnen Kommissare, falls Fragen an das betreffende Ressort auftauchen. Rechts und links ist eine kleine Anzeige angebracht, auf der verwiesen wird, über welchem Kanal die jeweilige Übersetzung des Gesprochenen läuft.
Heute gibt es nur zwei: Auf Kanal 1 Englisch und auf 2 Französisch. Bei wichtigen Sitzungen sind alle Übersetzerstühle in der Glaskanzel besetzt. Die umrandet den großen Saal wie ein Kronleuchter. Wenn es für Wernicke terminlich knapp wird, dann gibt es auch die Möglichkeit das Ganze auf Satelliten-TV (EbS, Europe by Satellite) zu verfolgen. Die Kameras sind deshalb rundherum postiert und lassen auch im Vorraum live auf einen großer Plasmabildschirm alles verfolgen, was sich innen tut.
Den Laptop hat Wernicke diesmal gleich mit dabei. Falls es knapp wird, kann er in den überall vorhandenen Presseräumen seinen Zweispalter für die morgige Ausgabe tippen und wegschicken.
Neben mir sitzt eine italienische Kollegen und bei ihrer Frage verstehe ich nur Bruchstücke, aber das reicht auch um den Kontext zu kapieren: Schröder, Germania. Der Bundeskanzler macht auch hier Schlagzeilen, er ist Thema des Tages und die Chefsprecherin nimmt Stellung dazu. Wernicke gibt sofort per Handy die Einschätzung von Barrosos Sprecherin an Alexander im Büro weiter, damit der die Reaktion und den Kommentar in seinen Bericht einbauen kann. Sie sagt nicht viel, eigentlich nur, dass das die Sache nicht einfacher machen wird, aber zumindest ein Kommentar.

Bequeme und gut gepolsterte Sessel, hier lässt es sich ausharren, auch wenn es mal wieder länger wird. Heute nicht. Das Jourfix ist verhältnismäßig kurz, nur eine Stunde. Wernicke sitzt in der Zeit kaum auf seinem Platz. Erst trifft er einen befreundeten Journalisten aus Tschechien auf dem Gang, mit dem er unbedingt noch über einige Dinge reden muss. Dieser Kollege ist der einzige Vertreter seiner Zeitung hier und muss sozusagen alles übernehmen, was die drei im SZ-Büro leisten. Natürlich gelingt ihm das nur partiell. Noch ein Jahr vor der EU-Osterweiterung haben die anderen Journalisten Wetten abgeschlossen, wann denn wohl von dem ersten polnischen Kollegen die erste Frage kommt, die nichts mit dem EU-Beitritt seines Landes zu tun hat. Mittlerweile haben auch sie erkannt, dass Europa sich nie nur auf das eigene Land auswirkt, sondern das alles in einem großen Kontext zu verstehen ist.

Nach dem Briefing kommt das, was mir Wernicke vorher beschrieben hat: Trauben von Journalisten stehen zusammen. Der eine kommt gerade von einer parallel gelaufenen Pressekonferenz und möchte wissen, was es Neues beim Jourfix gab. Zitate werden ausgetauscht, aber vor allem Einschätzungen, wie denn wohl dieser oder jener Satz gemeint sein könnte, oder wie die Entwicklung dieser oder jener Sitzung wohl sein könnte. Hier läuft es frei nach dem Motto: „Du gibst mir Blair, dann kriegst du Schröder".

Mit einem Zirkel von rund 40 bis 50 Journalisten tauscht sich Wernicke regelmäßig aus, alles alte Hasen, die in der Innenpolitik sich die ersten Sporen verdient haben, bevor sie, als einer ihrer beruflichen Höhepunkte, nach Brüssel von der Redaktion geschickt wurden. Im Laufe der Zeit haben sie sich in Belgien ein anderes Denken angewöhnt. Die Probleme im eigenen Land spielen für sie nicht mehr die primäre Rolle, hier wird europäisch gedacht, an die Probleme aller Staaten und auch nicht nur an die, die die EU betrifft, von Südkorea bis Holland, von der Thematik Galileo-System bis EU-Verfassungsabstimmungen.

Wernicke startet einen kurzen Anruf im Büro und hält Rücksprache mit Kollegin Bolesch. Er erfährt, dass München nun doch einen eigenen Bericht aus Brüssel erwartet mit Reaktionen zu Schröders Ankündigungen.

Um ihn herum andere Kollegen. Sie plappern auf französisch und italienisch in ihr Handy, meist laufen sie dabei herum, sitzen am Boden und suchen aus Schriftstücken Zitate oder haben die Augen geschlossen, eine Hand an der krausen Stirn und versuchen noch den letzten Satz zu formulieren.

Arbeiten unter der Käseglocke

Alles im abgeschlossenen, fensterlosen Keller. Hier gibt es nichts anderes außer Europapolitik. Wer hier arbeitet ist nicht weltfremd, aber er weiß nicht unbedingt, was sich gerade bei Arbeitslosen abspielt, die gegen das niedrige Hartz IV Geld protestieren. Sie wissen wenig von den wirklichen Auswirkungen der europäischen Gesetzgebung im täglichen Leben. Die Arbeit der Journalisten hier spielt sich nicht nur in einem engen räumlichen Rahmen ab, denn die Gebäude der EU liegen alle nah beieinander, nein, sie sind von morgens 9 Uhr oft bis sehr spät am Abend auf Terminen, im Büro, um die Artikel zu tippen, dann wieder auf Terminen und Hintergrundgesprächen. Wenn sie abends nach Hause kommen, vielleicht davor auch noch mit Kollegen ein Bierchen getrunken haben, um über die Hintergründe der neuesten Debatten zu reden, dann wollen sie von allem, was die EU betrifft kurz mal nichts mehr hören, um morgens um 9 Uhr wieder davon anzufangen.

Alles wiederholt sich, nur mit den einzelnen EU-Kommissions-Präsidenten ändern sich die Schwerpunkte. Der letzte legte noch großen Wert auf den Umweltschutz, heute gibt man sich eher industriefreundlich und auch die Verbraucherschutzrechte werden wieder zurückgefahren.

Nach acht Jahren freut sich Wernicke förmlich mal wieder Geschichten erzählen zu können und draußen im „wirklichen" Leben zu sein. Er freut sich auf Washington, auch weil ihn mit den USA eine Art Hassliebe verbindet.

Wernickes Frau ist ebenfalls Journalistin. Sie haben sich in Hamburg kennen gelernt und sie ist mit ihm nach Brüssel gezogen, hat ihren Job in der Hansestadt aufgegeben. Christiane „Nana" Feller hat lange gebraucht, um sich hier einen neuen Kreis an Redaktionen aufzubauen, für die sie zuliefern kann. Sie arbeitet heute für den Deutschlandfunk, dem WDR und manchmal als Producerin für das ZDF. Sie beackert weniger die aktuellen News aus der EU und der NATO, sondern eher hintergründige Themen oder Geschichten aus Belgien, Frankreich und den Niederlanden.

„Durch sie", so sagt Christian Wernicke, „erfahre ich eigentlich erst, was sich draußen –außerhalb des EU-Viertels- noch so alles tut."

Gerade jetzt, da seine Frau den Einstieg wieder gut hinbekommen hat, heißt es, wieder Koffer packen und nach Amerika. Auch dort will sie versuchen weiter am Ball zu bleiben, um den Journalismus nicht ganz an den Nagel hängen zu müssen.

Zeit für die nächste Pressekonferenz, diesmal raus aus dem einen Gebäude, über die Straße, rein ins andere Gebäude, die Zentrale des EU-

Ministerrates, dem eigentlichen Machtzentrum der EU. Wieder Sicherheitscheck und diesmal habe ich vorher mein Swiss ins Auto gelegt. Wieder ganz unten im Keller, ohne Tageslicht, findet ein anderes Briefing statt. Hier hat jede Nation ihren eigenen Pressekonferenzraum. Der Staatssekretär des Außenministeriums und ein Sprecher des Hauses sitzen bereits auf ihrem Podium, ihnen gegenüber und etwas tiefer 20 Journalisten, genauer gesagt 18 männliche und 2 weibliche. Die Besetzung kommt meistens von Zeitungen, nicht nur Deutsche, auch Raul von der Neuen Züricher Zeitung ist dabei. Ein geschätzter Kollege von Wernicke.

Das Thema ist, wie so oft in Brüssel, das liebe Geld und wie so oft sprechen die Herren auf dem Podium davon, das sich bei der Konferenz der Außenminister noch keine Einigung abzeichnet. Dann geht es um Usbekistan und dass das Militär derzeit mit Waffengewalt gegen die Zivilbevölkerung vorgeht. Die EU plädiert für eine stärkere Einflussnahme auf die Regierung von Usbekistan. Eine Internationale Untersuchungskommission soll eingesetzt werden, dass ist der Vorschlag der Außenminister. Der Staatssekretär spricht überraschend flapsig: „Sie kennen doch das Spielchen..." und der Pressesprecher kennt fast jeden Journalisten beim Namen. Als der offizielle Teil vorbei ist, geht der jetzt bereits bekannte Arbeitsablauf weiter: Die Journalisten stehen mit Politikern zusammen und reden Tacheles, antworten auf Fragen, auf die sie offiziell keine Antwort wissen dürfen oder ein politisch wohl formuliertes und damit fast generell nichts sagendes Statement geben. Small-talk mit den Kollegen und wieder steht Schröders Vorgehen im Mittelpunkt. Langsam löst sich die Traube auf und wir gehen wieder ins Erdgeschoß zum Tageslicht, um dort wieder mit Journalisten zu reden und auf die Pressemitteilung zu Usbekistan zu warten.

Raul ist schon vor einiger Zeit abgedüst und ruft jetzt an, um den neuesten Stand einer Pressekonferenz in Sachen Sudan durchzugeben und der SZ-Korrespondent erzählt über Usbekistan.

Dann geht es weiter ins Büro. Wernicke stapelt als aller erstes 11 kleine Häufchen auf dem Boden um sich herum auf. Alles Pressemitteilungen, die er heute wieder hamstermäßig eingesammelt hat. Häufchen mit Wichtigem und Unwichtigem, Archivmaterial, das er sich von seinem Schreibtisch sucht, um beim Schreiben seines Artikels drauf zurückgreifen zu können. Dann kommt für Wernicke, man kann es kaum glauben, das Schlimmste, nämlich das Schreiben. Im Zweifingersystem tippt er ein,

löscht wieder, überlegt, druckt sich die dazu bereits erschienenen Agenturmeldungen aus. Dann hat er seine Überschrift gefunden: „EU droht mit Sanktionen". Eigentlich ist er nicht wirklich glücklich damit, denn die Nennung Usbekistans fehlt und so fragt sich doch wohl jeder, wem die EU drohe. Doch Usbekistan ist als Wort zu lang. Iran, zum Beispiel, würde ja gehen, aber Usbekistan geht nicht in eine Zeile. Er lässt es erst einmal so stehen, vielleicht kommt ihm ja nachher noch eine göttliche Eingebung. Zudem ist er nicht verpflichtet München eine Schlagzeile zu liefern, dafür gibt es die Damen und Herren im Stammhaus.
Jetzt braucht er absolute Ruhe. Alle Türen werden geschlossen und ich werde auf den Balkon verwiesen, sollte ich noch mal mit meinem Handy telefonieren wollen.
Beim Schreiben versucht er an den normalen Leser zu denken, der sich eben nicht zwischen EU-Ministerrat und verschiedenen Pressekonferenzen bewegt, an den, der sich nicht täglich mit dem Thema Europa beschäftigt. Dennoch soll die Story gehaltvoll sein und in den Formulierungen stimmen. Ein Spagat, der schwierig ist.
Die Pressebetreuer der einzelnen Räte sind Gott sei Dank serviceorientiert. Zur Pressemitteilung gab es auch einen Lageplan, wo bei diesem Treffen des Ministerrates wer sitzt und vor allem wie die einzelnen Außenminister heißen, denn auch Wernicke kennt nicht Rumäniens Mikai-Razvan Ungureanu.
Es läuft und die 50 Zeilen sind wenig später im System. Der Artikel steht. Er ist ihn noch mal durchgegangen, damit ist diese Aufgabe erledigt. Nicht typisch, wie er gesteht, denn Wernicke ist berühmt berüchtigt, oft zu spät mit dem Schreiben anzufangen und immer zu spät nach München zu liefern.
Unter 50 Zeilen kommt nur das Kürzel des Namens an den Anfang des Artikels, also cwe. Sind es mehr als 50 Zeilen, dann wird der volle Name des Redakteurs gedruckt. Es soll aber Kollegen geben, denen diese Regel völlig egal ist und die immer ihren vollen Namen über den Beitrag setzen. Eitelkeiten sind einfach in unserem Genre normal. Überall und fast in jeder Redaktion, die ich im Laufe meines Buches kennen lerne, begegne ich ihnen.
In der Regel schreibt Wernicke zehn Artikel in der Woche, die meisten in der Standardgröße mit 60 bis 80 Zeilen, auch schon mal bis zu 250 Zeilen bei besonderen Anlässen oder, wenn es um Erklärstücke geht. Selten sind dagegen die Artikel bis zu 330 Zeilen, die sind meist für die Seite

Drei und sollten gepflegte Reportagen sein, was sich hier in Brüssel eher schwer verwirklichen lässt.
Wenn er über Sitzungen schreibt, dann versucht er regelmäßig in den Saal, in dem sie stattfinden wird, hineinzugelangen. Wie ist die Tisch-Anordnung, wer sitzt wo, gibt es Grünpflanzen, lauter Kleinigkeiten, um später in seinen Artikeln featureähnliche Elemente einbauen zu können und natürlich auch, um eine gewisse Atmosphäre nachvollziehen zu können, was und wie es wohl da drinnen abgelaufen sein könnte. Wichtig ist dann auch mit Diplomaten, die an diesen Sitzungen teilnehmen, im vorhinein Kontakt zu bekommen, um später mit ihnen über den wirklichen Ablauf der Verhandlungen sprechen zu können. Meist stützt er sich hier auf nicht-deutsche Mitarbeiter, um keinen Verdacht auf die deutschen Beamten fallen zu lassen oder, um nicht als „nationaler" Berichterstatter zu gelten. Dass sich Joschka Fischer neulich erst beklagte, die deutschen Korrespondenten würden zu wenig die deutsche Position in der EU propagieren, empfindet Wernicke eher als Kompliment.
Die Süddeutsche Zeitung verwendet als Newsgeber das so genannte Hermes-System. Ein Nachteil dabei ist, dass es nur deutsche Agenturen umfasst, doch oft das englische Reuters besser und vor allem schneller ist, vor allem, was das Gebiet Sicherheitspolitik der EU betrifft. Das liegt auch daran, das AP (Associated Press) oder DPA (Deutsche Presseagentur) jeweils nur einen Mann vor Ort hat, der für alle Meldungen aus Brüssel zuständig ist. Das muss ein Knochenjob sein.
Er öffnet die SZ-Maske auf dem Bildschirm, ein Brüsseler Privileg, denn nur hier ist das möglich, andere Korrespondenten kommen so nicht ins System. Knopfdruck und der Artikel ist im Netz der Kollegen in München. Wenn nur alles so schnell gehen würde. Zumindest beim Ausdrucken geht das nicht, denn hier gehen die Daten erst über die Standleitung in den Freistaat, werden dann wieder zurückgeschickt und gelangen so in den Drucker, der endlich seinen Dienst versieht.
Jetzt ein Zigarettchen, doch die Zeiten sind vorbei. Vor kurzem hat sich Wernicke das Rauchen abgewöhnt und gleich mal sechs Kilo zugenommen. Nun liegen Tomaten und Äpfel auf den Tisch und wenn er aus alter Gewohnheit den Griff zur Packung machte, gibt es jetzt statt Glimmstengel eine Tomate.
Weiter mit der Zulieferung für Bolesch und Hagelüken und den Äußerungen des Staatssekretärs zu der Ankündigung Schröders, Neuwahlen im Herbst durchführen zu wollen. Per E-Mail und schon auf dem Bildschirm

der beiden, packt Wernicke wieder seine Sachen und macht sich vom Acker zum nächsten Gespräch.
15 Uhr Hintergrundgespräch bei der NATO und mein Magen knurrt. Während des Fahrens zieht Wernicke aus der Jackentasche eine Krawatte und bindet sie während des Fahrens um seinen Hals. Jahrelange Übung sei dies. „Wenn wir aussteigen sitzt sie perfekt".
Daniel Fried hat geladen, der Assistant Secretary for European and Eurasian Affairs. Ein nicht gerade wichtiger Termin, aber in Hinblick auf seine zukünftige Position in Washington ist es immer gut schon mal Kontakte aufzubauen. Zudem hat Wernicke zwei Jahre gebraucht, um in diesen internen Pressezirkel der US-Vertretung bei der NATO zu gelangen. Manchmal werden aus der Masse nur fünf, manchmal sieben, selten aber bis zu 20 Journalisten geladen. Angesichts der Masse an Journalisten also ein erlesener Kreis. Auch hier wieder strenge Kontrollen, der Pass wird geprüft, die Taschen durchleuchtet. Wernicke nimmt am Tisch Platz, rechts von ihm der Vertreter der Zeitung „Le Monde", links daneben ein Journalist der BBC und ein Freund von ihm von der Financial Times. Ich darf von hinten die Konferenz verfolgen. Wernicke hat sich für mich eingesetzt und verbürgt.
Das Gespräch hat zwei Runden. Die erste gilt als Hintergrund, ist „off records" und damit ist klar, keine Zeile hat hier nach außen zu dringen. Es geht um Usbekistan, sowie um das Verhältnis der USA und der EU. Die Beziehungen hätten sich zum Glück normalisiert, man blicke in eine hoffnungsvolle Zukunft: Zwei große Mächte in einer Welt. Es werden Fragen der Journalisten zugelassen und Wernicke nimmt kein Blatt vor den Mund, hinterfragt Äußerungen kritisch, wird von seinem Kollegen der FT (Financial Times) unterstützt, der noch mal nachlegt und nachfragt.
Dann Ende und das Obligatorische: Wieder reden die Herren über den Inhalt, was das letztendlich bedeutet, was die Quintessenz aus diesem Hintergrundgespräch sein könnte.
Wieder im Büro stehen auf der endlich fast schon vollständigen Terminliste noch weitere Punkte. Zum einen eine PK zur Beziehung der USA und Südostasien, speziell China und zum zweiten der Versuch der EU und den USA eine gemeinsame Politik in Südostasien anzustreben, wobei hier der Hintergrund die Aufhebung des Waffenembargos gegen China ist. Der Minister für Heimatschutz der USA will sich zudem noch in Sachen Terrorbekämpfung äußern und dann lauert noch eine PK zum Außenministertreffen. Um 19.30 Uhr die Einladung eines Professors, der Wernicke zu

einer Fragestunde mit seinen Studenten zum Thema EU-Sicherheits- und Außenpolitik eingeladen hat. Der meldet sich nicht, als der SZ-Mann versucht ihn zu erreichen. Das schränkt die Auswahl ein.
Anruf aus München, wer welche Meldungen morgen übernimmt. Ob Brüssel jenen Termin wahrnehmen kann oder ob das Stammhaus den Bericht aus den Agenturen schreiben soll.
Wieder denkt er an die 250 Zeilen für morgen und an die 200 Zeilen über die Institutionen der EU und die 38 Zeilen zur Außenpolitik bis Freitag nach. Das liegt ihm im Magen.
Anruf aus München. Außenressortleiter Cornelius überlegt mit ihm, ob er nicht vielleicht der Samstagsleiter wird, also einen Leitartikel mit 180 Zeilen am Samstag schreiben soll, natürlich über den aktuellen Anlass der Abstimmung über die EU-Verfassung in Frankreich. Die Entscheidung wird auf morgen verschoben.
Wernicke wirft einen Blick auf seinen Computer. 18 Uhr, die morgige Ausgabe der SZ nimmt bereits im Druck Gestalt an, das kann er auf seinem Bildschirm verfolgen. Er liest die Artikel seiner Kollegen durch und lehnt sich für fünf Minuten entspannt zurück.
Geht es um längere Geschichten, die immer auf der Seite 3 erscheinen, dann werden die Artikel aus Brüssel meist personalisiert, sprich an einer Person festgemacht.
Wernicke liebt eigentlich solche Geschichten, doch wie bereits erwähnt, kommt er im täglichen Newschaos viel zu selten dazu hinauszugehen und Geschichten zu erzählen.
Die Außenpolitik hat die Seite 4, Nachrichten Seite 5 bis 10. Dreimal in der Woche kommt eine Sonderseite der APO (Außenpolitik) und täglich sind Artikel auf der Seite 4 (Außenpolitik) vorgesehen.
Bei den Einleitungen zu seinen Artikeln beginnt Christian Wernicke meist mit einem beschreibenden Absatz oder einem überraschenden:

„Die Neuigkeit vorweg: Es gibt Menschen in Brüssel. Aus Fleisch und Blut, mit Haut und Haaren. Und mit Schuppen auf dem Jackett. Wie jener englische Spitzenbeamte beim Ministerrat, den Journalisten gern über Europas Rolle in dieser garstigen Welt ausfragen und dann als „einen EU-Diplomaten" zitieren. Seinen Namen lassen wir beiseite, aus Gewohnheit."

Arbeiten unter der Käseglocke

Auszug aus SZ Wochenende, 09.10.2004:

„Milchquoten, Rinderzungen, Aasvögel: Die Brüsseler Eurokraten beschäftigen sich mit seltsamen Dingen. So sieht er oft auch aus. Sonst ist er eigentlich ganz zugänglich. Wenn man ihn mal zu Gesicht bekommt."

Ausschnitt aus SZ, Die Seite Drei, „Die Hebamme und der Sonnenkönig", 12.11.2002:

„Der kleine Mann gibt sich ganz hin. Mit Haut und Haar, das wird Giuliano Amato später zugeben, erliegt er in diesem Moment der Faszination der Macht. Den Kopf tief in die rechte Hand gestützt, schaut er empor zum Großen Vorsitzenden. Le Président hat das Wort. Valéry Giscard D´Estaing, den sie hier in Europas Konvent fern „unseren Sonnenkönig" nennen. Es herrscht Schweigen im Saal, auch oben auf dem Podium, wo das Präsidium dieser kontinentalen Verfassungsversammlung thront. Vize-Chef Amato sitzt neben Giscard, er könnte ihn berühren, ihm ins Wort fallen. Doch er bestaunt ihn wie einen Außerirdischen."

Ausschnitt aus SZ, DIE SEITE DREI, „Das Millimeter-Papier der Macht", 11.06.2003.

„Das Leben ist anderswo. Aus der Ferne kann Inigo Méndez de Vigo es sogar sehen. Der Spanier braucht nur die Augen abzuwenden von den Papierbergen auf seinem Schreibtisch und durch das Fenster seines Büros im elften Stock des EU-Parlaments zu schauen, hinunter auf Brüssels Place du Luxembourg. „Da sitzen die Leute täglich vor dem irischen Pub, trinken Bier und baden in der Sonne", murmelt der Europaabgeordnete. Ja, er ist „neidisch auf die da draußen", auch weil er ahnt: „Die Menschen interessiert es doch einen Teufel, was wir hier drinnen machen." An diesem Freitag aber, das hat sich der 47jährige Konservative geschworen, wird alles anders. Dann räumt er den Papierkram vom Tisch, „dann gehe ich darunter und gönne mir ein Glas." Kein schales Bier, kein billiger vino tinto, „ein feiner Irish Malt wird es sein."

Mit diesem Einstieg nimmt er, trotz der EU-Müdigkeit, die Leser mit. Führt sie ins Büro der Abgeordneten, lässt sie als Mensch erscheinen und nicht als Politiker. Bei solchen Artikeln kann er sich austoben, bei solchen Artikeln seinen eigenen Stil zeigen und unter Beweis stellen. Ein echter Sechs-Spalter mit passendem Bild.

Die Anzahl der Zeilen zum jeweiligen Thema schlagen die Korrespondenten aus Brüssel vor und meist wird dem, mit einem kleinen Abschlag, zugestimmt.
Um 17 Uhr ist Abgabe der Artikel. Es folgt oft eine kurze telefonische Absprache mit einem Redakteur der außenpolitischen Redaktion für den nächsten Tag. Zuvor ist ein der Zentrale eine „Stehrunde" leitender Redakteure. Bis dahin war jeweils ein Redakteur für eine Seite verantwortlich, die er gegenliest und noch einmal auf Fehler überprüft. Der Redakteur am so genannten Newsdesk liest dann ebenfalls noch einmal gegen. 17.15 Uhr ist der Andruck geplant.
Wir sind schon weiter in der Zeit. Es ist 18.30 Uhr und wir düsen wieder ins Eurokratenviertel zu einer Veranstaltung des EPC (European Policy Center). Ein Informationsgespräch mit Christopher R. Hill, John Palmer und Dennis Wilder steht auf dem Programm. Wieder dicke, diesmal graugrün-gepolsterte Sessel, wieder vollklimatisierter Raum und 170 Teilnehmer. Die Leute scheinen hier den Feierabend förmlich zu hassen und nie genug an Informationen zu kriegen. Diesmal geht es im Gespräch um Indonesien, Nordkorea und Plutonium, das Verhältnis zwischen den USA und Europa und dem Waffenembargo gegen China. Übersetzungen werden diesmal in englisch, französisch, holländisch und deutsch angeboten, doch nur wenige greifen zum Kopfhörer, schließlich wird das Gespräch auf englisch geführt und wer das nicht fließend beherrscht, hat hier nichts verloren. Trotz meiner Englischkenntnisse tue ich mich schwer dem Gespräch zu folgen, denn es gibt viele Spezialbegriffe, die ich einfach nicht in meinem Wortschatz habe: Waffenembargo, die verschiedenen Positionen der einzelnen Verantwortlichen, nur durch ganze Abschnitte komme ich darauf, was genau gemeint ist.
Bei der anschließenden Fragestunde schnellt Wernickes Finger nach oben. Wieder will der Herr auf dem Podium nicht wirklich antworten. Kreist mit seinen Sätzen um die wirkliche Sache herum. Wernicke setzt nach, wird durch ein Lächeln der anwesenden Kollegen unterstützt, die dieses Spielchen schließlich ebenfalls jeden Tag mitmachen. Aber auch beim zweiten Nachsetzen kommt nicht eine wirklich präzise Antwort von Christopher Hill. Einige Quotes (Zitate) notiert sich der SZ-Korrespondent trotzdem. Dann ist wieder seine Hand oben. Als Hill über die deutsche Vergangenheit erzählt, da muss Wernicke doch schon einmal nachfragen, warum denn die USA selbst Waffen nach China geliefert haben oder nicht protestierten gegen ähnliche Lieferungen ihrer Irakkriegs-Verbündeten in

Arbeiten unter der Käseglocke

Israel und Australien. Er lässt nicht locker und wirkt absolut sicher. Er hat alles im Hinterkopf: Zusammenhänge, Daten, Fakten.
Ende der letzten Veranstaltung des Tages. Wieder trifft man sich vor dem Saal zum Plausch. Es ist, wie so oft, spät geworden, aber Nana ist heute in Hamburg und dann arbeitet er sowieso lieber.
Aber jetzt ist Feierabend, ein kurzer, wie so oft, um morgen wieder unter der Käseglocke zu arbeiten. Noch, die große weite Welt wartet ja.

23.Mai 2005

7 Shareholder-value und Heuschrecken

Ich habe meinen Klassiker aus den Schrank gezerrt: Blaues Jackett, blaue Hose, blau-weiß gestreiftes Hemd, also Lufthansa-Uniform. Für Tage, an denen man nie weiß, wem man begegnet. Es war gut so.
Das Verlagshaus liegt direkt in der City von Düsseldorf, ganz in der Nähe der Kö, der Königsallee, dem teueren Einkaufspflaster, eingebettet zwischen Commerzbank, Westfälischer Bank und WestLB. Der Pförtner ist freundlich distanziert und lässt mich in die heiligen Hallen ein, in ein Atrium mit braunen Ledersesseln und Sofas.
Es ist neun Uhr morgens und ein Aftershave-Geruch liegt in der Luft. Alle grüßen den Pförtner und innerhalb von fünf Minuten ruft er 30mal ein „Guten Morgen" zurück, bevor er mit einem Surren die Tür öffnet.
Von grauen Anzugträgern bis zu Jeansträgern läuft alles an mir vorbei. Biederer Hausfrauentyp und tougher Wirtschaftsjournalist, die meisten haben große Taschen oder Aktenkoffer dabei. Hier sitze ich also mitten drin, mitten in einer kleinen Machtzentrale.
Die WirtschaftsWoche gilt als ein Magazin für Unternehmer und Unternehmen oder wird von denen gelesen, die stark an Aktivitäten der Wirtschaft interessiert sind. Von seiner Ausrichtung gilt es als neoliberal. Eine gute Bewertung einer Firma durch das Blatt kann etwas in Gang setzen, Aktienkurse können steigen oder fallen. Werden negative Interna oder Geschäftsentwicklungen über ein Unternehmen gedruckt, dann kann sich das schon mal auf den Kurs auswirken. Es gibt kaum einen Unternehmenslenker, der sich im Blatt nicht gerne sieht, zumindest, wenn die Geschichte über ihn positiv ausfällt. Die WirtschaftsWoche versteht sich als aktuelles Wirtschaftsmagazin, das das Geschehen in der Welt verfolgt aus ökonomischer Sicht. Die WiWo hat nicht unbedingt einen wirtschaftlichen Inhalt, aber immer eine ökonomische Perspektive.
Ich werde auf meiner braunen Couch von den Hereinströmenden beäugt, nicht kritisch, sondern eher neugierig. An der Wand gibt es einen Ständer mit den Ausgaben von Zeitungen aus dem eigenen Haus: das *Handelsblatt*, die WirtschaftsWoche, *fivetonine, Junge Karriere*.

Shareholder-value und Heuschrecken

Die WirtschaftsWoche bietet, was mittlerweile zum Standard eines jeden Magazins gehört, eine ausführliche Internetseite mit weitergehenden Angeboten, von Studien, Tabellen und Statistiken bis zu moderierten Foren oder täglich wechselnden Umfragen. Gedacht für Young Professionals bis Entscheider.

Die Auflagenzahl ist trotz Krise in der Medienbranche konstant bei durchschnittlich 185 000 geblieben, wobei die überwiegende Mehr- heit die WiWo im Abonnement bezieht. Hervorgegangen ist das Blatt aus „*DER VOLKSWIRT*", der 1926 gegründet wurde und als Pflichtblatt der Wertpapierbörse in Frankfurt und Düsseldorf galt.

Pünktlich um 9.15 Uhr steuert eine Dame zielstrebig auf mich zu und begrüßt mich mit Namen. Brigitte von Haacke ist gerade mal 34 Jahre alt und hat es auf ihrem Karriereweg bereits ziemlich weit geschafft: sie ist Reporterin der WirtschaftsWoche. Es war heute eine kurze Nacht für sie. Gestern Abend war „Deadline" für die nächste Ausgabe und ihr Artikel wuchs von geplanten drei auf fünfeinhalb Seiten. Um 22 Uhr hat sie das Verlagshaus gestern erst verlassen können.

Heute ist Redaktionskonferenz, vorverlegt um eine Stunde auf 9.30 Uhr und jetzt steh ich auch noch da. Sie ist schlank, mittelgroß und wirkt selbstbewusst.

Sie fährt mit mir in den dritten Stock, hier ist ihr Büro: Milchglastüre, Namensschild. Das Zimmer ist spärlich mit den üblichen Einrichtungsgegenständen ausgestattet: Schreibtisch, zwei Rollcontainer, Mineralwasserkasten, Computer, Rechtschreibduden und ein alter Oeckl aus dem Jahr 2001. Wenige Bücher, wenig Persönliches, außer Kinderzeichnungen. Exakt so angebracht, dass sie beim Aufsehen vom Computerbildschirm darauf schauen kann. Darüber ein Kalender mit allen wichtigen Bilanz- und Hauptversammlungsterminen von relevanten Unternehmen. Ein paar Aktenordner liegen an der Wand auf dem Boden, ein Besucherstuhl steht daneben. Auf mich wirkt insgesamt ihr Büro sehr unpersönlich, was vielleicht auch an den grauen Wänden und dem grauen Boden liegt.

Eine Viertelstunde später eilen wir zur Redaktionskonferenz. Sie findet in einem großen Saal statt, mit ovalem Tisch. An der Wand hängen Bildschirme für die Videoschaltungen nach Berlin, Frankfurt und Brüssel. Rings um den großen Tisch verläuft eine schwarze Wand mit einer durchgehenden Bank zum Sitzen.

Das Licht ist zentriert auf die Mitte des Raumes, auf den großen Konferenztisch, am Rand ist der Saal nur schwach beleuchtet. Und so platziere

ich mich im Halbdunkel neben von Haacke und dem Rest der Redakteure und Reporter. Der Teppich ist rot und mit schwarzen Buchstaben steht als Laufband zu lesen: „Das Geheimnis des Glücks ist die Freiheit. Das Geheimnis der Freiheit ist der Mut", Motto der Redaktion, wie mir erklärt wird.
Am gediegenen Holztisch sitzen die Ressortleiter und die stellvertretenden Chefredakteure. In der Aufteilung mehr Männer als Frauen, vor allem, wenn es um die Posten in der oberen Hierarchie geht. Ein normales Bild in den Medien. Erstaunlich für mich sind die jungen stellvertretenden Chefredakteure. Zwei sind Ende 30, einer Anfang 50.
Als letztes kommt Stefan Baron, Chefredakteur des Blattes: Seine Stellung ist ihm anzusehen: graue Haare, gerunzelte Stirn, kritischer Blick und auf der Nase eine Lesebrille, die auch in der Konferenz fast wie ein spielerisches Utensil eingesetzt wird.
Die WirtschaftsWoche hat das redaktionelle Angebot auf sieben Kernbereiche konzentriert: Menschen der Wirtschaft, Politik und Weltwirtschaft, Unternehmen und Management, Technik und Wissen, Beruf und Erfolg, Geld und Börse, fivetonine (Lifestyle).
Heute als erstes dran mit der Vorstellung seines Programms für die nächste Ausgabe ist das Ressort Politik und Weltwirtschaft.
Baron mischt sich ein, argumentiert, streicht ein vorgesehenes Interview mit der Begründung, ein Interview sei da für persönliche Einschätzungen und nicht, um Informationen abzufragen.
Dann schaltet die Runde nach Berlin. Gerade ist die Debatte um Münteferings „Heuschreckenplage" am Kochen. Der SPD-Fraktions-vorsitzende warnt vor Finanzinvestoren, die einfallen wie Heuschrecken und ein Unternehmen mehr oder minder nur ausbluten lassen wollen oder es in Teile zerschlagen und mit Gewinn wieder abstoßen, ohne Rücksicht auf Mitarbeiter. Kapitalismusdebatte heißt die Münterfering´sche Äußerung abgekürzt auch hier, wie in vielen anderen Redaktionen. Berlin plant dazu ein Streitgespräch zwischen dem Theaterintendanten Hesse aus Berlin und dem Unternehmer Henkel.
Baron schaltet sich ein, kritisiert Ansatzpunkte, fragt nach. Langsam kommt Leben in die Redaktionssitzung. Wie ist Hesse einzuschätzen? Warum gerade er? Ist er wirklich der Beste? Wie links steht er? Wie wird sich das Streitgespräch entwickeln und könnte es wirklich für die Leser interessant werden? Baron nickt nach langer Diskussion ab. Doch ob es damit in der nächsten Woche im Blatt zu lesen sein wird, ist damit noch

Shareholder-value und Heuschrecken 117

nicht entschieden. In der Mittwochskonferenz wird ein Grobkonzept für die nächste Ausgabe erstellt. Was am Donnerstag in der darauf folgenden Woche wirklich im Heft steht, wird in allmorgendlichen Konferenzen nach Aktualität bis zum Dienstag vor Erscheinen immer wieder neu ergänzt und komponiert. Von manchen Konzepten, die in dieser Mittwochskonferenz einmal erstellt wurden, bleibt oft eine Woche später nichts mehr übrig, ist völlig neu überarbeitet.

60 Jahre Kriegsende sollten auch noch berücksichtigt werden in der kommenden Ausgabe. Der Chefreporter plant dazu einen Bericht. Montag will er ihn abgeben, doch diesmal ist vorgezogene Produktion, das heißt, Redaktionsschluss ist früher und der Kollege in Berlin sieht wohl innerlich sein Wochenende schwinden. Diskussionen lässt der Chefredakteur zu, er argumentiert stichhaltig, fragt gezielt und kritisch nach.

Baron gibt Themen vor. Er liest viel, auch nicht-ökonomisches, auch nicht nur deutsche Zeitungen und Magazine, wie beispielsweise die Newsweek. Ist ein Artikel geschrieben, dann denkt er weiter und formuliert schon Fragen, die sich daraus ergeben. Baron ist Denker und Lenker. Von der EU-Verfassung, die demnächst in Frankreich und Holland zur Abstimmung ansteht, kommt er zur Globalisierung, die natürlich vor allem Auswirkungen auf die Wirtschaft hat, mit offenen Grenzen zu den Ostblockstaaten, den billigeren Arbeitskräften, den niedrigeren Lohnnebenkosten, den niedrigeren Unternehmenssteuern.

Globalisierung heißt stärkerer Wettbewerb in Europa. Der Gedankensprung führt zu Müntefering und seiner Heuschreckendebatte. Baron zitiert Ludwig Erhard, den großen Wirtschaftsminister der Nachkriegszeit, der sich für eine soziale Marktwirtschaft eingesetzt hat. Doch für Erhard war dabei der Gewinner der Verbraucher, für Müntefering sind es derzeit die Unternehmen. Was für ein weiterführendes Thema kann daraus entstehen? Baron blickt in die Runde, erwartet Vorschläge. Die Redakteure entwickeln so eine neue Geschichte.

Die Runde diskutiert über das Auseinanderdriften von Unternehmensgewinnen und dem Abbau von Arbeitsplätzen. Eine Geschichte entwickelt sich langsam rund um die Frage: Wie deutsch sind deutsche Unternehmen noch?" Der Chefredakteur bestimmt letztendlich die Runde. 25 Männer und Frauen hören ihm zu. Er hat eine intelligente, wenn auch etwas arrogante Ausstrahlung. Er ist der Chef, der eine absolute Linie vorgibt, der eine Redaktion führt. Elendlange, hingezogene Debatten lehnt er ab. Bei langen Ausführungen geht er dazwischen, um abzukürzen. Man kennt

sich aus. Keine Sperenzchen. Wer hier arbeitet, kennt die Linie des Blattes.
Titelstories für die nächsten Ausgaben werden festgelegt. Jack Welsh hat sein neues Buch in den USA herausgebracht. Daraus soll die Geschichte entstehen, was Manager von heute von dem Guru lernen können. Die Zulieferung kommt aus den USA. Die Bilder von Jack Welsh werden von Newsweek aus New York gekauft. Kein billiger Spaß.
Bei der Auswahl der Fotos von Welsh geht dem Chefredakteur eine Dame gewaltig und kräftig dazwischen. Hildegard Schneider, Fotochefin der WirtschaftsWoche, wie ich später erfahre.
Die Sitzung ist heute längenmäßig eine Ausnahme. Zwei Stunden läuft sie jetzt. Das ist eher selten, meint im nachhinein von Haacke. Baron spielt mit seiner Brille: beim Reden setzt er sie halb auf die Nase, beim Diskutieren hält er sie in seiner Hand oder legt sie kurz auf dem Tisch ab, um sie wenig später wieder zwischen den Fingern kreisen zu lassen.
Alle Ressorts, von der „Technik" über „Erfolg" und „fivetonine" stellen ihr Programm vor. Fivetonine ist der „en vogue-Teil". Der Kollege hat Weingläser zugeschickt bekommen und die sind was ganz besonderes, wie er beteuert. Er selber habe es ja auch nicht geglaubt, aber nach mehreren Tests zu Hause mit seiner Frau ist er der Überzeugung, dass sich der Wein darin tatsächlich besser entfaltet. Ein gekonnter Blick von unten über die halben Lesebrillengläser folgt. Baron lächelt, setzt ein bisschen nach, Lachen in der Runde und ein Vermerk, dass doch bitte die Sache wirklich unabhängig, aber wohl nicht zu eingängig weiterhin geprüft werden solle. Schließlich heißt das Motto des Blattes: „Nichts ist spannender als Wirtschaft".
Als Journalist, der ein breites Spektrum an Wissen anstrebt, ist für mich die WirtschaftsWoche eines der wichtigsten Magazine, um zu wissen, was läuft. Es setzt einen gewissen Anspruch voraus, überfordert den Leser aber nicht. Wer kein Journalist mit Wirtschaftsstudium ist, erhält durch das Blatt einen tiefen Blick in die Welt der Bosse und Wirtschaftabläufe. Voraussetzung ist jedoch ein gewisses Durchhaltevermögen. Ein Jahr kontinuierliches Lesen ist nötig, um einen guten Einblick in die Welt der Wirtschaft zu bekommen, um zu erkennen, wie sich Unternehmen entwickeln, wie Wirtschaftspolitik funktioniert.
Die Themen für die nächste Ausgabe und für eine mittelfristige Planung werden eingetütet und das war es, das Programm steht: von der Deutschen Bank, die DaimlerChrysler-Aktien abstoßen will, den Dax-

Shareholder-value und Heuschrecken 119

Konzernen, die im Visier von Finanzinvestoren stehen und den Verkaufsverhandlungen zwischen Haim Saban und dem Axel-Springer-Verlag ist alles, was die Wirtschaft betrifft und interessiert, im nächsten Blatt. Der Chefredakteur verlässt die Sitzung, die Gruppe löst sich auf. Von Haacke führt mich durch das Stockwerk. Alles Büros, die durch Glasscheiben voneinander getrennt sind. Gegenüber noch einmal ein zweiter Konferenzraum: In der Mitte ein lang gestreckter Bistrotisch mit Stühlen. An der Wand ringsherum die einzelnen Blätter der derzeitig laufenden Ausgabe. Hier findet die Endbesprechung für das Layout statt. Vor kurzem hat die Wirtschaftswoche ihr Erscheinungsbild geändert. Auf jeder Seite befindet sich jetzt ganz oben eine Art Schlagzeilenübersicht. Sie führt in die Themen ein, die im Artikel zu lesen sind und geben dabei noch Zusatzinformationen. Das Druckbild ist moderner geworden. Auch das spricht für die Führung des Hauses, denn Medien sind der Mode und der Zeit unterworfen, wer über Jahrzehnte sein Erscheinungsbild nicht ändert, verliert Leser. Der Bereich der Berichterstattung über Unternehmen wurde dabei erheblich ausgeweitet. Europa wird auch in der „neuen" WirtschaftsWoche eine immer stärkere Rolle spielen, vor allem der Blick auf Trends und Entwicklungen, die für Deutschland und deutsche Firmen wichtig sind.

„In den vergangenen Monaten haben wir intensiv darüber nachgedacht, wie eine WirtschaftsWoche wohl aussähe, die jetzt gegründet würde, am Anfang des 21.Jahrhunderts, in Zeiten eines immer enger zusammenwachsenden Europas und einer immer enger verzahnten, globalen Welt – mit all den weit reichenden Folgen, die das gerade für uns Deutsche mit sich bringt. Das Ergebnis des Nachdenkens halten sie heute in der Hand: eine neue WirtschaftWoche, konsequent ausgerichtet an den sich veränderten Berufs- und Lebenswelten, ein zuverlässiger Führer in Zeiten radikaler Umbrüche, ein Magazin für das globale Zeitalter".

Ausgabe Nr. 16 am 14.04.2005 auf der ersten Seite des Blattes. Geschrieben von Chefredakteur Stefan Baron.

Mittlerweile sitzt von Haacke wieder in ihrem Büro, die „Nachwehen" vom gestrigen Abend aufarbeiten. Gleichzeitig plant sie ihren Tag. Heute stehen noch zwei Informationsgespräche an, dafür reserviert sie über das Intranet der WirtschaftsWoche einen Konferenzraum. Wenn sie später

um 16 Uhr dorthin kommt, dann ist alles bereits vorbereitet: Tee, Kaffee und Säfte stehen auf dem Tisch.
Im Zehnfingersystem beantwortet sie noch kurz ein paar E-Mails. Von Haacke arbeitet eigenständig, braucht keine Rücksprache mit irgendjemand zu treffen, wie sie ihren Tag plant, mit wem sie Gespräche führt. Für die Redaktion zählen nur Ergebnisse: gute Stories.
Sie hat sich für den schreiberischen Aufstieg entschieden und ist Reporterin des Blattes geworden. Das bringt ihr tendenziell größere Geschichten, sie ist freier in ihrer Themenfindung und an kein Ressort direkt gebunden.
Die Karriereleiter für die Schreiberlinge heißt hier Redakteur – Reporter – Autor. Letztere haben mehr Freiheiten, können auch einmal von Zuhause aus arbeiten. Wer den hierarchischen Aufstieg anstrebt, geht den Weg des Redakteurs, stellvertretenden Ressortleiters, Ressortleiter und stellvertretenden Chefredakteurs. Zum Schreiben kommt man ab dem stellvertretenden Ressortleiter nur noch selten.
Die Redaktion macht auf mich einen harmonischen Eindruck. Jeder hat hier seinen Platz, es gibt kein Gerangel um Themen oder Stories. Wer eine Geschichte anmeldet, und sie ist gut, der macht sie. Grabenkämpfe scheint es nicht zu geben, aber wir sind in einer Redaktion, die nur sehr selten auf freie Mitarbeiter zurückgreift, ab und zu bei Spezialthemen, wie der Cebit zum Beispiel. Ansonsten hat jeder seinen Platz, jeder seine Aufgabe und jeder auch sein Gebiet. Wer die WirtschaftsWoche verfolgt, der weiß, dass von Haacke unter anderem für Finanzinvestoren - Müntefering viel zitierte „Heuschrecken"- und KarstadtQuelle zuständig ist.
Ein Artikel über die Marseille-Kliniken zum Beispiel, hat ihr ganz schön viel Ärger eingebracht, aber ihre Recherchen waren wasserdicht. Von Haacke hat zweifelhafte Bilanzierungsmethoden der Klinik aufgedeckt.
Auf den Gängen unterhält man sich auch mal über Privates oder redet über den letzten Artikel. Sogar eine Runde von Kolleginnen und Ex-WiWo- Mitarbeiterinnen gibt es, mit denen sich von Haacke regelmäßig trifft.
Bei den Geschichten zieht sich generell eine Linie durch: Vorspann, Einstieg, Portal (These). Reportagen und Berichte geben meist eine Meinung vor und erklären warum. Bei großen Geschichten wird versucht, die Randaspekte in einem extra Kasten im Artikel zu berücksichtigen. Wichtig bei jedem Blatt - die Linie muss durchgezogen werden. Allein wenn man

Shareholder-value und Heuschrecken

dem Leser ein einzelnes Blatt auf den Tisch legt, muss er wissen, das ist die WirtschaftsWoche.
Den Leser mitnehmen, heißt das in der Regel. Das wird erreicht, indem er in eine bestimmte Situation versetzt wird:

> „Bernd Hoffmann ließ am Timmendorfer Strand Gold- und Silbersterne, rote Leuchtkugeln und grüne Blitze vom Himmel regnen. Der Chef von Schmitz Cargobull – Europas größtem Hersteller von LKW-Aufliegern – feierte den Start ins Jahr 2005 mit chinesischem Feuerwerk. „Herrlich", fand Hoffmann, auch weil die Böller und Raketen, die er mit seinen beiden Kindern in die Luft jagte, zuvor mehr als 10 000 Kilometer auf dem Landweg hinter sich gebracht hatten. Auf Schmitz Cargobull-Anhängern über die alte Seidenstraße – vorbei an Alma-Ata in Kasachstan nahe der chinesischen Grenze – wo Hoffmanns Unternehmen vor kurzem erst ein neues Vertriebsbüro eingerichtet hat."

Ausschnitt aus der WirtschaftsWoche, 28.04.2005, Nr.18, Seite 76, J.Leendertse

Oder ein weiteres Beispiel für den typischen Einstieg der Wirtschaftswoche:

> „Als Michael Streifinger sich arbeitslos meldete, hatte die Mitarbeiterin der Arbeitsagentur Dachau einen schlechten Tag. Streifinger sagte „guten Morgen", sie schwieg. Er sagte, er habe promoviert, sie antwortete: „Ja und? Als was? Glauben Sie, das kann ich riechen?". Schließlich fragte sie den Diplom-Informatiker, ob er PC-Kenntnisse habe; als er Unix-Kenntnisse angab, fuhr sie ihn an: „Was Junik? Was ist den Junik?"

Auschnitt aus der WirtschaftsWoche, 28.07.2005, Nr.31, Seite 20, „Radikallösung", Daniel Del Haes.

Von Haacke sitzt mittlerweile wieder am Computer. Zehn Tage hat sie durchschnittlich für ein Thema, so auch beim letzten über Finanzinvestoren und die Frage, wie sie arbeiten.
Am Freitag hat sie erfahren, dass sie für Dienstag statt den geplanten drei Seiten fünf schreiben soll. Der erste Schritt war für sie, alle möglichen Gesprächspartner per E-Mail zu kontaktieren oder per Telefon gleich einen Termin für Montag zu vereinbaren. Von ihrem Besuch auf der größten Messe für Private-Equity-Fonds, der Super Return, kann sie jetzt profitieren. Dort hat von Haacke Kontakte geknüpft, mit Verantwortlichen

gesprochen, die sie jetzt nur noch anzurufen braucht. Übers Wochenende hat sie ein Grobkonzept für die Story erarbeitet. Es ist das A und O für einen guten Artikel. Wer die Struktur nicht von vorneherein festlegt, wird am Ende baden gehen. Da ihr Mann sich am Wochenende auch öfter mal an den Schreibtisch setzen muss, ist die Arbeit am Samstag oder Sonntag für von Haacke möglich. Beide Ehepartner arbeiten viel und gerne, das Verständnis für den anderen fällt leicht.
Trotz allem sind die beiden Kinder wichtig. Für sie versucht sich das Ehepaar viel Zeit zu nehmen. Auch bei von Haacke gilt daher: Organisation ist alles. Am Montag konnte sie, durch ihr erarbeitetes Grobkonzept vom Wochenende, alle nötigen Interviews für die Story führen. Abends, nachdem die Kinder im Bett waren, hat von Haacke weitergeschrieben. Der Dienstag war dann Hauptkampftag. Mittags kamen die Zulieferungen der Kollegen per E-Mail. Erst von Annette Russ, wenig später folgte der Part von Peter Steinkirchner. Dann ging von Haacke an die Arbeit, schrieb den Artikel zusammen und kürzte ihn ein.
Ist der Artikel fertig, lesen die Ko-Autoren gegen.
Eine Seite in der WiWo entspricht rund 100 Zeilen. Eine mittelgroße Geschichte ist mit 250 bis 300 Zeilen, also zwei bis drei Seiten, zu kalkulieren.
Früher hatte von Haacke als Journalistin die Art „auf den letzten Drücker" zu schreiben. Seit sie Kinder hat, muss sie disziplinierter arbeiten.
Haben die Ko-Autoren keine Korrekturen, dann geht der Artikel an den Ressortleiter „Unternehmen" und wird dort gegengelesen, um dann weiterzuwandern an den stellvertretenden Chefredakteur.
In diesem Fall ist das eine Person, das spart Zeit. Das alles passiert natürlich über ein eigenes Computersystem mit dem Namen „Redline".
Für einzelne Bearbeitungsstufen eines Artikels gibt es intern sechs verschiedene Stadien, zum Beispiel den Erfassungs-Satuts oder den Imprimatur-Status (Druck-Status) für einen Beitrag, der gerade erst vom Autor geschrieben wird. Eine Maske fragt dabei auch gleich den Titel, Vorspann und den Namen des Autors ab.
Der Computer rechnet ständig die Zeilen aus, so dass der Redakteur auch immer einen Überblick während des Schreibens erhält, wie er in der Länge liegt.
Werden Unternehmen genannt, dann müssen so genannte Fahnen gesetzt werden. Das bedeutet, dass jede Firma, die in der WirtschaftsWo-

Shareholder-value und Heuschrecken

che erwähnt wird, im Firmenregister am Ende des Heftes noch einmal mit der zugehörigen Seitenzahl aufgeführt wird.
Ist der Beitrag fertig, dann erreicht er den „Redakteursstatus" und ist damit vom Ressortleiter bis zum Chefredakteur einsehbar. In der Regel kommt Baron selten dazu Artikel gegenzulesen. Wenn doch, dann kann er rigoros sein und durchaus auch fertige Geschichten noch einmal über den Haufen werfen.
Wenn die stellvertretenden Chefredakteure oder Baron ihr Okay gegeben haben, wechselt der Artikel in den Status „Chefredaktion", sprich, er ist komplett abgesegnet.
Ist das Thema juristisch relevant, prüft ihn zusätzlich die Rechtsabteilung.
Jeder Artikel geht zusätzlich in die Dokumentation. Dort werden alle Zahlen, Daten und Fakten noch einmal nachgeprüft, also zum Beispiel, ob die Schreibweise von ProSieben.Sat1 oder ProSieben-Sat1 richtig ist und ob die Umsatzzahlen eines Unternehmens auch wirklich stimmen.
Die handschriftlichen Korrekturen auf dem Artikel landen wieder auf den Tisch des Redakteurs, der sie einfügt und den Artikel in der Länge genau dem vorgegebenen Layout anpasst.
Danach setzt der Redakteur den Artikel in den Status „Schlussredaktion".
Elektronisch wandert der Artikel damit in die Produktion, wo noch kleinere Layout-Anpassungen gemacht werden, bevor der Text den Status „Imprimatur" bekommt.
Im Haus prüfen drei Korrektoren noch einmal, ob die neue Rechtschreibreform in allen Details eingehalten wurde.
Spätestens Dienstagabend um 23 Uhr müssen alle Artikel dann elektronisch an die Druckerei geschickt worden sein.
Der gestrige Artikel, den von Haacke abgeliefert hat, erstreckt sich insgesamt über sechs Seiten. Grün, gefährlich und gefräßig breiten sich Heuschrecken in Klein- und Großformaten aus. Die Überschrift: „Nichts Grünes übrig".
Diesmal war der klassische Einstieg, also das Führen des Lesers in ein Unternehmen oder in eine bestimmte Situation, nicht möglich. Haacke hat deshalb die Sache im ersten Satz auf den Punkt gebracht:

„Haim Saban ist eine Heuschrecke. Jedenfalls in den Augen von SPD-Chef Franz Müntefering. Einer von denen, die in Schwärmen über Unternehmen herfallen, sie kahl fressen und in Einzelteilen weiterverkaufen. Der amerikanische Medienzar Saban kaufte zusammen mit sechs US-Finanzinvestoren, die kaum einer kennt, vor knapp zwei Jahren die angeschlagene Münchner Senderfamilie ProSiebenSat.1 aus dem Nachlass von Leo Kirch. Glaubt man Müntefering, wird Deutschland derzeit von einer regelrechten Heuschreckenplage überzogen. Täglich hagelt es neue Nachrichten von deutschen Traditionsunternehmen, die den gierigen Schädlingen zum Opfer gefallen sind. Im vergangenen Jahr erwischte es das Duale System Deutschland, den Chemielogistiker Brenntag, den Triebwerkhersteller MTU. Um nur einige zu nennen. 2004 fielen 61 deutsche Unternehmen für insgesamt rund 20 Milliarden Euro an Finanzinvestoren. Nun soll es der New Yorker Private-Equity-Fonds Cerberus auch noch auf die Kölner Versicherungsgruppe Gerling abgesehen haben, kaum dass sich die amerikanischen Höllenhunde für rund eine Milliarde Euro die Flugzeugleasingfirma Debis Airfinance einverleibten."

Auschnitt WirtschaftsWoche, 28.04.2005, Nr.18, Seite 64 bis 69, B. von Haacke

Der Artikel zitiert Air-Berlin-Chef Joachim Hunold, weist auf Studien hin, dass Finanzinvestoren einen wesentlichen Beitrag dazu leisten Branchen zu konsolidieren und zeigt das berechtigte Interesse von Firmen auf, durch den Aufkauf anderer Firmen Geld zu verdienen.
Von Haacke zeigt die andere Seite von Müntefferings entfachter Kapitalismusdebatte auf:

„Denn Finanzinvestoren sind meist keine eiskalten Firmenhändler. Sie sammeln Geld bei institutionellen Investoren, Banken, Versicherungen und Pensionsfonds ein. Damit kaufen sie Unternehmen, steigern ihren Wert und verkaufen sie nach fünf bis sieben Jahren weiter. Sicher kostet das oft auch Arbeitsplätze. „Aber wenn wir Unternehmen nur zerschlagen und in Einzelteilen weiter verkaufen würden, wären sie nach einigen Jahren nichts mehr wert", sagt Herny Kravis, Grandseigneur der Szene und Gründer des New Yorker Finanzinvestors Kohlberg Kravis Roberts (KKR)."

Von Haacke beschreibt am Beispiel von Kirchs ehemaligem Imperium, dass die Investoren nicht nur als Heuschrecken über Deutschland einfallen, Unternehmen kaufen, in Einzelteile zerlegen und abstoßen. Das insolvente Unternehmen wollte niemand haben. Wettbewerber zogen in letzter Minute ihre Offerten zurück. Ein knallhartes Sanierungsprogramm brachte den Medienkonzern wieder auf Vordermann, der anschließend sogar die Euvia Media AG mit dem Telefonspielsender 9Live hinzu kaufte. Sie führt aber genauso auch Gegenbeispiele auf. Erzählt die Geschichte des Traditionsunternehmens und Badarmaturenherstellers Grohe, mit Entlassungen und Werksschließungen, obwohl bis 2003 Rekordgewinne eingefahren wurden. Doch der Finanzinvestor wollte noch mehr, 28 Prozent Rendite, und das ist eben nur mit knallharten Maßnahmen zu erreichen.

In einem weiteren Kasten erzählt Reinhold Böhmer die Geschichte der Pfalz-Werke. Die Mitarbeiter dort kauften ihr insolventes Unternehmen selbst, um es später für den 900-fachen Wert an einen US-Finanzinvestor abzugeben.

Dazu kommt eine Übersicht über die DAX-30-Unternehmen. Wie sie von ihrem Unternehmenswert her einzustufen sind und wer Gefahr läuft, Interesse bei Finanzinvestoren zu wecken, denn, wer rund 30 Millionen wert ist und eine niedrige Marktkapitalisierung aufweist, auf den könnte ein Auge geworfen werden. Immerhin sind das zum Zeitpunkt im April 2005 19 der 30 Unternehmen.

Dass das nicht ganz von der Hand zu weisen ist, dokumentiert von Haacke, indem sie Heino Meerkatt, Partner der Boston Consulting Group in München zitiert, der sich sehr gut vorstellen kann, dass in diesem Jahr bereits das erste DAX-Unternehmen durch einen Finanzinvestor übernommen werden könnte.

Neue Ansätze und eine völlig neue Bedrohung werden dadurch aufgezeigt. Oft bewahrheiten sich leider die Meldungen der WirtschaftsWoche, was früher in der Rubrik „übrigens....."zu lesen war.

Das Schreiben ist die eine Sache, die Aufmachung eine andere. Auch das liegt in den Händen der Reporter und Redakteure.

Sind vier Seiten vorgegeben, so kann kalkuliert werden, dass alleine eine für die Optik wegfällt, also für Bilder oder Grafiken.

Eine Titelgeschichte oder ein Aufmacher, also längere Texte, werden auch optisch viel stärker berücksichtigt. Sie bekommen bis zu zwei Seiten für ihre Optik, für Fotos oder Illustrationen. Aber jetzt ist erst mal Mittagspause und wir verabreden uns eine Stunde später wieder im Büro.

Um 13 Uhr stehe ich wieder beim Pförtner und als er mich sieht surrt diesmal auch schon gleich die Eingangstür. „Frau von Haacke ist schon im Büro" ruft er mir zu. Statt deftigem Mittagessen gab es für sie eine Stunde Arzttermin und ein schnelles Brötchen. Danach steht die Planung für ihre nächste Geschichte auf dem Programm.

Von Haacke hat bereits viele Unternehmen und Unternehmer kennen gelernt. Über sie zu schreiben liegt ihr.

Es ist kurz vor vier, und wir packen unsere Unterlagen, um zum ersten Hintergrundgespräch zu gehen. Die Konferenzräume liegen in einem anderen Gebäude auf der gegenüberliegenden Straßenseite. Der Gast wartet bereits. Man kennt sich, trotz allem werden noch einmal die Visitenkarten ausgetauscht. Ein Tässchen Kaffee und knallharte Fakten heißt das für mich. Was für von Haacke alltäglich ist, wirkt für mich, wie eine anstrengende Lehrstunde in Sachen Dachfonds und Finanzinvestmentbranche. Die Fachausdrücke, durchwegs in Englisch, fliegen mir um die Ohren: von „Due Diligence" und „Leverage" ist da die Rede. Von Haacke schüttelt dazwischen aus dem Handgelenk die Zahlen der Marktkapitalisierung und Unternehmenswerte. Sie redet über Rekapitalisierungen und Secondary Buyouts. Das Gespräch ist für sie wichtig, denn die Fonds, um die es hier geht, veröffentlichen in der Regel keine Zahlen. Der Herr aus Zürich gibt Hintergrundinformationen, redet über neue Entwicklungen. Zum Beispiel die Tatsache, dass Banken Kredite weiter verkaufen – syndizieren – und so ihr Risiko besser streuen. Folglich geben sie Unternehmen günstigere Konditionen. Ein, zwei Artikel beziehungsweise zusätzliches Material für geplante Beiträge sind durch das Gespräch drin. Informationen aus erster Hand, Hintergrund und Insiderwissen, was in der Wirtschaft läuft, das ist die Basis für gute Themen. Investigativ arbeiten und nahe an den Problemen, die Aufgabe einer Reporterin der WiWo.
Wieder Büro und wieder kurze Telefonate, dann geht es ab zum zweiten Gespräch. Die Firma, in der es stattfindet, liegt in der Nähe und wir können zu Fuß gehen. Auch das ist der Vorteil, wenn eine Redaktion genau im Wirkungskreis der Unternehmen sitzt.
Vierter Stock, Begrüßung mit Namen und schon sitzen wir im nächsten Konferenzraum. Kekse, Kaffee, Säfte. Die Herren verspäten sich, entschuldigen sich vielmals und schon geht es weiter, diesmal ausschließlich auf Englisch.
Von Haacke hat in Amerika ein paar Jahre für die WirtschaftsWoche gearbeitet. Von daher hat sie keine Schwierigkeiten Smalltalk oder Fachdiskussionen auf Englisch zu führen.
Diesmal geht es um Warenhäuser und die Entwicklung in der Zukunft. Konkret um die Frage, wie deutsche Warenhäuser aus der Krise herausfinden können. Eine Umstrukturierung ist nötig, doch wie kann sie aussehen?
Auf dem Flipchart werden uns die Strukturen von nordamerikanischen Konzernen aufgemalt. Dort gibt es drei Kategorien von Einkaufshäusern

im Low, Medium und High-End-Level. In Deutschland fehlt vor allem das höchste Niveau. Gerade einmal das KaDeWe in Berlin ließe sich da einsortieren. Karstadt und Kaufhof werden in das mittlere Segment eingestuft und mit Bloomingdales verglichen. Es gibt interessante Infos, Hintergrundinformationen, doch die Sache hat für von Haacke einen Haken: Zur Veröffentlichung werden sie nicht freigegeben. Die Reporterin versucht zu retten, verhandelt über Teilinformationen, die sie verwenden will, doch bei den Herren ist nichts zu machen. Trotz allem, wenn es soweit ist, wird sie die erste sein, die noch mehr zum Thema liefern kann. Feierabend um 18.30 Uhr.

Wir verabreden uns zum Frühstück bei ihr Zu Hause. Um acht Uhr morgens stehe ich dann bei ihr vor der Tür.

Moritz mit seinen viereinhalb Jahren steht in der Tür und Jana, die zwei Jahre alt ist, plappert im Hintergrund. Eine Stunde bleibt uns für Tee und Bircher Müsli mit frischen Erdbeeren für Moritz und ich bekomme meinen Milchkaffee. Sie wohnt im Grünen und doch mitten in der Stadt. Die Wohnung geht über zwei Etagen mit Garten.

Von Haackes Tag ist genau geplant. Frühstück ab 8 Uhr, dann kommt Moritz zwischen 9 und 9.30 Uhr in den Kindergarten. Anschließend bringt von Haacke Jana in die Spielgruppe.

Einmal in der Woche sorgt die Putzfrau für Ordnung. Eine Kinderfrau und ein Aupair-Mädchen kümmern sich um die beiden Kleinen, auch zweimal die Woche abends, damit von Haacke und ihr Mann Zeit für sich haben. Luxus nennt sie es, doch bei zwei Vollblutarbeitern geht es gar nicht anders, um einen Ausgleich zu finden. Jana geht es heute Morgen gar nicht gut. Sie klagt über Bauchweh, ist quengelig und will ihren Teddy. Gerade ein Stückchen Zwieback isst sie, dann düst Jana ab aufs Sofa. Heute ist nicht ihr Tag und sie will zu Hause bleiben. Das heißt für von Haacke umorganisieren: Kindermädchen anrufen, ob sie bereits vormittags kommen kann, wenn nicht, muss das Au-Pair-Mädchen einspringen.

Das Telefon läutet und ihr Ehemann ist dran. Er ist auf Dienstreise in Hamburg und schickt Grüße an seine drei Süßen zum Frühstück.

Zeit zum Aufbruch für mich, Zeit für Moritz in den Kindergarten zu gehen und Zeit für von Haacke, den Schreibtisch in der Redaktion zu besetzen. Auf in einen neuen Tag mit Surren am Eingang und Wirtschaft im Büro.

21.April 2005

8 Der Club der einsamen Herzen

Die Nennung des Namens dieser Stadt genügt schon, um bei vielen ein verzücktes Gesicht statt eine Antwort zu bekommen: Berlin. Ich mag diese Metropole nicht unbedingt. Ich verfahre mich ständig, manche Taxifahrer, meist eingefleischte Berliner, sind so nett, dass man am liebsten gleich wieder auf der anderen Seite des Wagens aussteigen will.
Die ersten 200 Kilometer auf dem Weg hierher hörte ich Radio, dann wechselte ich auf Klassik und weitere 50 Kilometer später schob ich mir Hubert von Goisern ins Gerät und bildete mir ein, ich würde eigentlich in Richtung Garmisch-Partenkirchen fahren. Reine Nervenberuhigung, denn ich wusste ja, was kommt. Es war die Ausfahrt Funkturm statt Kurfürstendamm und nichts von meinem Routenplanerausdruck passte mehr.
Dafür bin ich in Berlin, dem Sitz unserer Regierung. Hier sind sie, die Köpfe der Macht, die Schaltzentralen der Parteien und da ist klar, dass Morgen wieder das Jackett angesagt ist.
Wir befinden uns im Monat Oktober des Jahres 2005 und schweben durch eine politische Galaxie des Nichts, denn, vier Wochen nach der Wahl und mehreren Sondierungsgesprächen haben sich Rot und Schwarz auf den schwierigen Pfad einer großen Koalition begeben. Nun wurde also als allererstes über Ministerposten gesprochen, denn Posten sind schließlich Zeichen der Macht. Die Köpfe stehen mittlerweile einiger- maßen fest und die Gesprächspartner Angela Merkel, als designierte Bundeskanzlerin der CDU, Franz Müntefering und Gerhard Schröder von der SPD sowie Edmund Stoiber von der CSU sollen es nun in weiteren Koalitionsgesprächen richten und den schweren Koloss Deutschland wieder auf Fahrt bringen. Morgen geht es in die zweite Runde dieses tete à tete und ich bin dabei, also von außen, so wie eben viele andere Journalisten auch.
Morgen ist auch „Unser-täglich-Warten-gib-uns-heute", sagte Tim noch am Telefon. Gemeint sind die montäglichen Präsidiumssitzungen der Parteien und die Diskussionen, um Inhalte der Koalitionsvereinbarungen:

Der Club der einsamen Herzen 129

Mehrwertsteuererhöhung, keine Rentensteigerungen oder Streichung von Steuererleichterungen.
Wir sind bei der CDU und es ist die Zeit, da jeder Bürger Steuer- erhöhungen erwartet, eine Angst um den Arbeitsplatz herrscht und gleichzeitig alle Politiker erwarten, dass eine Aufbruchsstimmung durchs Land fegt und jeder gerne wieder das Portemonnaie zückt und kauft, um die Binnenkonjunktur anzukurbeln.
8 Uhr. Ich stehe vor dem Konrad-Adenauer-Haus und ich stehe natürlich nicht alleine. Sechs Kamerateams, die dazugehörigen Assistenten und drei Photographen sind auch schon da. Die Sicherheitsbeamten bringen Absperrgitter angeschleppt und bilden damit eine Gasse von der Straße zum Eingang der CDU-Zentrale. „Bis jetzt gab es das noch nicht", meint ein Kollege, „das ist ab jetzt, haben die Sicherheitsbeamten erzählt, weil die CDU Regierungspartei ist."
An der Glaswand des Gebäudes stehen Leitern, Stative und diverse Rucksäcke mit technischer Ausrüstung. Jeweils ein kleiner Satellitenwagen von ntv und RTL parkt auf der Straße bzw. auf dem Gehsteig und einer davon hat seine Schüssel bereits sendebereit ausgefahren.
Im Gebäude des Konrad-Adenauer-Hauses befindet sich ein Foyer. Dort hat sich ntv mit einem Kamerateam aufgebaut. Zwei Scheinwerfer sind schon hell erleuchtet, der Reporter hat sich bereits postiert und wartet darauf seinen Aufsager los zu werden. Er steht also vor der Kamera und harrt der Dinge, bis ihm die Moderatorin oder der Moderator die entsprechenden Fragen stellt und er direkt aus dem Konrad-Adenauer-Haus in die Sendung geschaltet wird.
Leises Unterhalten an der Absperrung, es fängt an zu tröpfeln. Manche haben kleine Klappstühle dabei, Berliner Politikerbeobachtungen können sich hinziehen. Die lange Erfahrung macht schlau. Präsidiumssitzungen, Koalitionsverhandlungen, Sondierungsgespräche und diverse politische Beratungen fordern Ausdauer von allen.
12 Minuten nach 8 Uhr. Der Mann von ntv hat sein Mikrofon in der Hand. Im schwarzen Anzug, weißem Hemd und schwarzer Krawatte steht er steif vor den Scheinwerfern. Knopf im Ohr, damit hört er die Anweisungen aus der Regie in der Sendezentrale oder der SNG. Die Satellite News Gathering sendet das Bild in den Himmel zum Satelliten (uplink) und von dort funkt der Satellit das Signal wieder zum entsprechenden Sender (downlink) und schon ist der gute Mann mit seinen News aus der CDU-Zentrale im Fernsehen. Während der Schalte schaut der Kameramann ab

und zu in den Sucher. Der Kameraassistent blickt lieber auf die Straße und beobachtet das ganze Treiben im feuchten Nass.

8:15 Uhr. Mittlerweile sind es schon neun Kamerateams, die sich rechts und links hinter der Absperrung aufgebaut haben. Man kennt sich, man macht Witzchen, redet darüber, was da oben wohl diskutiert wird und wartet.

Ursula von der Leyen huscht vorbei mit einem blitzblanken, dezenten Lächeln. Als ich sie ansehe, grüßt sie freundlich und geht weiter. Niemand beachtet sie sonst, keine Kamera stürmt auf sie zu. Noch ist zwar ihr Name als Bundesfamilienministerin im Gespräch, aber nichts ist definitiv und heute sind wichtigere Gesichter gefragt.

Die Tonangeln, an denen Mikros befestigt sind, zeigen in den Himmel, alle voll ausgefahren. Wenn es eng wird, kommt es schließlich darauf an, auch von der hintersten Ecke aus das Mikrofon auf den Gesprächspartner zu richten, um den Ton gut zu bekommen.

Tim Herden stößt zu uns. Wir kennen uns seit 1992, also fast 13 Jahre. Wir beide waren damals bei mdr-aktuell, der Nachrichtenendung des Mitteldeutschen Rundfunks. Tim stammt aus der ehemaligen DDR und war bereits vor der Wende Journalist beim damaligen DFF, dem Deutschen Fernsehfunk.

Der mdr wurde im Sommer 1991 gegründet. Weil es noch keine Fernsehzentrale und Sendemöglichkeit in Leipzig gab, musste das mdr-Fernsehen nach Dresden als Übergangslösung ausweichen und nahm am 1.1.1992 am Wilden Mann in den alten Fernsehstudios des DFF seinen Sendebetrieb auf.

Der Intendant, alle Landesfunkhausdirektoren und auch der Chefredakteur des Fernsehens kamen aus den Alten Bundesländern. Sie brachten auch einen Teil der Mannschaft mit, oft kamen die gleich in verantwortliche Positionen. In den Redaktionen selbst, war das Verhältnis der „normalen Journalisten und Mitarbeiter" 50:50. Die dazukommenden Wessis wurden damals skeptisch beäugt, denn schließlich traute man ihnen kaum Ostkompetenz zu, Wissen über Menschen und Probleme. Den ostdeutschen Kollegen wurde aus Sicht der westdeutschen jedoch wiederum nur eine eingeschränkte journalistische Kompetenz zugetraut.

Nach einer gewissen Zeit fand sich das Team.

Damals spielte sich Fernsehen in einem Provisorium ab. Wir arbeiteten in aufgestapelten blauen Containern, verbunden mit einer alten Villa, die das Fernsehstudio, das Archiv, die Maske, Schnitträume und die Kantine

beherbergte. Dort gab es fünfmal die Woche Soljanka und am Wochenende eine Variante davon. In den ersten beiden Jahren war es im Sommer unerträglich heiß in den Containern. Die Wände waren dünn, und es roch früh morgens nach kaltem Rauch.
Vom ehemaligen Chef der Aktualität des DFF habe ich den letzten Schliff für das Nachrichtenschreiben erhalten. Er war für alle die Leitfigur, da er Kompetenz ausstrahlte und auch immer bewies. Er korrigierte und kürzte, formulierte um, erklärte warum und wieso. Lang vorbei, viel gelernt, auch von Land und Leuten.
Damals hätte wohl jeder gelächelt, wenn einer erzählt hätte, Angela Merkel wird die erste Bundeskanzlerin Deutschlands. Damals wohnten viele in WGs zusammen, verbrachten ihre Arbeitszeit gemeinsam, gingen anschließend zusammen etwas trinken und fuhren am Wochenende nach Hause zur Familie. Heute gibt es viele enge Freundschaften aus dieser Zeit nicht mehr. Die Menschen haben sich verändert, haben ihre Familien nach Leipzig geholt, wo jetzt der Mitteldeutsche Rundfunk seinen Hauptsitz hat. Einige sind zu anderen Sendern gewechselt oder sind nach Berlin ins Hauptstadtstudio der ARD versetzt worden.
8:25 Uhr. Elf Kameras stehen rechts und links von der Absperrung aufgereiht. Fast jeden Montag findet mittlerweile die Präsidiumssitzung statt, erläutert Tim.
O-Ton-Einsammeln ist heute sein Job, wobei er natürlich versuchen muss, die Vertreter, die Ministerpräsidenten aus dem Sendegebiet des Mitteldeutschen Rundfunks, nämlich Sachsen, Sachsen-Anhalt und Thüringen, zu bekommen. Und die kennt er: Einige, so erklärt er, er- zählen eigentlich gern, kommen auf die Kameras zu und beantworten Fragen. Andere fahren meist gleich in die Tiefgarage und entziehen sich so den Gang durch das Kameraspalier oder reden nur, wenn es Wichtiges gibt, wenn sie etwas sagen wollen.
Tim liefert News und Berichte für den mdr aus Berlin zu. Eigentlich war hier ein breites Spektrum angedacht, von der Berichterstattung über die Grüne Woche bis zum Abriss des Palastes, doch im Moment ist nur noch Bundespolitik angesagt und es werden zahlenmäßig immer mehr Berichte täglich, die er nach Leipzig oder in die angeschlossenen Funkhäuser nach Erfurt und Magdeburg schickt.
Vorne rumort es. Jeder packt seine Kamera. Die Photographen klettern auf ihre Leitern, die Tonleute zücken ihre Angeln als ein schwarzer Mercedes vorfährt. Frau Schavan taucht auf. Vorgesehen als zukünftige Mi-

nisterin für Bildung und Forschung, aber da gibt es noch Streit mit Herrn Stoiber, der das Wirtschafts- und Bildungsressort haben will. Vielleicht springt also nur ein Ministerposten mit beschnittenen Ressort heraus und somit will sie niemand der Journalisten: Keine Fragen, nur schweigendes Beobachten, wie Schavan entlang schreitet.
An sich kein unspannendes Thema, wie sie denn den Streit sieht, aber heute wollen die Journalisten etwas zum Haushalt und zum Sparen der neuen Regierung wissen. Alle. Keiner geht einen an- deren Kurs. Was die Zeitungen am Wochenende angedeutet haben, will die Berliner Journaille nun genau wissen.
Noch eine halbe Stunde wird das jetzt so gehen. Kamera zücken, warten wer aussteigt, fragen, entspannen. Zigarette rauchen. Unterhalten.
8:35 Uhr. Es sind nun zwölf Kameras in trauter Einheit, ZDF neben Reuters und Tims Team ganz vorne. „Eigentlich sollte jeder Beitrag mit einem starken Bild beginnen", meint Herden, „aber was willst du hier schon machen, das läuft einfach nicht. Trotzdem versuche ich ein Einstiegsbild zu finden, das die Situation oder die Geschichte symbolisiert."
Als Berlinkorrespondent hält Tim Kontakt zu den persönlichen Referenten oder den Pressesprechern der entsprechenden Politiker und versucht auch außerhalb vom Auflauf Interviews zu bekommen, aber das ist oft zeitlich schwer. Also heißt es, viele Stimmen in kurzer Zeit beim Einmarsch zu erhalten.
Jürgen Osterhage ist für die ARD vor Ort. Er spricht mit Tim ab, wer Schnittbilder macht, also das Reinkommen, die Totalen, die Zwischenbilder und welche Kamera versucht, die Politiker gut zu bekommen. Tims Team steht besser und so wird es die Interviews abfangen.

Die Journalisten sammeln sich. Der Kollege vom SWR, die Dame vom ZDF und die ARD-Truppe diskutieren über die Frage, ob Merkel wohl alle soweit bringen kann, dass niemand mehr über die Fehler im Wahlkampf sprechen wird. „Das Thema ist doch durch seit gestern. Die Junge Union hat es auf den Tisch gebracht, aber Merkel hat doch gesagt, dass das im Moment für sie keine Diskussion bedarf. Ich finde es spannender, was wohl mit der Eigenheimzulage passiert und der Pendlerpauschale", meint der Kollege von hinten.
„Ist doch schon so gut wie klar", erklärt Tim. „Die Eigenheimzulage ist weg ab 2007, hat Rüttgers doch gestern gesagt, und dass sie 30 Milliar-

Der Club der einsamen Herzen 133

den einsparen müssen." Also nachhaken, genauere Aussagen dazu erhalten, lautet heute die Devise.
„Ich kann dir schon jetzt sagen, was ein bestimmter Ministerpräsident antwortet, egal, welche Frage ich ihm stelle", meint Her- den. Er sagt: „Es ist wichtig, Geschlossenheit zu zeigen."
Und da kommen sie endlich im zwei Minuten-Takt: Der saarländische Ministerpräsident Peter Müller macht den Anfang. Lächeln, großzügige Frage an die Journalisten: „Was wollen Sie denn wissen?" Ich stehe mittlerweile ganz hinten und verstehe nur: „Es wird schwierig. Wir müssen uns der Diskussion stellen." Na, wie aufregend und aussagekräftig. Plattitüden und Worthülsen und eigentlich nichts sagend. Dahinter marschiert Angela Merkel ins Konrad-Adenauer-Haus. Schwarzer Hosenanzug, begleitet von ihrer persönlichen Referentin und den Sicherheitskräften. Auf die einströmenden Fragen antwortet sie nur: „Wir sehen uns später" und geht. Als Bildmaterial nicht länger als fünf oder sechs Sekunden sendbar. Dann kommt Hildegard Müller, ihr Spitzname ist „das Ohr von Angela Merkel".
Jürgen Rüttgers erscheint zu Fuß aus irgendeiner Seitenstraße und überrascht damit die Kollegen. Der Ministerpräsident aus NRW beginnt die Journalistenabfrage mit „Das Wahlergebnis war nicht optimal". Vor mir hat sich eine Wand an Journalisten und Kameraleute samt Tonassistenten aufgebaut. Es ist kein Durchkommen mehr. Wer steht steht und niemand lässt sich jetzt von seinem Platz verdrängen.
„Was habt ihr", fragt Osterhage? „Habt ihr die Merkel? Pass auf, wer kommt da?"
Peter-Harry Carstensen betritt den Hollywood-Durchgang. Namen und Gesichter, die vielleicht in zwei Jahren schon niemand mehr kennt.
Christoph Böhr und die Aussage: „Die Stolpersteine liegen noch vor uns. Wenn es zur Koalition kommt, dann werden wir auch über die vergangene Wahl reden."
Er ist der Meinung, Hartz IV-Änderungen müssten überdacht werden und Vorrang müsse eine Steuerreform haben.
Roland Koch, Ministerpräsident aus Hessen, folgt. Selbstbewusst steigt er aus der Limousine. Koch weiß, was Journalisten wünschen: ein knackiger Satz, bildreiche Sprache. „Der 24.Oktober wird der Tag der finanzpolitischen Offenlegung werden. Meine Einschätzung ist leider, dass dieses Land Bundesrepublik Deutschland, heute Abend flächendeckend von Heulen und Zähneklappern geprägt sein wird, weil wir erstmals den Zu-

sammenhang darstellen werden, wie katastrophal die Finanzsituation ist, die wir übernehmen."
Dann spricht er noch davon, dass es keine einzige Überein- stimmung bei den Vorschlägen mit der SPD gibt.
8:55 Uhr. Es kehrt Ruhe ein. Die wichtigsten Politiker sind jetzt durch für die ARD. „Im Endeffekt möchte ich auch nicht an deren Stelle sein", meint Tim. „Stell dir vor, du läufst auf diese zwanzig Kameras zu und dann bekommst du die Scheinwerfer ins Gesicht und siehst nichts mehr. Du antwortest blind, ohne dass du den Fragesteller erkennst."
Tims Ministerpräsidenten fehlen noch. Es kommt der, der heute anscheinend etwas zu sagen hat, denn er geht fast zielsicher auf Tims Kamera zu und meint: „Was wollen Sie denn wissen, außer, dass der Staat pleite ist?". Herden fragt nach der Höhe der jährlich geplanten Einsparungen und Sachsens Ministerpräsident Georg Milbradt antwortet. 30 Milliarden kurzfristig, 50 Milliarden langfristig, meint Milbradt. Harte Einschnitte wird es geben und über die Mehrwertsteuererhöhung wird man reden müssen, wenn es soweit ist. Drei, vier Fragen, dann wendet auch er sich ab und marschiert zur Präsidiumssitzung.
„Das waren meine 1.30", meint Tim, zieht kurz seine Baseball-Mütze vom Kopf und geht wieder hinter den Pulk.
Während wieder alle in Ruheposition sind, genügt es bereits, wenn einer der Kameraleute den Hals reckt und schon tun es ihm alle anderen nach. Rennt einer Richtung Straße, folgt ihm mindestens die Hälfte noch nach. Es ist ein Geben und Nehmen in Berlin, es ist ein Geben und Nehmen zwischen Politikern und Journalisten. Die einen sind ohne die anderen nichts, die einen beschimpfen immer gerne die anderen und umgekehrt.
9:07 Uhr Tim telefoniert mit Leipzig, gibt eine erste Meldung durch, wen er bekommen hat und wer was gesagt hat. Er will noch Matschie, den Vorsitzenden der SPD-Fraktion im Thüringer Landtag haben und ist einverstanden, dass ein Kollege aus dem Erfurter Funkhaus zum ihm fahren und das Interview führen wird. Tim wird die Fragen noch durchgeben.
Plötzlich ein lautes „Hey, hey, hey", von der Traube. Das SWR-Team hat Baden-Württembergs Ministerpräsidenten Oettinger abgefangen und führt abseits der anderen ein Interview. Als das Team die Rufe hört, läuft der Reporter leicht rot im Gesicht an und auch Oettinger hat kapiert, was los ist. Er bricht ab und läuft zur gesamten Masse vor. Beantwortet wieder Fragen und geht anschließend ins Konrad-Adenauer-Haus. Während dieser Zeit hat das SWR-Team in sekundenschnelle sein Equipment ge-

packt und sich wieder in die Masse eingereiht. „Das ist Ächtung bis nächsten Montag", meint Tim.
Und von ganz hinten und zu Fuß kommt Christian Wulff, Niedersachsens Ministerpräsident, auf die Masse zu. Lautes „Herr Wulff, Herr Wulff", aber der lächelt nur, deutet auf seine Uhr und meint, er sei spät dran, geht schnurstracks auf den Eingang zu.
Eine Schulklasse steht hinter der Traube aus TV-Teams, Zeitungsjournalisten und Photographen. Einige der Schüler versuchen von ihrer Position aus Bilder von den Politkern zu schießen und immer, wenn die Journalisten-Masse sich vor und zurück bewegt, sich auf schwarze Limousinen stürzt, geht ein „oh und huch" durch die Reihen. Einmal links der ganze Pulk, dann wieder hinter die Absperrung. Wenn einer kommt schiebt sich die Masse weit nach vorne und danach wieder entspannt zurück.
Die Schulklasse sieht diesem Spiel sichtlich belustigt zu.
Der dpa-Mensch telefoniert und berichtet seiner Redaktion, was er für O-Töne einfangen konnte.
Die Diskussionen unter den Kollegen gehen weiter. Was hat er gesagt, wie was gemeint?
Es ist 9.15 Uhr und das dürfte es dann wohl gewesen sein. Wieder klingelt das Handy.
Ministerpräsident Böhmer ist offenbar in die Tiefgarage gefahren, MP Althaus wurde noch nicht gesehen, aber den hatte Tim in letzter Zeit schon oft, darum Aufbruch und auf ins Büro des mdr.
Jürgen Osterhage von der ARD bekommt die Kassette, denn er ist als erster auf Sendung mit der Tagesschau um 13 Uhr. Stefan Nierle, Kameramann eines freien Teams übergibt sie. Der MDR arbeitet ausschließlich mit EB-Teams einer Berliner Produktionsfirma zusammen.
Genauso ist es mit dem Schnitt. Auch die Cutter sind Mitarbeiter einer Produktionsfirma. Herden hat Glück mit seinen Teams. Alle sind motiviert und sie sind „politisch denkend", sagt er. Heißt, sie sind im Thema drin, stehen nicht da und erfüllen ihren Job, in dem sie Bilder abdrehen, sondern sie diskutieren mit, sagen ihre Meinung zu den Interviews und bemühen sich auch die entsprechenden Aufnahmen zu liefern.
Das Equipment wird in den Kofferraum gepackt und Thomas Sachse, Planungsredakteur für die MDR-aktuell-Ausgabe, ist am Telefon. Die CDU soll auf jeden Fall mit rein in den Beitrag. Bisky wird vielleicht interessant. Der PDS-Parteivorsitzende hat es im 3. Anlauf noch immer nicht geschafft eine Mehrheit zu erhalten, um den Posten eines Vizepräsidenten des

Deutschen Bundestages einnehmen zu können. Jetzt stellt sich die Frage, wird er es noch einmal probieren, sich einem weiterem Wahlgang stellen? Und dann noch Nahles, Andrea Nahles, die Linke in der SPD, die nun als Generalsekretärin ins Spiel gebracht wurde. Christoph Matschie, SPD Landesvorsitzender Thüringen, hat sich für sie ausgesprochen, viele, wie der Vorsitzende Müntefering, dagegen.

Berliner Journalisten haben solche Fakten im Kopf. Tim lässt sich schon mit dem Deutschlandfunk wecken und hört ihn, beim Frühstück, während er Zeitung liest und auf dem Weg zur Arbeit. „Ich bin ein Nachrichtenjunkie", meint Tim. Nötig und notwendig im Job. Alle Namen und Titel, alle Gerüchte und politischen Überlegungen müssen einem Redakteur der Hauptstadt bekannt sein, bevor er hier überhaupt nur einen Schritt tun kann und seine tägliche Arbeit beginnt. "Für Außenstehende sieht das alles interessant aus. Natürlich, es ist interessant, aber man möchte auch mal tiefer gehen, mal reflektieren", meint Tim auf der Fahrt ins Hauptstadtstudio, Wilhelmstraße 67.

Hier hat nicht nur die ARD ihren Sitz, sondern auch die MDR-Mannschaft und andere Vertreter der ARD-Anstalten. Von hier aus beliefern die Mitarbeiter des Mitteldeutschen Rundfunks die aktuellen Nachrichtensendungen um 12.00 Uhr, 18.15 Uhr, 19.30 Uhr, 21.45 Uhr.

Je nach Anforderung kommen dann noch Zulieferungen für die Sendungen Mittags um zwölf, Familientagesprogramm und diverse Sendungen der Landesfunkhäuser.

Das ARD-Hauptstadtstudio liegt mitten im Regierungsviertel. Gegenüber liegt die Kantine des Deutschen Bundestages und ist damit ideal platziert. Das fünfstockige Gebäude der ARD ist ein architektonischer Mix aus Glas, Beton, Stahl und passt damit gut ins Bild aller umliegenden Komplexe. Im 1. und 2. Stock ist der Hörfunk untergebracht, im 3. Stock die heiligen Räume des ARD-Fernsehens, im 4. befindet sich der Produktionsbereich, der die Einteilung der Teams, der Studios und Schnitträume übernimmt und im 5. Stock sind die Büros der Dritten Programme der ARD, vom MDR, SWR bis zu Phoenix und dem Team des ARD-Morgenmagazins.

Der Eingang ist großzügig, eine Rezeption auf der rechten Seite und ein großer blauer Teppich mit eingewebtem ARD-Emblem in der Mitte. Wer im dritten Stock sitzt, fühlt sich schon wie eine Art auserwählter Journalist, er arbeitet für die ARD in der Hauptstadt, für das erste Programm, für die Vorzeigesendung „Tagesschau".

Der Club der einsamen Herzen

Es ist überall ruhig. Kein aufgeregtes Umhereilen. Der Innenbereich ist offen und der Besucher kann von ganz unten bis unters Dach blicken. Die einzelnen Büros sind über Balkone zu erreichen, die Süd und Nordbereiche durch Brücken verbunden.
Tim teilt sich sein Zimmer mit Markus Spieker, dem zweiten Berlin-Korrespondenten des Mitteldeutschen Rundfunks.
Ein Schreibtisch sagt immer viel über den Menschen aus, wobei ein aufgeräumter nicht immer für einen aufgeräumten Menschen steht und umgekehrt. Tims ist chaosmäßig belagert durch Kaffeepötte, Karteikästen und Karten, Windschutz fürs Mikro, einer alten Militärkappe der Russen, Plastik-Rüsch-Brautpaar seiner Hochzeitstorte, Aufkleber, Streichhölzer, Kassetten, massenhaft Papier, Bundestagslektüre und Süßstoff. An der Wand das Gedicht „Herbsttag" von Rainer-Maria Rilke und daneben ein DIN A4 Papier mit dem Aufdruck: „Langsam sprechen! Ruhe bewahren! Nur an Orte, nicht an Personen abgeben! Durchatmen."
Daneben ein Gedicht von Eduard Mörike „Er ist´s" und an der Wand ein Bild mit Menschen im Strandkorb von Edward Hopper.
Tim hat genau vor 45 Tagen auf Hiddensee zum zweiten Mal geheiratet. Die erste Frau war Finanzbeamtin, die zweite ist Journalistin. Am kommenden Wochenende wird er sie nach Chemnitz begleiten. Dort nimmt Kati für das Kinderradio Kakadoo des Deutschlandradio Kultur ein Feature über Clownerie auf. Beide leben zwar hier gemeinsam in Berlin, aber Kati arbeitet auch in Leipzig. Jeder weiß, was der andere zu tun hat, denn auch seine Frau kennt den Fernsehbetrieb, kennt die Arbeitszeiten, den Arbeitsalltag, den Stress, den Druck und den Ärger. Manchmal ist Kati auch in Leipzig für den Mitteldeutschen Rundfunk tätig, sie kennt die Menschen, mit denen Tim jeden Tag zu tun hat, sie weiß, wie Fernsehen läuft. „Austausch", so meint Tim, „muss möglich sein".
Reden über Politik, reflektieren, immer wieder das Wort Reflektion und das Wort reflektieren. Das, was wahrscheinlich oft im täglichen Geschäft fehlt und doch so nötig wäre, was auch Tim fehlt, was in seinem aktuellen Tagesgeschäft fürs Fernsehen nicht anders geht und was er wohl so gerne einmal machen würde: Ausbrechen aus dem politischen Berichtsalltag, politische Themen wirklich beleuchten, nachfragen, die gesellschaftlichen Veränderungen beleuchten. Keine kurzfristigen Ankündigungen der Politiker tagtäglich an sich vorbeiziehen lassen und senden, sondern sie weiterverfolgen, dran bleiben, nachfragen, was denn aus den Ankündi-

gungen und Visionen geworden ist, warum sie nicht umgesetzt werden konnten oder sich nicht so entwickelt haben, wie eigentlich gedacht.
Die Planer am Schreibtisch in den großen Funkhäusern geben die Themen für den Tag aus, sie beziehen sich dabei gerne und oft auf Meldungen der Agenturen. Die Korrespondenten vor Ort, ob nun in Deutschland selbst oder im Ausland, werden viel zu selten befragt, was wirklich Sache ist. Spürt der Journalist vor Ort, dass die Wahlkampf- aufarbeitung eigentlich als Thema durch ist, so wird es trotz allem wieder auf den Tisch gebracht, sobald es die ARD oder die Agenturen bringen.
Damit wird auch die Inszenierung für die Politiker immer wichtiger und die Inhalte treten des Öfteren in den Hintergrund. Merkel und Müntefering können auch zwei Tage hintereinander dasselbe in etwas abgewandelter Form bringen, es wird gesendet. Da fehlt sie oft, die vielzitierte Reflexion.
Ein Bild von Katharina Reiche beim Interview mit Tim liegt quer über seinem Schreibtisch. Die junge Bundestagsabgeordnete hat er einige Zeit begleiten dürfen für die ARD-Serie über die „Neuen" im Bundestag.
„Hör mal, wir müssen heute damit rechnen, dass die CDU einen neuen Generalsekretär bekannt gibt", so Tim während seines Telefonats mit dem CvD von MDR-aktuell. „Okay, ich kann euch den Milbradt um 11 Uhr überspielen." Tim gibt die Infos an Lars Jeschke, den Redaktionsassistenten, weiter.
Er gilt als Allrounder, bucht Teams und Schnitt, kümmert sich um die Auflistung aller anstehenden Termine, dreht selbst als so genannter Videojournalist, VJ, und ist eben Mutter aller Dinge, wie sich bald herausstellt. Lars geht schon mal als Ein-Mann-Team zu Preisverleihungen und dreht Veranstaltungen, die nur als NIF (Nachricht im Film) geplant sind. Das sind in der Regel so genannte 20-40 Drehs. Also, für 40 Sekunden Bilder zusammen schneiden und für 20 Sekunden Text schreiben.
Lars muss jetzt die Leitung nach Leipzig für das Überspiel Milbradt bestellen.
Eigentlich dachten die Journalisten, heute wird sich auch die SPD zur Neubesetzung des Postens des Generalssekretärs äußern, aber - Fehlanzeige. Die Sozialdemokraten schweigen.
Das zweite aktuelle Team, das heute ausnahmsweise gebucht wurde, muss angerufen werden. Eigentlich sollten sie parallel zum ersten Team drehen, aber der Tag und die Termine entwickeln sich anders als gedacht. Umdisponieren auf kleinem Wege.

Auch dies Alltag in Berlin, Alltag von Journalisten und Kamerateams. Plane nichts, sei immer bereit. Freie haben den Druck, jederzeit aus dem Spiel zu sein, nicht mehr gebucht zu werden, wenn sie mehrmals einen Auftrag ablehnen.
Jede private Verabredung muss dem beruflichen Alltag weichen.
Die Entscheidung für diesen Beruf ist generell die Entscheidung gegen ein geregeltes Leben. Entweder man kommt damit zurecht und macht das Beste daraus, sucht sich Freunde und Lebensgefährten, die das mitmachen oder man wechselt den Beruf. Es gibt keine Volkshochschulkurse, die jeden Donnerstag von 18.30 Uhr bis 21 Uhr besucht werden können. Es gibt keine schönen gemeinsamen Abendessen, die nicht verschoben werden könnten.
Tim telefoniert auf dem Gang weiter mit dem zweiten Kamerateam, erklärt, um was es heute wieder geht. Eben Warten auf O-Töne, drei Schalten in die Live-Nachrichtensendungen nach Leipzig - das übliche mittlerweile in der Zeit der Koalitionsfindung.
Michael Ellermann, SWR-Regionalkorrespondent Mainz, kommt hinzu. Drei Zimmer weiter hat er sein Büro und die Zusammen- arbeit zwischen den Redakteuren der Landesfunkhäuser ist eng. Er braucht noch Schnittmaterial und fragt nach den eingesammelten O-Tönen von Tim. Geben und Nehmen.
Aber Herden ist der ostdeutsche Korrespondent, konzentriert sich auf die ostdeutschen Politiker und die sind bis zu diesem Tag nicht wirklich stark vertreten in den Präsidien der Parteien, in den gehobenen Machtpositionen. Das hat sich, während diese Zeilen geschrieben werden, bereits stark verändert. Merkel wird Bundeskanzlerin und Platzeck SPD-Vorsitzender. Zu diesem Zeitpunkt jedoch meint Tim, „die kannst du an fünf Fingern abzählen, die sind doch kaum irgendwo drin. Manche setzen sogar ein Interview mit uns auf ihre Internetseite. Der Bundestagsabgeordnete ist froh, dass es uns gibt, denn die Regionalpolitiker sind in den Zeitungen vertreten, aber wer schreibt oder berichtet denn schon über die regionalen Bundestagsabgeordneten, ihre Vorschläge und ihre Arbeit?"
In Berlin stehen neben den beiden Redakteuren noch vier weitere freie Mitarbeiter auf Abruf. Ein Reporterpool, auf den zurückgegriffen wird im Urlaubsfall, im Krankheitsfall oder wenn Überstunden abgefeiert werden müssen.

Tim hat rechts seinen Schreibtisch und gleich daneben, links, sitzt Markus. Sie verwenden das Computerprogramm open-media, das Standard der ARD-Anstalten ist und zusätzlich iNews, das Computernewsprogramm des Mitteldeutschen Rundfunks. Die open media software bietet kompakte Redaktionsangebote an. Der Journalist kann sowohl Agenturen abfragen, als auch die Sendungen einsehen. Seine Texte für die Berichte, mit entsprechenden Zeiten, Inserts und Bemerkungen, können direkt ins Systeme eingebunden werden.
Spiekers und Herdens Tag beginnt um 9 Uhr mit einer telefonischen Konferenzschaltung. In Leipzig sitzt der Planer der Sendung und berät den politischen Tag mit ihnen. Oft sind die Korrespondetenberichte aus Berlin der Aufmacher. Doch lange vor den Nachrichten von MDR-aktuell sendet bereits die Tagesschau, das heißt, Tim und Markus müssen ständig versuchen, andere Bilder und andere Filmtexte zu liefern, um sich abzuheben von der ARD und das auch noch unter dem Aspekt, dass die ARD ihre Kassetten und ihr Material im Austausch erhält.
Heute Morgen war ein so genannter „Massenabwurf": Heute Abend werden sich die Beiträge von den Bildern daher kaum unterscheiden, ob nun in MDR-aktuell, SWR oder der Tagesschau.
Um 13.30 Uhr folgt in der Regel eine weitere Telefonschaltung.
Ab 15 Uhr halten die beiden Kontakt mit den CvDs, den Chefs vom Dienst der einzelnen Sendungen. Dann wird festgelegt, wie Tim genau seinen Beitrag aufbaut und wie lange er wird.
Zwischen 17 Uhr und 17.30 Uhr erfolgt die Planung für den nächsten Tag.
Die Assistentin der ARD, einen Stock tiefer, meldet sich telefonisch, ob Tim denn weitere Informationen hat über die SPD. „Tut sich da heute was oder nicht?".
Tim bespricht mit Kameramann Stefan das weitere Vorgehen. Im Moment ist sowieso alles anders. Normalerweise finden vor den Koalitionsgesprächen immer Gremiumssitzungen der Parteien statt. Heute nicht und darum Antreten für das Kamerateam um 16 Uhr vor dem Konrad-Adenauer-Haus. Wieder warten, Ausschau halten: Wer kommt raus aus der Sitzung und sagt was über den Stand, über die Ergebnisse. Markus Spieker wird als Redakteur vor Ort sein, denn Tims Bericht wird um 18.15 Uhr auf Sendung gehen.
Einen oder zwei, die gäbe es da schon, sagt Tim, die er gern interviewen würde: Richard von Weizsäcker und Gerhard Schröder. Für den DFF hat

er den ehemaligen Bundespräsidenten schon einmal vor der Kamera gehabt und er ist einer nach Herdens Geschmack, einer eben, der reflektieren kann. „Es ist alles furchtbar kurzlebig", meint Tim, „wir puschen ein Thema hoch und morgen ist es weg. Wir erregen uns über den Solidaritätsbeitrag, aber über gesellschaftliche Veränderungen redet kaum jemand. Mit ihm wäre ein tiefergehendes Gespräch über die Umwälzungen möglich, kritisch, weiter- und voranbringend." Und dann folgt eine Minute Ruhe. „Und irgendwie auch Gerhard Schröder. Ich möchte wissen, was ihn nach diesen sieben Jahren bewegt, und was ihn in diesen sieben Jahren bewegt hat. Jetzt, nachdem er nicht mehr der Bundeskanzler ist, in einem ruhigen Gespräch. Er wirkte 98 so absolut gelöst nach dem Wahlsieg. Der Mann war offen. Um 1999/2000 habe ich ihn zweimal auf Ostreisen begleitet. Er ging auf Menschen zu, hat Hände geschüttelt und dann, Ende der ersten, Anfang der zweiten Legislaturperiode, wurde er immer mehr der Unnahbare, hat sich in sich zurückgezogen."
Nicht oft durfte ihn Tim begleiten, eben nur in auserwählten Wahlkampfsituationen, vorbehalten für die Ostsender. Genau abgeteilt wird so etwas. Die ARD-Hautpstadt-Studio-Korrespondenten haben Vorrang bei den Reisen eines Bundeskanzlers oder Ministers, denn damit können sich die Politiker sicher sein, in einer Sendung mit hoher Einschaltquote und damit hoher Verbreitung „drin zu sein".
Bill Clinton hat Tim ebenfalls kennen lernen dürfen. Bei Dussmann, dem großen Buchladen in Berlin. Dort hat der ehemalige Präsident der Vereinigten Staaten sein neuestes Buch vorgestellt. Die strikte Anweisung der Pressereferenten lautete: Keine Fragen. Doch ein Journalist dachte überhaupt nicht daran sich an solche Vorgaben zu halten und stellte eine Frage und Clinton fing an regelrecht zu plaudern. Ganz nah am ehemals mächtigsten Mann der Welt zu sitzen, faszinierte Tim. „Das war schon ein einmaliges Erlebnis."
Dafür gibt es aber auch genug Nachteile in diesem Job.
Seit dem 23.Mai gab es quasi eine Urlaubssperre für die beiden Redakteure des MDR in Berlin, denn in den Zeiten des politischen Umbruchs war es schlicht weg nicht möglich einen längeren Urlaub einzulegen. Lediglich für die Hochzeit nahm sich Tim frei.
Die Journalisten in der Hauptstadt befinden sich derzeit im Ausnahmezustand und das wird erstmal so bleiben.
Im Durchschnitt liefert jeder von Ihnen zwei Beiträge täglich und das nur zum Thema Politik. 90 Minuten produzieren die beiden monatlich. Hoch-

gerechnet bedeutet das 15 bis 16 Stunden jährlich auf Sendung mit Beiträgen für den MDR. Für Tim waren das bis heute (24.10.05) 228 Beiträge, inklusive Schalten. Das bedeutet, Tim produziert einen Beitrag pro Tag. Durchschnittlich, so meint er weiter, heißt das auch, dass wir täglich bis zu drei Pressekonferenzen besuchen, dazu kommen natürlich diverse Interviewtermine.

Bis Mitte November, so hofft man hier, sind die Koalitionsvereinbarungen abgeschlossen, dann geht es um die ersten Schritte, gefolgt im März vom Landtagswahlkampf im Sachsen-Anhalt und natürlich 100 Tage Koalition in Berlin. Anschließend rechnet hier fast jeder Journalist mit den ersten Krisen bei Rot-Schwarz. In Berlin wird man also nicht zur Ruhe kommen. „Es gibt Kollegen, die schicken nur noch ihr Team hin. Ich kann das nicht, ich muss vor Ort sein, um die Stimmung zu spüren. Es hat ja auch was zu bedeuten, wenn Merkel einfach reingeht und gar nichts sagt."

In der Regel sind die Korrespondenten der Landesfunkhäuser für drei Jahre in Berlin. Nach dieser Zeit kann noch einmal um zwei Jahre verlängert werden.

„Berlin ist schön", meint Tim, „aber es ist eine irreale Stadt, die eine Art Raumschiffmentalität für mich hat. Du bist hier nah dran an den Leuten, die unsere Gesellschaft gestalten und doch weit weg von den normalen Bürgern. Ich glaube, Regierungsjournalismus führt dazu, dass die Wahrnehmung der Realität auch ein Stück weit verloren geht, sowohl auf der Journalistenseite, wie auch auf Politikerseite. Denk doch mal an Horst Seehofer. Er hat die Budgetierung im Gesundheitswesen eingeführt und als er selbst von einer schweren Krankheit betroffen war, da kam die Wandlung bei ihm. Einige haben aber die Nähe zum Volk be- wahren können. Ulla Schmidt ist nach ihrer Gesundheitsreform in Bürgerversammlungen gegangen und hat mit den Leuten diskutiert. Wolfgang Clement sprach über die Hartz IV-Proteste nicht mal mit Journalisten. Er war nicht mal am Tag der offenen Tür des Wirtschaftsministeriums anwesend."

Interessant ist da auch ein Blick in den Arbeitsbereich der einzelnen Ministerien. Wie sind sie personell besetzt? Wie kompetent sind sie? Ulla Schmidt hat beispielsweise Klaus Vater zum Sprecher des Bundes- gesundheitsministeriums ernannt, ein Mann, der früher in der IG-Metall beschäftigt war. Franz Knieps, Leiter der Abteilung Gesetzliche Krankenversicherung, Pflegeversicherung in Schmidts Ministerium, war vorher Geschäftsführer Politik des AOK-Bundesverbandes.

Der Club der einsamen Herzen

Nicht umsonst sitzen viele Verbände und damit Lobbyisten in Berlin, haben ihren früheren Standort aufgegeben, um nah am politischen Geschehen zu sein und natürlich zu versuchen, Einfluss zu nehmen. Berliner Politik bedeutet derzeit aber eher die Wahrung eines Schneckentempos. Nachdem zwei Sondierungsgespräche zwischen FDP und CDU/CSU, zwei zwischen CDU/CSU und Grüne statt- gefunden haben, kam es zur ersten Koalitionsverhandlung mit der SPD. Das Ergebnis von einem Monat politischer Arbeit.

11.30 Uhr Eilmeldung. Dietmar Bartsch von der PDS soll Bundesgeschäftsführer werden. Interessiert das heute jemand oder wird auch diese Meldung vom Wirbelsturm „Wilma" regelrecht davon- geweht?

Tim spricht mit einer Abgeordneten und will wissen, was dieser Vorschlag für das Machtgefüge innerhalb der PDS bedeutet, wie die Meldung einzuschätzen ist? Geht es hier nur um ein Gerücht, hat Bartsch Chancen auf die Ernennung?

12.30 Uhr, Zeit für eine Pause. Die Redaktion, einschließlich des bereits eingetroffenen Cutters, gehen in die Bundestagskantine gegenüber. Wieder ein Glasgebäude mit viel Stahl, offener Bauweise, modern.

Die Kantine teilt sich in zwei Bereiche. Oben, der fürs Süße, für den Kaffee danach und unten der Part fürs Kräftige und Deftige: Thüringer Bratwurst, Ungarisches Gulasch, Ravioli mit Kürbisfüllung, zweierlei Nudeln mit verschiedenen Saucen, Kartoffelgratin, ein riesiges Salatbuffet und eine lange Theke mit Nachspeisen, vom einfachen Joghurt bis zum Kürbiskompott. Hier sitzen die Abgeordneten und die Sekretärinnen, die Pressesprecher und eben auch die akkreditierten Journalisten des Bundestages. Da wird dann geklatscht und getratscht, wie in jedem anderen Unter- nehmen auch. Und so erfahre ich, dass nach der Wahlschlappe in NRW manche Politiker per SMS auf ihrem Handy von der obersten Zentrale Schlagwörter empfangen haben, wie sie sich in den anstehenden Interviews äußern sollen. Der Satz „jeder Tag ohne rot-grün ist ein guter Tag für Deutschland" soll da angeblich unter anderem auch darunter gewesen sein. Fast zu glauben, so oft wie man ihn anschließend von CDU oder CSU-Politikern gehört hat.

Gleich neben dem Eingangsbereich der Kantine findet das Politikerherz alles, was es so im täglichen Leben braucht: vom Einmalrasierer, der Feinstrumpfhose, der Nagelfeile, dem Deoroller bis zum Duschbad, der Zahnseide und dem Haarspray. Eben für alle Eventualitäten das Richtige.

13.05 Uhr kleine Verdauungszeit im Büro. Tim checkt die Agenturen durch und bespricht, dass er die Schalte um 19.30 Uhr übernimmt, Markus um 18:15 Uhr. Lars meldet die Leitungen da- für an. Das Interview mit Matschie wird umgeplant. Er ist nicht in Thüringen, sondern in Berlin. Tim verabredet sich mit ihm um 14 Uhr im Hauptstadtstudio.
Am Ende des 5. Stockwerks des ARD-Hauptstadtstudios liegt die Raucherecke. Hier lässt sich das Treiben im Funkhaus gut be- obachten. Hauptstadtstudioleiter Thomas Roth läuft vom 4. in den 3. Stock, gefolgt von Sven Kuntze. Joachim Wagner nimmt genau die andere Richtung. Kamerateams kommen und gehen. Freie Firmen warten entweder gegenüber der Rezeption auf ihren Redakteur oder sitzen, wenn sie Tagesdienst schieben, in der Raucherecke und harren der Dinge.
Ein Redakteur tritt auf die Mittelbrücke und blickt nach oben. Er beschreibt mit seiner rechten Hand Kreise. Die zwei Herren neben mir erheben sich, nicken, wissen Bescheid, es geht wieder los zum Drehen.
13.30 Uhr. Ein Blick ins ZDF-Mittagsmagazin. Nichts Neues. Im Computer geht Tim die so genannten A-B-C-Termine durch, die nach Wichtigkeit geordnet sind, aber derzeit kann jede Planung stündlich umgeschmissen werden angesichts der politischen Lage. Eigentlich gibt es auch eine genaue Aufgabenverteilung zwischen Markus Spieker und Tim Herden und die ist am schwarzen Brett im Redaktionsbüro festgehalten:

Themengebiet	*Zuständigkeit*
Bundeskanzleramt	TH/MS
Bundespräsident	TH/MS
Auswärtiges Amt	MS
Familie	TH
Finanzen	TH
Gesundheit/Rente	TH
Innenpolitik	MS
Justiz	MS
Umwelt	MS
Landwirtschaft/Verbraucherschutz	TH
Aufbau Ost/Verkehr	TH/MS
Verteidigung	MS
Wirtschaft/Arbeit	TH/MS
Entwicklungshilfe	MS

Bildung/Forschung	TH
Berlin	TH/MS
SPD	MS
CDU	TH
FDP	MS
Grüne	TH
PDS	TH

Klar ist aber auch, dass jeder den anderen im Falle von Urlaub oder Krankheit vertreten muss und damit ein Grundwissen in allen Bereichen braucht. „Der Journalist an sich und der Berliner als solcher, hat ein Wissen, so breit wie ein Ozean, aber so tief wie eine Pfütze", meint Tim.
Daneben hängt die Wochenplanung, die von Lars erstellt wird. Da heißt es dann beispielsweise für einen einzigen Tag, den 24.10.05:

CDU:
9 Uhr, Präsidium
11 Uhr Bundesvorstand, anschließend PK (Pressekonferenz)
Bündnis90/Die Grünen:
10 Uhr Bundesvorstand
13 Uhr PK
FDP:
9.30 Uhr Präsidium anschließend PK
Die Linken.PDS:
10.30 Uhr Vorstand
14 Uhr PK

13.30 Uhr Kollege Spieker fährt zum Konrad-Adenauer-Haus um jetzt die Herauskommenden zu befragen. Er wird ebenfalls heute Abend zwei Berichte schneiden und texten sowie eine Schalte haben. Bevor er geht, spricht er mit Tim grob die 1:30er durch. Wer nimmt welchen O-Ton? Herden braucht unbedingt die Ankunftsbilder der SPDler und CDUler, wenn die sich um 17 Uhr zu den Koalitionsverhandlungen treffen.
13.35 Uhr. Das zweite Team ist da. Unten im Foyer werden sie sich aufbauen und sich bereithalten für das Matschie-Interview. Anruf von Tim an der Rezeption. Er gibt das Eintreffen Matschies durch.
Um kurz vor zwei Uhr gehen wir nach unten und warten auf den thüringischen SPD-Fraktionschef. Krista Sager von den Grünen läuft an uns vor-

bei und grüßt. Die Fragen an Matschie hat Tim im Kopf. Es gibt keinen Stichpunktzettel. Matschie kommt pünktlich. Herden setzt ein Lächeln auf und lockert den Gast erst einmal im Gespräch auf, versucht eine gewisse Beziehung zu ihm her- zustellen. „Sie haben Regen mit nach Berlin gebracht. Gab es heute Morgen schon Gespräche innerhalb der SPD?"
Das Kamerateam erspäht uns und 30 Sekunden später brennen die Scheinwerfer. Der Kameramann ist hinter seiner Mühle verschwunden und blickt durch den Sucher, die Assistentin hat das Mischpult für den Ton umgeschnallt. Eine kurze Tonprobe. Tim steht rechts neben der Kamera und schon geht es los: „Warum wollen sie Andrea Nahles als Generalsekretärin? Fr. Nahles steht für ein linkes Profil, also muss die SPD ihrer Meinung nach wieder ein Stück nach links rücken? Es geht heute bei den Koalitionsverhandlungen um die Finanzlage des Landes. Wie ist ihre Sicht der Dinge? Wo muss ihrer Meinung nach abgebaut werden bei den Subventionen?"
Matschie ist Profi, ist Profi geworden. Seine Antworten bewegen sich im Bereich zwischen 22 und 27 Sekunden, er weiß, mehr werden und können die Sendeanstalten nicht bringen.
Tim bittet ihn anschließend noch kurz für ein paar Antextbilder einmal die Treppe hinaufzulaufen. Auch das kennt Matschie bereits. Er ist willig, geht einmal kurz rauf und einmal kurz hinunter.
Das wars. Danke. Ein kurzes Gespräch zum Abschied.
Es ist 14.08 Uhr und wir sind wieder im Aufzug auf den Weg in den vierten Stock. Auf dem Weg ins Büro sehe ich schon, die ARD-Schaltkonferenz läuft im „Aquarium", so haben die Leute hier das gläserne Konferenzzimmer getauft. In der ARD-Schalte werden Sendungen des Vortages kritisiert, die des Tages vorgestellt und die des kommenden Tages angekündigt.
14.15 Uhr. Tim bespricht den kleinen Parteitag der CDU am 14.November mit der Redaktion in Leipzig. Er wird vor Ort sein. Ein wichtiger Termin, denn zeitgleich an diesem Tag wird auch die SPD auf einen kleinen Parteitag versuchen die Koalitionsergebnisse durch ihre Partei absegnen zu lassen.
15.30 Uhr. Herden telefoniert und disponiert jetzt für morgen und die nächsten Tage.
Der Cutter Peter Strangmann liest mittlerweile das gedrehte Material auf dem Media Composer Adrenaline ein. In der Branche heißt das kurz: ich schneide auf dem Avid.

Avid ist ein Firmennamen, aber er hat sich, wie Hoover im amerikanischen für Staubsauger, schon als generelle Bezeichnung für ein Schnittsystem durchgesetzt.
Mit dem Avid wird ein so genannter non-linearer Schnitt ermöglicht. Dabei wird das analog oder digital vorliegende Rohmaterial zunächst auf die Festplatte des Computers eingelesen, gespeichert und dort mittels spezieller Software geschnitten und vertont. Erst der komplett fertig gestellte Film wird auf Band, auf Kassette kopiert.
Non-linear und linear ist folgendermaßen beschreibbar. Auf der Schreibmaschine (linearer Schnitt) können Korrekturen durchgeführt werden, indem ich noch einmal neu beginne, also ein neues Blatt einspanne und noch mal von vorne alles tippe. Beim nonlinearen Schnitt (Textverarbeitung am Computer) kann ich auf die entsprechende Stelle mit der Maus gehen und Veränderungen vornehmen. Erst nach endgültiger Fertigstellung drucke ich aus.
Peter steckt die SNG auf seinem Pult zu. Jedes Signal der ARD-Anstalten kann darüber abgefangen und aufgezeichnet werden. Wer davon Bilder verwendet, muss es anmelden und zahlen. Und es gibt das so genannte Bundestagsfernsehen – ein eigenes Programm der Institution. Gearbeitet wird hier an dem Schnittplatz mit zwei Servern. Es kann aufgezeichnet und gleichzeitig geschnitten werden.
16.15 Uhr. Es geht an den Schnitt des ersten Beitrags. „Einströmen der einzelnen Politiker zur Koalitionsverhandlung, kurzer O-Ton von Koch, so stell ich mir das vor", sagt Tim. „Das Einströmen haben wir natürlich noch nicht, die treffen sich ja erst um 17 Uhr, also häng erstmal schwarz hin. Markus schickt uns das Material so schnell wie möglich her."
Die beiden sind eingespielt. Während Tim textet, schneidet der Cutter bereits eigenständig die Bilder dazu. „Wie lange brauchst du bis zum zweiten O-Ton?"
„Warte, ich lese mal kurz gegen."
Tim ruft im Computer die Sendung „MDR-aktuell"auf, geht auf den Sendeplan und kann dort genau erkennen, wie viel Zeit für ihn aktuell eingeplant ist. Von da aus öffnet er das Redaktionsfach für den Beitrag. Er läuft unter der Kurzbezeichnung „MAZ Koalition 18". Tim schreibt seinen Text hinein und vermerkt ebenfalls die Inserts. „Laufzettel-Beitragserfassung" nennt sich ein weiterer, der ausgefüllt werden muss. Dort wird ein Kurzinhalt vermerkt, die Berichtsinserts, der Name des Kameramanns und welche Firma den Beitrag geschnitten hat.

Anruf aus Leipzig. „Ich grüße dich mein väterlicher Freund Uli Lusch", ruft er ins Telefon. „Wie viel Zeit gibt's du mir denn? Werde ich von Wilma weggespült?" Ulrich Lusch kennt er seit 20 Jahren. Er war sein Mentor beim DDR-Fernsehen und hat ihm während seines Volontariats beigebracht, wie im aktuellen Fernsehjournalismus gearbeitet wird.
Uli hat diesmal nur 4 Minuten 30 für die 18 Uhr-Nachrichten. „Fass dich kurz, Junge", heißt es aus Leipzig.
Wieder Anruf. Die ARD will den Matschie O-Ton zu Nahles. Den wollte auch der SWR-Kollege, doch für ihn ist er jetzt „verbrannt", denn das erste Programm sendet ihn heute und der swr hatte das Interview für Morgen vorgesehen. Zu spät.
Peter hat die Tagesschau mitgeschnitten, falls noch Schnittbilder gebraucht werden. Er lädt sie in den Computer für den Fall der Fälle, aber im Grunde sind es fast identische Bilder, die auch das Team von Tim gedreht hat, nur der Ton ist entscheidend besser.
Warten auf die Bilder und die kommen um 17.20 Uhr. Eintreffen der Koalitionspartner der SPD in der CDU-Zentrale.
17.35 Uhr, der Beitrag ist fertig. Peter spielt ihn aus dem Avid auf eine beta-Kassette. Gemischt wird ebenfalls im Schneideraum. Tim hängt die Telefone aus und zieht das Mikrofon zu sich.

Beitrag Tim Herden, 24.10.05, MDR-aktuell, 18:15 Uhr:

Heute geht es ums Geld. Im Mittelpunkt der zweiten Runde der Koalitionsverhandlungen zwischen CDU/CSU und SPD steht die Sanierung des Bundeshaushalts. Die Lage der Staatsfinanzen, so Hessens Ministerpräsident Koch, sei katastrophal:
(Roland Koch, Ministerpräsident Hessen)
„Meine Einschätzung ist leider, dass dieses Land Bundesrepublik Deutschland heute Abend flächendeckend von Heulen und Zähneklappern geprägt sein wird, weil wir erstmals den Zusammenhang darstellen werden, wie katastrophal die Finanzsituation ist, die wir übernehmen."
Zwischen 30 und 50 Milliarden Euro pro Jahr müssen Bund und Länder sparen bis 2009. Dann will die Große Koalition einen ausgeglichenen Haushalt vorlegen.
(Georg Milbradt, Ministerpräsident Sachsen)
„Es wird ein nationales Konsolidierungsprogramm werden müssen, wenn man mittelfristig die Zahlen erreichen will, die ich eben genant habe."
Ostdeutsche Politiker bemühen sich, trotzdem Streichungen beim Aufbau Ost zu vermeiden:

(Christoph Matschie, SPD-Landesvorsitzender Thüringen)
„Mir ist wichtig, dass wir die Wirtschaftsförderung und die Arbeits- marktpolitik für Ostdeutschland erhalten, sonst kommt das Land nicht auf die Beine."
Sicher scheint dagegen, dass die Eigenheimzulage gestrichen und die Pendlerpauschale gekürzt wird.

17.45 Uhr. Die Leitung für den fertigen Beitrag wird bestellt. Tim packt seine Sachen und wir machen uns auf den Weg ins Konrad-Adenauer-Haus. Währenddessen schneidet Markus den Beitrag für die 19.30 Uhr Ausgabe und Tim wird nach diesem Beitrag live geschaltet. Für die 21.45 Uhr Uhr-Ausgabe wird es dann andersherum laufen. Tim macht den Beitrag und Markus wird geschaltet.

Wir fahren mit dem 100er Bus und mir hängt schon wieder der Magen in den Knien. Schon von weitem erkennt man den hellerleuchteten Eingang der CDU-Zentrale. Davor stehen jetzt fünf SNGs der verschiedenen Sendeanstalten oder von freien Firmen. Tim geht zu einer und begrüßt die Mannschaft, stellt sich vor. Ein Kollege der SNG-Truppe geht mit uns hinein, zeigt Tim den angedachten und bereits eingeleuchteten Platz für die Schalte.

Wir zücken am Eingang der CDU-Zentrale unseren Bundestagsausweis, bekommen Zutritt und sind zu spät. Die CDU ließ Erbseneintopf und Kaffee auffahren, aber alles ist schon weg. Zwei Räume stehen den Journalisten zur Verfügung. Im Foyer haben sich zahllose Kamerateams aufgebaut, im zweiten fensterlosen Raum, mit einigen Tischen und Stühlen, warten 30 Leute auf die ersten Politikerstimmen. Einige der Kollegen haben zwischenzeitlich schon beim Chinesen angerufen und essen ihren Reis mit gebratener Ente. „Die Pizza ist da", ruft ein großer, schwarzhaariger Journalist und jongliert drei Pappkartons auf seiner Hand.

Fotografen haben ihre riesigen Objektive an die Wand gelehnt und einige von ihnen schicken ihre geschossenen Bilder, die jetzt auf dem Laptop vorliegen, per Wlan und UMTS in die Redaktionen oder Agenturen. Wieder andere studieren die Zeitung vom Tage, führen ein paar private Gespräche mit den Kollegen.

Leitern, Tonangeln und Photostative überall. Das große Warten geht weiter, doch erfahrungsgemäß haben auch Politiker den Sendeplan der Anstalten und den Redaktionsschluss der Zeitungen im Kopf. 21.30 Uhr, spätestens 22 Uhr ist Deadline, um zumindest noch in die Tagesthemen zu kommen.

Das aktuelle Programm im ZDF läuft im Hintergrund. Die Tische stehen voller Flaschen, auf dem Boden Zeitungen, Tonequipment, Photo- apparate. Im hellerleuchteten Foyer sind überall Kabel gezogen. Alles ist vorbereitet für die diversen Aufsager. Alles ist Stand-by. Neun Kamerateams stehen bereit, diskutieren jetzt miteinander über technische Neuerungen. Eine Kollegin neben mir erzählt gerade irgendjemanden am Handy von ihrer Arthrose – eine Etage
darüber sitzen die Spitzen der CDU/CSU und SPD und basteln an einer neuen Marschrichtung für Deutschland.
18.45 Uhr Tim geht einmal um den Block, um sich zu sammeln.
Die „Meute", wie sie in einem Film genannt wurde, kennt sich, ist zum Teil mehr mit den Kollegen als mit dem eigenen Partner zusammen. Hinten im Eck streitet sich ein Photograph per Handy mit einem Verantwortlichen des Verteidigungsministeriums. Seine Kollegin steht anscheinend davor und darf nicht rein. Mit Engelszungen redet er jetzt auf den Ministeriumsmenschen ein, bedankt sich lächelnd, als der doch zustimmt und der Dame Zutritt gewährt. Dann legt er auf und flucht „Idioten, Bundeswehr, Feldis". Er packt seinen Rucksack und geht.
Tim ist wieder da und erklärt mir nun, wie so eine Koali- tionsverhandlung abläuft. Da gibt es also eine Verhandlungs- kommission, die sitzt ganz oben und ist mit den Spitzen besetzt, wie Merkel, Schröder oder Stoiber, Landesvorsitzenden oder Partei- vorsitzenden. Diese Koalitionskommission hat 17 Unterkommissionen zu jedem Ressort, also Arbeitsgruppen zu den verschiedenen Themen, wie Arbeitsmarkt, Staatsfinanzen oder Gesundheit. Diese Unterkommissionen geben ihre Empfehlungen weiter an die Verhandlungskommission. Ist dort alles in trockenen Tüchern, gehen die ausgetüftelten Vorschläge in die Partei. Wenn sie dort abgesegnet sind, werden sie in den Koalitionsvertrag auf- genommen, wenn nicht, gehen sie wieder zurück in die Kommission.
19 Uhr. ZDF-heute läuft und jeder sieht die Bilder, die er ein bisschen ähnlich auch gedreht und somit auch im eigenen Beitrag verbraten hat. Auch hier der Koch-O-Ton, wie schon Tim in den 18.15 Uhr und die Tagesschau in den 17 Uhr-Nachrichten gesendet hat – auch hier die Aussage, dass 30 bis 50 Milliarden gespart werden müssen.
Dann eine Schalte ins Foyer zu Peter Frey. Ich sehe ihn von meinem Platz aus, einmal im Fernsehen und einmal 10 Meter direkt vor mir.
Der Cateringservice leert die Aschenbecher, räumt die Flaschen weg. Freie Teams wechseln draußen den Windschutz, setzen den von ntv ab

und stecken den gelben RTL-Schutz an. Im hinteren Eingang und durch eine Glaswand vor uns geschützt sitzen die diversen Sicherheitsbeamten der Minister.
Zwei, drei Teams gehen nach draußen. Die Masse drinnen wird nervös und plötzlich entsteht eine Hektik. Ein paar greifen nach ihren Kameras, die Assistenten eilen mit den Tonangeln hinterher. Wer zuletzt kommt, hat den schlechtesten Platz, also bloß nichts verpassen, raus in den Regen. Innerhalb von einer Minute ist der Raum leer. Zwei Minuten später hat sich wieder alles beruhigt und der „Club der einsamen Herzen" kommt zurück, setzt sich wieder hin und isst die übrige Pizza zu Ende.
„Ich finde unseren Beruf manchmal so schwachsinnig", ruft ein Kameramann und stellt die Mühle ins Eck.
Der Sicherheitsbeamte, der den Eingang bewacht, steckt sich erst einmal eine Zigarette an, die Aggregate der SNGs surren gleichmäßig im Dunklen vor sich hin.
19.17 Uhr. Tim geht auf Position, nimmt seinen Platz vor der Kamera ein. Ein Kollege kommt und gibt ihm das Mikrofon. Aus seiner Jackentasche zieht Herden nun seinen persönlichen Ohr- wurm, er hat die für ihn richtige Größe und ist immer mit dabei. Mit diesem kleinen Kopfhörer im Ohr hört er die Anweisungen der Regie in Leipzig und der Regie der SNG.
„Ja, ich höre dich", spricht Tim ins Mikro. Leipzig hat bereits Kontakt mit ihm aufgenommen. In fünf Minuten ist er auf Sendung. Er übt noch einmal seinen Text, das bringt für ihn Sicherheit und der Kameramann kann gleichzeitig seine Einstellung suchen, der Tonassistent den Ton auspegeln.
Auf einem kleinen Monitor verfolgt Tim das aktuelle Sendebild. Um ihn herum normales Treiben, niemand achtet auf einen Redakteur, nur weil der eine Schalte hat. Herden steht zwischen roten und schwarzen Kabeln. Neben ihm Equipmentkoffer und Kisten mit weiteren Kabeln, Walkie-Talkies und Goverband.
19.26 Uhr. Der Kameramann schaltet in seinem Sucher zwischen dem aktuellen Programm und Tim hin und her. Auch er ist über Kopfhörer sowohl mit der SNG als auch mit Leipzig verbunden.
19.30 Uhr, die MDR-aktuell-Kennung läuft. Themenüberblick, Begrüßung, Anmoderation des ersten Beitrags, der kommt von Markus Spieker, wieder kurze Moderation und Schalte nach Berlin.

Nach 1 Minute und 47 Sekunden ist alles vorbei. Licht aus, Mikrofon zurückgeben, Ohrwurm wieder in die Tasche, kurzer Dank von Tim ans Team und weiter.
Die EB-Teams (EB =elektronische Bildbearbeitung, sprich, die Teams, die rausfahren und nicht im Studio arbeiten) sammeln sich vor dem zweiten Eingang ins eigentliche Foyer der CDU-Zentrale. Langsam muss es doch jetzt hier eine Erklärung geben.
20.45 Uhr, wir sind wieder mit dem 100er Bus zurückgefahren und im ARD-Hauptstadtstudio. Peter hat Leberkässemmeln mitgebracht. Lebensretter. Tim geht in den Schnitt für den zweiten Beitrag. Diesmal nimmt er Peter Müller, Ministerpräsident Saarland, im O-Ton. Zeitgleich hat Peter wieder das Signal direkt aus dem Konrad-Adenauer-Haus zugeschaltet, falls die PK in den nächsten Minuten stattfinden wird, so können die aktuellen Bilder des Teams von Tim noch in den Beitrag eingefügt werden.
21 Uhr. Ein zweites Team für Morgen wird benötigt, falls mit Bisky etwas hochkocht. Tim ruft Lars an, bittet ihn, dies zu übernehmen. Der probiert jetzt die Disponentin der Firma anzurufen. Zehn Minuten später hat Herden sein zweites Team.
Tim erarbeitet im selben Verfahren den zweiten Beitrag. Er textet und Peter schneidet parallel. Wieder Absprache mit Leipzig. Es gibt keine Kürzung. Um 21.35 Uhr steht der Beitrag fertig gemischt einen Stock tiefer für das Überspiel bereit. Tims Tageswerk ist zu Ende, nach fast 14 Stunden. Wir schauen uns um 21. 45 Uhr die Nachrichten an und dann flimmert es auf der anderen Leitung, es tut sich was.
21.55 Uhr - Müntefering tritt vor die Kameras. Zu spät.

24.Oktober 2005

9 Leder statt Schneeflocke

Ich weiß, dass der 1.FC Nürnberg immer um den Klassenerhalt kämpft, ihn mit einer Regelmäßigkeit verliert und alle über den wohl anstehenden Abstieg in die Regionalklasse witzeln. Club-Fans hassen Greuther Fürth und umgekehrt, genauso wie die 60er die Bayern regelrecht verachten. Ich kenne wichtige Spieler vom Namen her und die allgemeine Schwierigkeit eines jeden Trainers, die Mannschaft zusammenzuhalten und bei einer Folge von verlorenen Spielen sich schon mal nach einem neuen Job umzusehen.
Dass Beckenbauer der Kaiser ist und Oliver Kahn im Tor der Nationalmannschaft steht, gehört auch noch zu meinem Grund- wissen. Uschi Disl läuft Langlauf und die Bamberger sind, schon alleine aus Lokalpatriotismus, die besten Basketballspieler in Deutschland.
Früher, in meiner Schulzeit, habe ich intensiv Sport getrieben. Sprint war meine Stärke, die 100 Meter lagen mir, doch über ein Mittelmaß schaffte ich es nicht und so wurde ich Journalistin.
Im Gegensatz zu anderen Frauen verleugne ich nicht, dass ich weiß, was Abseits ist und bei wichtigen Endspielen bei einer Welt- oder Europameisterschaft, sofern sie auch etwas mit spielen zu tun haben, sitze ich vor dem Fernseher.
Mit der Sportredaktion habe ich jedoch gar nichts am Hut. Sie gilt als finanziell gut ausgestattet - im Gegensatz zu den aktuellen - und ihre Mitarbeiter sind alle jung, dynamisch, mit einer Spur Arroganz behaftet und mit dem Privileg, in der ganzen Weltgeschichte herumzukommen. Ihre Einschaltquoten stimmen in der Regel und ihr politisches Wissen wird als eher mager eingeschätzt, schließlich liegt ihr Schwerpunkt auf der schönsten Nebensache der Welt.
Um 11 Uhr morgens auf der A9 Nürnberg-München sieht man die richtigen Fans schon auf der Fahrt Richtung Stadion. Sie sind leicht zu erkennen, denn entweder lassen sie ihren rot-weiß-blauen Schal aus den hinteren Fenstern baumeln, sie haben ihre Vereinstüchlein im Rückfenster gut

sichtbar aufgeklebt oder ein grölender Bus mit farbig angezogenen Menschen hebt die Bierflasche beim Überholen zu mir herüber.
Wie immer bekomme ich rund 10 Minuten, um mich überhaupt an meinen Gesprächspartner zu gewöhnen, um zu erahnen, was mich in den nächsten Stunden erwartet.
Nick Golüke trifft sich mit mir am Eingang des Bayerischen Rundfunks, kurze Begrüßung und schon fahren wir in Richtung Allianz Arena.
Heute spielt der FC Bayern gegen FSV Mainz 05. Golüke wirkt nicht unsympathisch, aber distanziert. Das edle Auto mit Ledersitzen chauffiert er ins Parkhaus für Besucher mit Sonderausweisen und schon sind wir auf den Weg zum Ü-Wagen von fair-play-productions. Diese Firma übernimmt in der Regel die technische Abwicklung der Bundesligaspiele in Nürnberg und München, sie stellt das Personal, das Equipment und kümmert sich um den reibungslosen Ablauf.
Um 13.30 Uhr ist die erste Besprechung fürs Team angesetzt in einem rollenden Container, der gleich neben dem Ü-Wagen und den Fahrzeugen von Premiere platziert ist.
Ich lerne Robert Freis kennen, den heutigen Stadionreporter, die Aufnahme- und Produktionsleitung und Jürgen Thiem vom SWR, der an der Seite von Nick Golüke das Spiel für die Rheinland-Pfälzer am Spielrand verfolgen und am Sonntag für seinen Regionalsender einen Bericht produzieren wird.
Draußen ist es kalt. Zwar zeigt das Thermometer -4 Grad an, gefühlt sind es aber -10 Grad. Im Container ist es schön warm und es gibt Kaffee. Ein einfacher Tisch mit Stühlen steht für Besprechungen bereit, vorne ein Fernsehgerät, Fax und zwei Telefone.
Das erste EB-Team ist gerade eingetroffen und Sigi Reimer, der Kameramann, kommt gar nicht dazu Nick zu begrüßen, weil er gerade am Schimpfen ist, da ihn ein Parkplatzwächter mit seinem BR-Auto nicht neben dem Container parken lässt.
„Da haben wir immer gestanden. Jedes Mal dasselbe. Auch der Wächter da vorne kennt mich, sieht unser Auto und fragt immer wieder nach der Akkreditierung". Das EB-Team (Elektronische Bildbearbeitung) beschreibt die Kamera, die nicht mit dem Ü-Wagen (Übertragungswagen) verbunden ist. Das Team besteht aus einem Kameramann und einem Assistenten und sie werden die Bilder außerhalb des eigentlichen Spiels drehen.
Sigi ist ein alter Hase, lange im Team und Parkwächter sind nicht sein Ding. Nicht schon jetzt aufregen. Der Assistent packt den Schlüssel und

Leder statt Schneeflocke 155

fährt den VW-Bus in die angrenzende Tiefgarage. Sigi kennt sich aus im Stadion, er kennt die wichtigen Leute, weiß, wen er ansprechen muss, kennt die Spieler. Das ist entscheidend. Das Fußballfeld ist auch sein Spielfeld. Zudem arbeitet er schon lange mit den Redakteuren zusammen, kann einschätzen, was für Bildmaterial sie genau von ihm erwarten. Die Kollegen im Container sind etwas zurückhaltend mir gegenüber, was nicht verwunderlich ist, schließlich weiß hier niemand, dass ich ebenfalls beim Bayerischen Rundfunk bin, und auch wenn sie es wüssten, bin ich nicht von ihrem Team, von ihrer eingeschworenen Mannschaft, sondern von einer aktuellen Redaktion, die sowieso keine Ahnung von all dem hier hat.
In diesem Falle versucht es der Journalist am besten über die Technikschiene. Das ist immer ein Anknüpfungspunkt für eine erste Lockerung, für den Aufbau eines Gesprächs. Auf die Frage an den Aufnahmeleiter, was diese Produktion an Kameraeinsatz erfordert, gelingt mir das.
Frithjof Ruthann, der die Aufgabe des Aufnahmeleiters heute übernimmt, wird warm und erklärt mir, welches Equipment im Einsatz ist: Insgesamt sind im Stadion acht feste Kameras installiert, vier auf der Haupttribüne, jeweils eine Kamera hinter dem Tor und zwei befinden sich am Spielfeldrand. Alle „Mühlen" sind direkt per Kabel an den Ü-Wagen angeschlossen. Sie liefern hauptsächlich die Bilder vom Spiel. Zusätzlich sind noch zwei EB-Kamerateams eingeteilt, die über Kopfhörer direkt auf Anweisung der Redakteure reagieren können.
Ein kleines Aufgebot für ein normales Bundesligaspiel, wie mir Frithjof Ruthmann erklärt: „Gegen Bremen hatten wir 18 Kameras im Einsatz".
Einzigartig in der Arena ist der Einsatz so genannter SSL, Spidercams. Sie sind wechselweise an vier verschiedenen Seilen oberhalb des Platzes aufgehängt, können über den Köpfen von Spielern und Zuschauer hinweg Aufnahmen liefern und dabei diagonal oder in geraden Linien bewegt werden. Hier ist großes Kino geboten.
Bevor ich jedoch Nick Golüke ins Stadion überhaupt folgen darf, werde ich ausgerüstet. Ein rotes Leibchen bekomme ich, das ich unbedingt immer tragen soll, es zeigt, dass die ARD Erst- oder Zweitrechte hat und damit darf ich mich dann am Spielfeldrand bewegen und bekomme überhaupt erst dadurch die Erlaubnis in die Nähe des heiligen Rasens zu gelangen. Wer blaue Leibchen trägt hat die Drittrechte der Vermarktung dieses Spiels gekauft. Graue werden an Photographen ausgegeben. Die

grünen Nylonhemdchen tragen die Techniker, die zum eigenen FC Bayern Produktionsteam gehören. Klare Ordnung.
In dieser Saison hat die ARD für die Samstagsspiele der Bundesliga die Zweitrechte der Vermarktung gekauft. Das erste Zugriffsrecht zur vollen Ausstrahlung des Spiels und für die Führung von Interviews besitzt derzeit Premiere.
Sonntags hingegen hat die ARD nur noch Drittrechte.
Ganz heikel auch die Aufnahmen in der Flash-Interview-Zone: Das Spielfeld ist eben und bis zu den Banden mit Rasen begrünt. Kurz vor Anpfiff klappt sich hydraulisch ein rund fünf mal fünf Meter großes Stück Rasen auf. Hier kommen die Prominenz und ihre Gegner heraus. Diesen Gang von den Kabinen zur Spielfeldfläche nennt der Fachmann Flash-Interview-Zone oder auch im ganz normalen Volksmund bekannt als Spielertunnel. Auch hier ist eine kleine Kamera angebracht. Bilder vom Gang der Fußballer nach oben dürfen ebenfalls nur die Anstalten zeigen, die dafür Rechte gekauft haben.
Damit aber nicht genug der Reglements. Was ein Reporter darf bzw. alles nicht darf, erklärt ein Schriftstück, das jedem Redakteur noch einmal vorgelegt wird.

Zitat aus dem Schreiben der Deutschen Fußball Liga GmbH, Frankfurt vom 26.11.05:

Zu keiner Zeit darf der Spielertunnel oder das Spielfeld betreten werden.
Vor dem Spiel dürfen einlaufende Mannschaften nur dann gedreht werden, wenn das EB-Team der Basisproduktion nicht im Weg/im Bild ist, d.h. EB-Teams stehen NICHT direkt vor dem Tunnel und dann zwischen den Spielern.
Gerne können hier Absprachen über die Aufnahmen der ein- laufenden Spieler mit dem Produktionsleiter und Regisseur des Basissignals getroffen werden um „nahe" Bilder über das Basissignal zu beziehen.
EB-Teams stehen während des Spiels grundsätzlich hinter der Torauslinie und können je nach Stadion oder Ansage durch den Verein maximal bis zur 16m Linie arbeiten.
Sollten diese Teams (ausschließlich rote Leibchen) bereits ab der 85.Minute Richtung Flash Zone gehen, muss die Kamera bis Abpfiff aus sein – Dreharbeiten während des Spiels zwischen den Trainerbänken sind nicht gestattet.

Blaue Leibchen führen ihre Interviews nur in der Mixed Zone nach dem Duschen der Spieler. Flash Interviews dürfen 90 sec. dauern. Die Medienbeauf-

Leder statt Schneeflocke 157

tragten und Pressesprecher der Vereine sind angehalten – langer dauernde Interviews abzubrechen und angefragte Interviewgäste, die unzumutbar lange warten in die Kabine zu schicken. Diese Massnahmen müssen wir leider treffen, da anscheinend weiterhin Interviews für regionale Sendungen von den Rotleibchen mitgemacht werden.

So weit so gut. Und das ist nicht etwa nur ein Schrieb, den der Journalist nach dem Durchlesen getrost weglegen kann und nicht mehr zu beachten braucht. Wer sich nicht daran hält, hat mit ernsthaften Konsequenzen zu rechnen.

Sogar die Anzahl der mitgebrachten Fans des Gegners sind limitiert. Von den 66 000 Zuschauern dürfen maximal 10 Prozent der Fans von der auswärtigen Mannschaft dabei sein.

Deutschland sei da aber noch richtig harmlos, meint Golüke. „In England bist du als Journalist nichts und als ausländischer schon gar nichts. Dort gibt es keine Pressekonferenz (PK), das öffentliche Training findet gerade einmal im Monat statt. Beim FC Bayern gibt es täglich eine PK. Ganz schlimm ist es in Italien. Juventus Turin und AC Mailand sind furchtbar rigide. Da kämpfst du als Sportjournalist um jeden O-Ton, um jede Stellungnahme, um jedes Bild."

Nick Golüke kennt diese ganze Prozedur seit sechs Jahren. In dieser Zeit ist er in seine Aufgabe als zuständiger Redakteur für den FC Bayern hineingewachsen. Den Posten als Field-reporter teilt er sich mit einem zweiten Kollegen, Thomas Klinger.

Insgesamt gehört er seit acht Jahren dem Bayerischen Rundfunk an. Mit viel Glück und einen Schuss Chuzpe ist er an diesen Job gekommen.

Nach dem Studium der Politologie (das zum Thema Sportreporter hätte nur wenig Ahnung von Politik) kam er 1996 als Redakteur zum DSF (Deutsches Sportfernsehen). Als die Zeiten immer schlechter wurden, musste der Sender entlassen und Golüke arbeitete als Freier dort weiter. Doch die Situation war unsicher und so schrieb er kurzerhand eine Bewerbung und marschierte zur Pforte des Bayerischen Rundfunks und ließ sich in der Sportredaktion anmelden. Die zuständigen Redakteure, damals Eberhard Stanjek und Lambert Dinzinger, waren in Sitzungen. Die Dame an der Pforte sicherte ihm zu, die Bewerbungsunterlagen an die Sportredaktion weiterzuleiten, doch darauf ließ sich Golüke nicht ein. Wenn er schon da ist, dann wolle er sich wenigstens den Bayerischen Rundfunk anschauen. Sein Charme siegte. Golüke ging schnurstracks in die Sportredaktion und hatte das Glück, dass ihm Lambert Dinzinger über den Weg lief und ihm 15 Minuten gab. Aus der Viertelstunde wurde fast eine ganze. Und als er so vor ihm saß, da lehnte sich Dinzinger zurück, so erinnert sich Golüke und sinnierte, dass er ihn sehr an sich selbst erinnere, als er vor langer Zeit fast auf dem gleichen Stuhl saß.

Zwei Tage später kam der Anruf von Stanjek und drei Tage später produzierte er bereits sein erstes Stück. Ein schwieriger Einstieg, denn er sollte vier Minuten über einen Judo-Kampf zur Deutschen Meisterschaft liefern und Judo ist eine Sportart, die schwer zu durchblicken ist mit ihren vielen Regeln. Die Feuertaufe und sein erster Bericht für Blickpunkt.

Im Normalfall arbeiten „Neue" zwei Jahre als Zulieferer, bevor das erste Stück für die Sendung „Blickpunkt Sport" fällig ist. Ein langer Weg und ein schwieriger. Auch für ihn, trotz des Glanzeinstiegs vor acht Jahren.

Die Branche ist hart, der Platz in einer Sportredaktion beliebt. Auch für ihn war der Anfang schwer, vor allem, sich gegen die Etablierten durchzusetzen. Von allen Seiten können Angriffe offen oder verdeckt kommen. Gefeit ist hier niemand, zu Herzen nehmen darf man sich nicht alles, sonst geht man unter. Jetzt hat er einen Status, der ihn unabhängig macht.

Mit 24 Jahren war Nick Golüke der jüngste Sportreporter des Bayerischen Fernsehens. Trotz allem ist er noch immer fester-freier Mitarbeiter, wie rund 80 Prozent der Beschäftigten in dieser Abteilung. Insgesamt ist die Redaktion mit rund 40 Mann besetzt.

Noch ist er jung, noch strebt er keine Festanstellung an, weil er „draußen" sein will, Berichte machen. Abgesehen davon, dass natürlich auch die Honorare höher ausfallen und jeder Bericht, jeder Arbeitstag Geld bringt. Ein Angestellter hat seine festen Stunden und sein festes Gehalt, ein Freier hat hier noch Gestaltungsspielraum: Je mehr er arbeitet, desto mehr verdient er. Natürlich unter der Prämisse, es ist genug Arbeit da, aber in diesem Punkt kann sich Golüke nicht beschweren. Ausschließen möchte er einen Wechsel auf eine Festanstellung nicht. Wer weiß, ob er in zwanzig Jahren noch immer rund um den Globus jetten kann und will. Und: Ein fester Platz ist schließlich ein fester Platz.

13.30 Uhr. Besprechung des ARD-Teams im Container. Robert Fries, als Stadionreporter, übernimmt die Gesprächsführung. Seine Aufgabe ist es, alle Fäden in der Hand zu behalten. Er spricht mit Aufnahme- und Produktionsleitung alles ab, klärt, was und wie viel die Sportschau oder die Tagesschau haben möchte und hält den Kontakt zu dem Field-Reporter

Golüke und dem Reporter Gerd Rubenbauer, der heute die Sportschau übernehmen wird.
„So Leute, wir haben heute mehr Zeit. Geplant waren sechs Minuten, aber das Spiel Duisburg-Köln fällt aus und wir können damit volle acht Minuten abgeben. BÜ ist 1 Minute (Bildüberhang nach dem Bericht). Überspielen sollten wir nach Vorgabe um 18:53".
Der Einstieg sollte, so die Kölner Redaktion der Sportschau, die Übermacht der Bayern über die Mainzer dokumentieren, dann der Spielbericht an sich und ein paar Interviews zum Verlauf. „Tagesschau kommt eventuell noch dazu, Nick. Wenn, dann wie immer eine Minute. Sigi, du bleibst auf Makaay und mit halbem Auge auf Deisler. Das zweite EB-Team konzentriert sich auf Pizarro. Häng dich dran", so die Anweisung von Fries. „Ballack spielt nicht. Sollte er dabei sein, auf der Tribüne sitzen, dann nimmt ihn Sigi mit, okay? Ich bleibe heute im Container und führ die Kameraleute über die Kopfhörer."
13.50 Uhr. Der Teambus der Mainzer fährt hinter unserem Container zu den Umkleidekabinen.
Aufnahmeleiter Frithjof ist ein wichtiger Mann. Er hat bereits mit den Verantwortlichen des FC Bayern besprochen, dass beide EB-Teams auf dem direkten Weg durch die Klappe runter können und in der Flash-Zone Interviews führen dürfen. Ob aber insgesamt Stellungnahmen nach dem Spiel abgegeben werden, muss er noch mit dem Pressesprecher der Bayern, Markus Hörwick, klären. Er ist ein wichtiger und ein mächtiger Mann. Bei diesen Temperaturen kann es leicht sein, dass Hörwick die Spieler gleich in die Kabine zum Duschen schickt und erst anschließend Interviews möglich sind.
„Wir checken die Tonanlage noch einmal um 14 Uhr, bis dahin frohes Schaffen", schließt Fries die Besprechung.
Frithjof hat mittlerweile auch die Infomappe von imp (impire) besorgt, einem Dienstleister für die Bundesliga-Datenbank. Die imp ist nach eigenen Angaben die einzige offizielle von der DFL anerkannte Datenbank zur Fußball-Bundesliga.
Über 70 Mitarbeiter, so der imp, erarbeiten an jedem Spieltag aktuelle Analysen und Auswertungen zum Bundesligageschehen. Sie geben eine Vorschau zu den Spielen, erstellen Nachbetrachtungen, Analysen.
57 Seiten liegen Golüke nun von diesem Dienstleister vor. Aufgeführt ist die aktuelle Tabelle der Bundesliga, die Top-Themen zum Spiel, der Sai-

sonverlauf der Teams oder beispielsweise wichtige Informationen zur Partie.

Auszug aus imp-Mappe, 26.11.05:

Top-Themen – Spielplananalyse

Bayern-Lauf
Der FC Bayern feiert im 13.Saisonspiel, wenn auch glücklich, in Bielefeld den 11.Sieg. So haben die Bayern bei 5 Punkten Vorsprung auf Verfolger Werder 4 Spieltage vor dem Abschluss der Hinserie die besten Aussichten auf ihre 15.Herbstmeisterschaft seit Bestehen der Bundesliga. Nur 70/71 und 92/93 sind die Bayern als Herbstmeister am Ende der Saison dann nicht Meister geworden.

Bayern-Spieltag
Der kommende Spieltag kann für die Bayern nach einem Dreier gegen Mainz mit einem 8 Punktevorsprung auf die Verfolger enden. Bremen spielt in Schalke und der Hamburger SV ist in Leverkusen zu Gast.

Es folgt ein Überblick über die Stärken und Schwächen der einzelnen Mannschaften. Die Redakteure der imp loben die Bayern in der Defensive genauso wie in der Offensive und zeigen die Schwächen der Mainzer auf.
Es folgen in dem Schriftstück die einzelnen Angaben zu den Spielern von Ballack bis Hargreaves, sogar mit Angabe der Größe und des Körpergewichts.
„Zwei Scouter von imp sitzen bei jedem Spiel dabei", erklärt mir Frithjof, „die dokumentieren alles, ob ein langer oder ein kurzer Ball oder wie viele Ballkontakte jeder einzelne Spieler hatte."
Nick Golüke notiert sich die wichtigsten Stichpunkte, beispielsweise über Ballack.
Auf seinen Spickzettel steht dann: Ballack 16s-15-1-0, was für einen Laien für mich wie folgt zu erklären ist:
Plichtspiele gab es 16 ohne und 53 mit Ballack, davon ging die Partie ohne Ballack mit 15 Siegen, einem Remis und keiner Niederlage aus. Mit ihm hatten die Bayern in den Pflichtspielen 36 Siege, 6 Remis und 11 Niederlagen. Alles dokumentiert. Jeder Ball, sogar, dass ohne Ballack im Durchschnitt 2,9 Punkte an die Bayern gingen und 2,2 mit dem Star.
„Ich kann diese Diskussionen über Ballack echt nicht mehr hören", meint Freis. „ich glaube sowieso nicht, dass Ballack ein Angebot aus Madrid o-

der von Manchester United hat. Die sagen doch nichts mitten in der Saison, für ein Angebot ist doch der Zeitpunkt viel zu früh. Hoffentlich ist das Thema bald erledigt und wir können wieder über anderes berichten." Ob die Tagesschau heute einen Bericht übernimmt, hängt von der Leistung der Mannschaften ab. Ist es eine interessante Partie, dann wird Golüke heute Abend unter Hochdruck noch eine Minute für die Tagesschau liefern müssen. Jetzt ist die Aufteilung der Reporter folgende: Gerd Rubenbauer wird das Spiel auf dem extra vorgesehenen Platz auf der Tribüne verfolgen. Bereits während des Spiels wählt er zusammen mit dem 1. MAZ-Redakteur die wichtigen Spielpassagen aus. Der MAZ-Redakteur ist ein Mitarbeiter, der den journalistischen Schnitt mit der Cutterin durchführt. Er textet jedoch nicht.

Im Ü-Wagen sitzt ein zweiter MAZ-Redakteur, der bereits während der Partie zusammen mit der Cutterin die wichtigsten Szenen zusammenschneidet und die Zeiten dokumentiert. Nick ist verantwortlich für die Interviews nach dem Spiel. Während der Partie hält er jedoch Kontakt mit Rubenbauer, um Spielszenen zu bewerten, sich generell auszutauschen. Jetzt ist erst einmal kurze Pause für alle. Ich bekomme ein rotes Bändchen für mein Handgelenk mit dem Aufdruck „Presse Club FC Bayern München". Mein lieber Mann, jetzt bin ich drin und zwar richtig. Das heißt, mit der speziellen Eintrittskarte komme ich in den Presseflügel des Stadions, mit dem roten Leibchen in das Stadion und mit dem roten Bändchen in den eigentlichen Presseraum. Dort finden die Pressekonferenzen statt, dort treffen sich die Pressevertreter und dort wird der Journalist umhegt.

Ein leckeres Buffet wartet mit verschiedenen Salaten, Gulasch und Bratkartoffeln sowie Getränken. Im vorderen Bereich stehen rund 40 Bistrotische und Stühle, der hintere Bereich ist hörsaalmäßig aufgebaut mit bequemen Polsterstühlen und im Vordergrund die Bühne für die Sprecher, Trainer und Spieler der Vereine, mit FC Bayern geschmückter Wand im Hintergrund.

Rolf Töpperwien, Sportkommentator des ZDF, sitzt auch schon da. Ein Kollege der Süddeutschen Zeitung begrüßt Nick und spricht Golüke auf die letzten Tage in der Türkei an. „Sag mal, was war denn bei dir los. Das war ja schon genial als du live im Fernsehen den Satz, mein Kameramann wird gerade geschlagen, von dir gegeben hast."

Eine nicht einfache Situation für Golüke. Im WM-Qualifikationsspiel zwischen der Türkei und der Schweiz war es im Stadion in Istanbul unmit-

telbar nach Spielschluss zu Ausschreitungen gekommen. Die Schweizer sollen dabei auf dem Weg in die Kabine von den türkischen Spielkollegen tätlich angegriffen worden seien. Angeblich gingen die Attacken auch in den Katakomben des Stadions weiter. Ein Spieler der Schweizer musste nach Angaben des Vereins sogar in ein Krankenhaus eingeliefert werden. Nun denkt FIFA-Präsident Blatter über eine befristete Sperre des türkischen Verbandes bis hin zu einem Ausschluss von der nächsten WM nach. In zwei Wochen soll darüber eine Entscheidung fallen.
Nick Golüke war live auf Sendung für die ARD als die Spieler den Weg in die Kabine antraten und attackiert wurden. Gleichzeitig ging man auf seinen Kameramann los. „Da ist mir schon kurz das Herz in die Hose gerutscht. Vor allem geht die Sache jetzt weiter. Gestern bekam meine Frau einen Anruf. Irgendjemand nuschelte seinen Namen und verlangte meine Handynummer, die sie ihm natürlich nicht gab. Danach hat dieser Mann noch zweimal versucht an meine Nummer durch die Redaktion heran zu kommen. Anschließend kam ein Fax, dass der Präsident des türkischen Fußballverbandes noch 30 Minuten in Deutschland sei und mich treffen möchte. Ich habe natürlich sofort die Sache mit dem Justiziar des Bayerischen Rundfunks besprochen. Der hat abgeraten zu diesem Kontakt. Ich bin gespannt, was da noch alles auf mich zukommt."
Solche Ausschreitungen sind in seinem Berufsleben zum Glück die Ausnahme. Abwarten, was durch die WM 2006 alles auf Deutschland zukommt.
Schon früh wusste Golüke, das er entweder Pilot oder Sportreporter werden wollte. Das Ganze hört sich wie aus einem typischen Hollywood-Film an, war aber bei ihm tatsächlich so. Im Keller kommentierte der kleine Knirps bereits damals schon sein eigenes Fußballspiel und die Eltern wurden erst darauf aufmerksam, als die Nachbarn sich darüber beklagten, dass immer so komische Geräusche aus dem Keller zu hören seien, Schreie, die sich eventuell wie „Tor" anhörten.
Damals waren die Bayern die angehimmelte Mannschaft, heute sind sie Alltag für ihn. Als „Bayernbeauftragter" des Bayerischen Rundfunks wird von ihm erwartet, dass er den Kontakt zu den Spielern, zum Trainer und zu den anderen wichtigen Funktionären im Verein pflegt. Das ist keine einfache Sache, denn auf der einen Seite, darf er es sich nicht mit den Bayern verderben und kritische Berichterstattung ist nur bedingt möglich, auf der anderen Seite ist er Journalist und damit zur objektiven und kritischen Berichterstattung verpflichtet.

Ein Vabanquespiel. „Wenn du mit einem der Führungspersonen Ärger hast, dann ist es schwer den Job zu machen, denn der gibt an den Rest der Mannschaft weiter, mit dem sprichst auch du nicht, der ist böse. Das kann dein Leben als Journalist ganz schön zur Hölle werden lassen." Golüke wird nachdenklich: „Manchmal denkt man sich schon, wofür habe ich eigentlich studiert, doch nicht, um mich richtig demütigen zu lassen. Ich bin Krebs als Sternzeichen und musste lernen, Distanz zum Beruf zu bekommen. Austoben kann ich mich woanders." Das Austoben ist für ihn die Mitarbeit oder die Produktion eigener Reportagen für die Redaktion report aus München. Zwei bis dreimal im Jahr erarbeitet er, in Zusammenarbeit mit den Kollegen, Berichte für das innenpolitische Magazin, beispielsweise in der Vergangenheit zu Wetten im Tennissport oder dem Finanzskandal bei Borussia Dortmund. „Es war nicht einfach die Recherchen hinzukriegen, aber es hat Spaß gemacht und danach war es nicht einfach, meine Arbeit wieder im Fußballstadion aufzunehmen. Das spricht sich ja herum, dass du einen Bericht darüber gemacht hast."
Es gibt aber für Nick Golüke auch die schönen persönlichen Kontakte. Mit Lizarazu verbindet ihn etwas, Freundschaft will er nicht direkt sagen. Lizarazu engagiert sich für seine eigene Umweltschutzorganisation. Er steht dahinter und die beiden haben sich schon oft darüber unterhalten. Mit Giovanni Elber verbindet ihn ein kumpelhaftes Verhältnis. Golüke hat Elber bereits in Lyon privat besucht.
Auch mit anderen Spielern hat er Anknüpfungspunkte. „Man muss sich aber daran gewöhnen und ich habe mich daran gewöhnt, dass du dich abends noch normal und gut mit Oliver Kahn unterhältst und am nächsten Tag, wenn er auf dem Weg zum Training an dir vorbei läuft, kennt er dich nicht mehr, grüßt er dich nicht einmal. Ich glaube, viele Spieler haben sich einen Tunnelblick zugelegt. Sobald sie auf das Gelände des FCB kommen muss das vielleicht auch so sein, um sich abzuschirmen."
Positiv in München ist die gute Zusammenarbeit unter den Journalisten. Ob Sat1 oder RTL, ob ZDF oder Premiere. Man kennt sich, jeder weiß, wie er den anderen einzuschätzen hat. In Situationen, wenn das gedrehte Material knapp ist, tauscht man die Bilder untereinander aus.
Sein berufliches Leben besteht zu 90 Prozent aus Fußballberichterstattung. Nur ab und zu schafft er es auch einmal längere Reportagen zu produzieren, beispielsweise über die Macher der WM 2006. Das bringt dann richtig Spaß. Früher war ein zweites Spezialgebiet von Golüke noch der Langlauf, doch seit die ARD die Bundesliga-Rechte erworben hat, ist

er nur noch auf den Fußballfeldern der Welt unterwegs. „Ich musste mich damals entscheiden zwischen Schneeflocke und Ball".
Was ihn besonders für den Job qualifiziert hat und ihn auch half sich in der Sportredaktion des Bayerischen Rundfunks zu etablieren, waren vor allem seine persönlichen Geschichten. Es ging bei ihm nicht nur darum, was auf dem Feld passierte. Paulo Sergio hat er beispielsweise in den Zoo begleitet und seinen Bericht darüber begonnen, wie der Bayernstar mit Elefanten Fußball spielte, oder zumindest es versuchte.
An den veränderten Wochenrhythmus haben er und seine Frau sich gewöhnen müssen. Seit 13 Jahren kennen sich die beiden, seit zwei Jahren sind sie verheiratet. Elf Monate ist der jüngste Spross der Familie. „Wir sind beide in die Situation hinein- gewachsen und heute wäre es schwer eine Partnerin zu finden, die meinen Beruf so akzeptiert wie er ist."
Das heißt konkret, dass seine Arbeitszeit in der Regel von Freitag bis Dienstag läuft und Mittwoch meist auch Donnerstag sein eigentliches Wochenende ist. Zudem kommt hinzu, dass Nick Golüke von 52 Wochen des Jahres 25 im Ausland oder zumindest unterwegs ist.
„Mein Freundeskreis setzt sich aber hauptsächlich aus Leuten zusammen, die nichts mit meinem Job zu tun haben. Vielleicht auch ganz bewusst."
Seit Moritz auf der Welt ist, hat sich sein Leben und auch die Einstellung dazu geändert. Wenn er zuhause ist, dann ganz bewusst. Die Zeit mit seinem Sohn ist ihm wichtig, Papiere, die vielleicht noch durchgearbeitet werden müssten, bleiben liegen. „Auf längeren Dienstreisen nehme ich die Familie immer mit. Länger als 14 Tage geht ohne sie nichts."
14.40 Uhr. Es ist soweit. Zum ersten Mal in meinem Leben betrete ich ein Bundesliga-, ein Weltmeisterstadion, betrete ich die Allianz-Arena. Ich warte auf das Kribbeln, das einen überkommen soll, doch so toll ist es nicht. Es ist ein Fußballstadion, es ist mit ein Viertel der erwarteten Besucher besetzt. Es ist riesig.
14.45 Uhr. Ich befinde mich im Schlepptau von Golüke und der ist auf dem Weg zu Felix Magath. Verschmitzter Blick beim FC Bayern-Trainer. Nick versucht Seit an Seit mit Rolf Töpperwien die Spieleraufstellung für diesen Tag von Magath zu erfahren. Auf einen Zettel mit aufgezeichnetem Spielfeld hat er schon einige Namen eingetragen, den Rest will er sich jetzt vom Trainer bestätigen lassen, doch der ziert sich. Auf Nachfrage lässt er dann doch mal ein Nicken erkennen und irgendwann hat Golüke die wahrscheinliche Aufstellung auf seinem Zettel vermerkt. Der geht jetzt per Fax ab zur Sportschau nach Köln.

Leder statt Schneeflocke

Langsam kommt da ein Kribbeln bei mir auf. Noch bin ich nicht sicher, ob es an der irren Kälte liegt oder an der irren Atmosphäre in der Allianz-Arena. Das Ufo, wie ich es für mich persönlich nenne.
Stephan Lehmann begrüßt als Stadionsprecher die Fans des FSV Mainz 05 und die sind schon richtig in Fahrt.
Oben auf dem Stadionbildschirm läuft die Uhr rückwärts und zeigt die verbleibende Zeit bis zum Anpfiff. Es sind 38 Minuten und die Klappe zu den Spielerkabinen bewegt sich nach oben. Die Spieler kommen zum Warmlaufen und leichtem Kicken aufs Feld, bejubelt von den bereits anwesenden Fans.
Golüke zeigt mir seinen Arbeitsplatz für die nächsten 115 Minuten. Ein blauer Tisch neben dem roten von Premiere. Der Kollegentisch, mit zwei Monitoren bestückt, davor ein Mikrofon. Bei der ARD ein Monitor und ein großes Schaltpult mit Knöpfen für eine Sprechverbindung zum Beobachter, in diesem Falle Gerd Rubenbauer, dem Stadionredakteur und vor allem zu den EB-Teams. Ich sitze in der zweiten Reihe, hinter Golüke und dem SWR-Kollegen Thiem und bei uns liegt auf drei grauen Plastikstühlen genau eine blaue Decke bereit und zwar für Nick Golüke. Bereits nach wenigen Minuten werde ich ihn um dieses Privileg beneiden.
Sechs Meter von der Linie sitze ich entfernt, tummle mich mit rund 50 Reportern, Kameraleuten, Technikern, Helfern, roten, grünen, blauen und grauen Leibchenträgern herum. Im Hintergrund läuft spacemäßige Musik, dröhnend soll sie die Stimmung im Stadion auf Spannung trimmen, auf ein großes Ereignis, das jetzt auf die Besucher zukommt. Die Show ist hervorragend inszeniert und bis ins kleinste Detail genau geplant.
Auf den Bildschirmen im Stadion läuft das eigene FC Bayern Fernsehen, moderiert von Stephan Lehmann, mit der Vorstellung von Fans, dem Nachwuchs und gespickt mit Interviews.
15 Uhr. Die Mainzer laufen auf den Rasen, machen sich jetzt ebenfalls warm. Lehmann begrüßt die Mannschaft und die Kurve mit den Fans tobt. Hinter uns läuft das Maskottchen des FC Bayern Hand in Hand mit der Miss FC Bayern des Monats ein. Beide posieren für die Fotographen. Lehmann interviewt sie und Uli Hoeneß, der Manager der Bayern, stellt sich kurz dazu. So nah war auch ich noch nie an ihn herangekommen, an Hoeneß selbstverständlich, weil Misses und Maskottchen sind nicht so mein Ding.
Die anderen Anwesenden interessiert die hübsche Blondine ebenfalls weniger. Sie werfen natürlich alle einen Blick auf sie, unterhalten sich nach

einer Minute aber lieber über die Aufstellung und es ist anscheinend auch Zeit einen Tipp abzugeben. Sigi hält sich zurück und meint nur, dass insgesamt fünf Tore fallen werden. Golüke tippt auf einen Spielausgang von 3:0, logischerweise für die Münchner.
Die Mainzer sind nun nicht unbedingt eine starke Mannschaft. Momentan belegen sie den 14. Platz in der Bundesligatabelle mit 12 Punkten, die Bayern, wie immer ganz oben an der Spitze mit 34 Punkten. Würde der FCB heute gewinnen, dann würden die Münchner einen neuen Bundesliga-Rekord aufstellen, nämlich nach 14 Spieltagen 12 Siege zu erringen. Doch die Mainzer sind immerhin seit drei Spielen ungeschlagen und Trainer Jürgen Klopp hat bereits vor dem Anpfiff verkündet, dass er es den Bayern nicht allzu leicht machen will.
Es ist kein Topspiel. Der Ausgang ist für alle Beteiligten eigentlich klar, wobei es schon des Öfteren böse Überraschungen für die Champs gegeben hat. Doch die Redaktion musste sich weit im Vorfeld entscheiden, wie sie das Spiel einstuft. Ist es ein Derby, ein Spiel unter Top-Favoriten, dann werden zwei Schnittplätze gebucht, um alle Sender und alle Sendungen zu bedienen. Heute ist ein Platz für den BR-Schnitt im Ü-Wagen reserviert.
Wenn ich es mit meinen Berichten vergleiche, dann scheint das hier eigentlich nicht allzu schwer zu sein. Es ist relativ absehbar. Es ist ein Spiel, es wird Tore geben und Fouls. Die müssen rein, dann noch die Interviews zum Ergebnis, zum Spiel an sich und das war es.
„Ja, eigentlich schon richtig von der Einschätzung", meint Golüke. „Die Tagesschau kritisierte oft und zu Recht, dass es nach diesem Strickmuster geht und deshalb versuche ich immer eine eigene Geschichte zu erzählen, versuche ich, ein besonderes erstes Bild zu finden und darauf meinen Bericht aufzubauen. Auch Rubi versucht von diesem Schema F abzuweichen. Wir haben des Öfteren jetzt versucht vor allem die EB-Aufnahmen einzubauen und die Standardaufnahmen, die überall laufen, auszuklammern. Das macht viel mehr Mühe, benötigt viel mehr von der eh knapp bemessenen Zeit, aber es lohnt sich. Das hat auch jeder vom Team festgestellt und die Motivation ist dadurch gestiegen."
Es ist doch ein irres Gefühl hier zu stehen, denn die Ränge füllen sich. Es wird immer lauter im Stadion. Erst ruft die Kurve auf der einen Seite „Bayern", dann erwidert die Kurve auf der anderen Seite „Bayern". Alles ist diesmal fast in Einheitsfarben geschmückt, denn die Mainzer tragen weiß-rot, die Bayern-Fans weiß-rot-blau. Das Publikum puscht sich selbst

Leder statt Schneeflocke

durch gesungene, vom Text abgewandelte 80er-Jahre-Schlager. Es ist ein kleiner Vulkan, der noch auf lauer Flamme kocht, der aber jederzeit immer stärker werden kann, bis zum richtigen Ausbruch.
Die Trainerbänke sind keine aneinander gereihten Plastikstühle, sondern edle Lufthansa First-class-Leder-Sitze, so, als wären sie gerade der nächstbesten Boing 737 entnommen und auf dem überdachten Spielfeldrand geschoben worden. Der Sponsor lässt grüßen und lässt sich nicht lumpen. Natürlich auch hier Fürsorge ohne Ende, denn auf jedem Sessel liegt eine Decke und natürlich auch hier eingestickt in blau die Buchstaben FCB.
Mittlerweile sind es gefühlte -12 Grad. Ich versuche meine Finger immer abwechselnd in die Tasche zu stecken. Golüke meint nur, dass sich das Anziehen seiner langen Unterhosen schon jetzt ausgezahlt hat. Ich habe keine, nicht aus Stolz, sondern weil ich nicht wusste, dass es so kalt in einem Stadion sein kann.
Abgesehen davon findet er den Mainzer Trainer Jürgen Klopp einen Supertypen. Der sei ja so kumpelhaft, dass sei schon enorm, meint der FCB-Berichterstatter.
15.10 Uhr. Die Ränge füllen sich und nur noch wenige Plätze sind unbesetzt. Die Spieler sind wieder zurück in ihre Kabinen. Ein Wart läuft noch einmal das Spielfeld ab und drückt durch die Schuhstollen herausgezogene Rasenstückchen wieder fest.
Die Mainzer haben ihren eigenen Stadionsprecher, Klaus Hafner, mitgebracht. Gemeinsam mit Stephan Lehmann steht er jetzt in der Mitte und ein gängiges Spiel beginnt. Hafner nennt die Aufstellung der Mannschaft. Er ruft die Vornamen und die Fans brüllen den Nachnamen. Genau dasselbe Spiel folgt mit den Bayern.
15.25 Uhr. Die Masse tobt. Die Bayern drücken die Tröten, die Mainzer brüllen. Sechs riesige Fahnen werden vor den beiden Toren im 16er-Raum postiert. Hier läuft eine Inszenierung, eine verdammt gute. Die Stimmung wird gelenkt, es wird alles getan, um die Sache wie den Auftritt von Superstars wirken zu lassen. Ein einziger durchdringender Ton aus den Boxen heizt die Stimmung an.
Es bleiben 2:40 Minuten bis zum Anpfiff. Sicherheitsleute mit den „Security-Leibchen" sitzen rings um das Spielfeld mit dem Gesicht zur Tribüne.
15.29 Uhr. Die Bayern und die Mainzer laufen ein ins Stadion, angeführt von drei schwarzen Herren. Die Spieler führen an ihren Händen Kinder im

gelb-schwarzen Trikot. Begleitet werden sie vom Kommentar des Stadionsprechers.
Golüke setzt sich den Kopfhörer auf. Sein SWR-Kollege ebenfalls. Darüber verfolgen beide den Kommentar von Premiere und können Kontakt zu den Kollegen halten.
Das Spiel schaut von der Seite ganz anders aus. Die Spieler sind nah, man sieht die Wassertropfen auf ihrer Stirn, man sieht jeden Gesichtsausdruck viel deutlicher als über dem Bildschirm, man spürt die Atmosphäre.
Ich blicke, wie Golüke und Thiem, abwechselnd auf den Monitor und auf das Spielfeld. Es ist ein Unterschied im Gefühl wie Tag und Nacht. Im Fernsehen sieht das ganze viel distanzierter und viel perfekter aus, fast schon zu glatt. Hier am Spielfeldrand spürt man das Schwitzen, die Taktik und die Anstrengung. Man hört Pizarro und Auer, man fühlt Deisler und Zidan.
Ich friere und verstehe, warum ich frieren muss. Golüke könnte theoretisch eigentlich das ganze Spiel auch im trockenen, warmen Container am Stadionrand verfolgen, aber er würde es nicht erleben. Seine Fragen nach dem Spiel wären nicht authentisch, sie würden nicht das herüber bringen können, was der Zuschauer erwartet.
Ich friere weiter. Ich kann eigentlich gar nicht mehr richtig meine Notizen auf das Blatt Papier bringen. Golükes Stift gibt den Geist auf und ich hauche mir einen Teufel, bevor die Miene langsam wieder warm wird und ich weiter schreiben kann.
15.37 Uhr. Das erste erwähnenswerte Foul. „Zidan ist gut, ich weiß nicht, warum sich der nicht in Bremen durchsetzen konnte", der SWR-Kollege sinniert. Er sitzt rechts neben Golüke.
Am oberen Rand der Tribüne haben die Fans des FC Bayern ihre Transparente aufgehängt. „Kulmbach" reiht sich an „Sauerland", an „Koblenz", an „Weilach", an „Veringendorf". Bei gefährlichen Szenen geht ein Raunen durch die Masse.
Die Mainzer sind gut, nicht so schwach, wie sie anscheinend von den Bayern eingeschätzt wurden. Klopp hatte recht mit seinem Kommentar, man werde es ihnen nicht einfach machen. Die Mannschaft scheint darauf eingestimmt. Sie stehen den Bayern auf den Füßen, sie lassen sie nicht wirklich frei laufen.
Golüke und Thiem schauen immer wieder nach links zu den Kollegen von Premiere. Dort laufen gegengleich auf dem zweiten Monitor die weiteren

Partien des Tages. Der Zwischenstand wird auch im Stadion auf der Leinwand angezeigt. Es erscheint ein „Tooooor" und darunter die Schrift „1.FC Nürnberg- Borussia Dortmund 0:1". Ich sag´s doch, die sind irgendwie die ewigen Verlierer, diese Franken. Da bleib ich doch lieber meiner Basketballheimmannschaft Bamberg treu. Die packen es zumindest ab und zu mal, an die Spitze zu kommen.
Fußball ist Geschäft und zwar ein riesiges Geschäft. Da brauch` nicht ich daher kommen, um diese Weisheit zu verbreiten, aber wie die kleinen Einnahmen laufen, bemerke ich jetzt erst: Oben auf der Tafel des Stadions wird das Paulaner Eckverhältnis eingeblendet und es steht, nur zu ihrer Information, bei 1:1.
Golüke sitzt völlig aufrecht mit blauer Decke über den Knien geschlagen. Männer sind Weicheier, denke ich mir und wünsche gleichzeitig, ich hätte die Decke, denn unerklärlicherweise wird es plötzlich noch kälter. „Sag mal, hat da jemand das Tor aufgemacht? Das zieht ja hier wie Hechtsuppe plötzlich." Der SWR-Kollege leidet wie ich.
15.48.25 Makaay auf Pizza, notiert Golüke auf seinem Zettel neben dem Monitor.
15:48:52 Kahn
Die Finger verschränkt er zwischen den Notizpausen immer wieder, steckt sie unter die Achselhöhlen, um sie warm zu bekommen.
15.51:42, ich notiere, dass Kahn fast eins in seinen Kasten bekommen hätte. Der Nationalspieler wirkt auf mich völlig arrogant und dabei ist er Torwart, er ist nicht Bundeskanzler. Doch die Fans feuern ihn an und er selbst ist am Fluchen, schreit der Mannschaft etwas zu.
Ich sitze und friere immer mehr und wünschte wenigstens so ein Linienrichter sein zu dürfen, der aufgeregt nach vorne und dann wieder zurück saust.
Die Bayernfans lassen ein leichtes Murren erahnen. Die Chöre werden leiser, hie und da ein Pfiff, ganz vereinzelt. Sie murren nicht, sie werden ruhiger, Zeichen genug anscheinend, dass sie mehr „Spiel" von der Mannschaft sehen wollen.
Kahn schreit mit vorgerecktem Kinn auf die Spieler ein. „Der ist ganz schön sauer und auf 180", meint der Schalke-Fan Thiem.
Schalke-Bremen 1:0
Freude beim Kollegen.

15:59:09 Tor der Bayern, notiert Golüke. Auf der Stadiontafel erscheint die Anzeige und Stephan Lehmann brüllt den Fans zu: „28.Spielminute Tor durch die Nummer 14, Claudio Pizarro."
„Hast du gesehen, Kahn hat sich an den Oberschenkel gefasst, der ist leicht gezerrt, leicht verletzt". Der Kollege vom SWR ist mitten drin und live dabei. „Mein Gott, der Ismael spielt ja so einen Mist heute."
Lautstark trommelt es in der Südkurve und Oli kriegt soeben eins rein. 33. Spielminute, schöner Schuss durch Auer, kann ich da nur sagen.
16:00:00 Pizza allein, notiert Golüke weiter.
Halbzeit. Premiere baut vor unserem Tisch sein Pult für den Kommentar auf. Ein silbernes Gestell. Alles läuft völlig routiniert ab: zwei heben das Pult an den Spielrand, einer schiebt den Monitorwagen in Sichtweite, der gepuderte Moderator mit Knopf im Ohr positioniert sich. Und ab.
45 Minuten Bundesliga live sind vorbei. Kaum zu glauben. Kollege Thiem will das EB-Team auf der Position belassen, also sprich, auf die Torwand von Oli Kahn gerichtet. Er muss es absprechen mit Rubenbauer und als er den Knopf der Schaltanlage drückt, fängt Golüke schon an zu grinsen. Er weiß, was kommt. Ich bekomme nichts vom Gespräch mit, sehe nur die Reaktionen: Drücken von Thiem, Lächeln von Golüke und der Kommentar „ein Versuch war es wert." Das EB-Team wechselt die Seite und stellt sich in Position auf das Mainzer Tor.
Ich habe keine Finger mehr. Mit meinem Rotleibchen gehe ich schnurstracks in den Pressebereich. Warm, auf rotem Teppich. Ich will nur ein bisschen Wärme für die nächsten 45 Minuten. Muss ich die mir wirklich anschauen am Spielfeldrand? Innen läuft Premiere. Die Journalisten stehen an den Bistrotischen, hauchen sich in die zusammengefalteten Hände.
Die ersten grauen Leibchen ziehen sich das Nylonüberzieherteil aus und geben es an einer Ausgabe ab. Sie haben anscheinend ihre Bilder.
Das security-Personal im dunklen Anzug diskutiert über den Spielverlauf und einige der Premiereleute kommen und wärmen sich ebenfalls auf.
Der Moderator, der gerade noch am Spielfeldrand seinen live-Aufsager hingelegt hat, eilt in den Presseraum mit den Worten: „Und, habe ich es euch nicht gesagt, 2:2 wird es ausgehen."
Das Spiel läuft wieder. Die zweite Halbzeit hat soeben begonnen und ich will nicht raus, aber ich muss. Vorzeigen der VIP-Karte, rotes Leibchen, alles kein Problem, ich werde durchgewinkt.

Leder statt Schneeflocke

„Mainz ist überraschend stark und Bayern überraschend schwach gewesen in der ersten Halbzeit. Die Mainzer stehen den Bayern permanent auf den Füssen", so Golüke.
Die Techniker haben sich die Schals über die Nase gezogen und selbst einige Spieler tragen Handschuhe.
Die Arena strahlt nach außen rotes Licht ab, innen leuchtet das Flutlicht.
54. Minute, wieder ein Tor für die Bayern und bei Golüke steht auf dem Papier:
42:40 Schweinsteiger. Klopp zerknirscht.
Immer wieder nimmt er mit Rubenbauer über den Schaltknopf Kontakt auf, diskutiert die Spielsituationen durch.
Der Aufnahmeleiter bringt Kaffee. Er ist dünn, wärmt aber von innen.
Auf der gegenüberliegenden Seite lehnen die Fotografen ihre Apparate mit den Objektiven auf die Bande.
„Sag, spricht Pizarro deutsch?", fragt der SWR-Kollege. „Naja, Kauderwelsch".
Thiem schaut immer wieder auf den Premieremonitor. „Wenn Schalke verliert, dann ist das heute endgültig der Abschied vom 3.Platz".
Schalke – Bremen: 2:1
Die Mainzer wechseln Spieler aus.
Im Container hat der Stadionredakteur gerade Kontakt zur Sportschau gehabt. Noch mal 30 Sekunden mehr haben die Kölner ihm gegeben. Leverkusen war kein gutes Spiel.
Draußen steht schon die Reinigungsmannschaft mit Besen und Schaufeln bereit.
Es ist fünf Minuten vor Abpfiff und die Mainzer kämpfen bis zum bitteren Ende. In der Schlussphase verlässt sogar der Torwart seinen Kasten und geht mit nach vorne.
„Nick, willst du Magath?", fragt der Aufnahmeleiter. Er wird sich jetzt darum kümmern die Interviewgäste zu Golüke zu bringen, abzuklären, wer überhaupt für Interviews vorgesehen ist. „Magath haben wir Morgen im Studio. Ich hätte gerne Pizarro oder Deisler."
Noch zwei Minuten. Die Klappe am Spielfeldrand öffnet sich und wir laufen nach vorne.
Abpfiff. Die Mainzer lassen den Kopf hängen und die Bayern laufen auf ihre Fans mit hocherhobenen Händen zu. Die jubeln ihnen entgegen.
Am Spielfeldrand zu den Kabinen steht Markus Hörwick und drängt die Journalisten zurück. Er pickt sich einzelne Spieler heraus, wirft ihnen eine

Decke über die Schulter und schiebt sie vor die Kamera. Töpperwien bekommt Auer, Golüke Pizarro. Deisler kommt, auch ihm wirft Hörwick eine Decke zu und Frithjof legt eine blaue der ARD darüber. Sie triefen vor Schweiß. Die Haare sind völlig nass. Pizarro geht zu Töpperwien, Deisler zu Golüke. Vier Fragen und Schluss.
Die beiden ARD-Teams sammeln sich. Nachdem alle Spieler verschwunden sind gehen auch wir in die Flash-Zone, ins Heiligste.
Der Teppich auf dem Betonboden ist voller Grasstückchen. Erst alle Stufen hinunter, dann wieder hinauf. Links und rechts jeweils ein Raum für Interviews und Pressekonferenzen. Es ist ganz still hier, während draußen die Fans lautstark ihre Plätze räumen.
„Ich sagte fünf Mann und keine zehn. Das geht so nicht. Fünf nicht zehn", schreit Hörwick. Frithjof kommt ganz aufgeregt auf mich zu und packt mich am Arm. „Du musst doch raus. Geh, sonst bekommen wir Ärger."
Das waren meine aufregenden zwei Minuten in den Katakomben.
Ich marschiere in den Pressebereich, treffe ein paar Kollegen, ziehe mein hübsches rotes Leibchen aus und gehe zur gerade begonnenen Pressekonferenz. Das Buffet ist mittlerweile verschwunden und die Journalisten lauschen schon den Worten von Magath und Klopp. Dazwischen sitzt Markus Hörwick und stellt die ersten Fragen an die beiden.
Nach zwei Minuten ist alles gesagt. Der Pressesprecher wendet sich an die Kollegen, ob denn noch weitere Fragen seien. Nichts, keiner will mehr was wissen.
„Danke. Die Bayern übrigens trainieren am Dienstag wieder." Eine Hörfunkkollegin mit FFH-Mikrofon wartet auf Klopp und Töpperwien auf Magath. Der will erst nicht, dann darf der ZDF-Mann doch mit seinem Team dem Trainer in einen Nebenraum folgen.
Draußen unterhalten sich die Kameraleute über das Spiel und über Nebensächlichkeiten. „Hast du das gesehen, der Kahn ist doch tatsächlich auf ein Kind zugegangen und hat ihm sein Trikot gegeben. Das habe ich in den letzten Jahren noch nicht erlebt. Er hat ihm sogar die Hand geschüttelt."
Am Ü-Wagen ziehen die Techniker bereits die Kabel ein. Überall stehen Kisten herum.
Innen herrscht Hektik. Bea, die Cutterin und der MAZ-Redakteur, Jürgen Wagner, sind heftig am Schneiden. Über eine Schaltanlage bekommen sie gesagt, was Rubenbauer in seinem Bericht an Inhalten haben will.

18.15 Uhr. Es sind vier Minuten geschnitten. 10 Kassetten stapeln sich auf dem Schneidetisch, hinter uns ebenfalls Kartons mit Material.
Das Spiel wurde durch zwei so genannte MAV-Systeme aufgezeichnet, das sind 4-kanalige Festplattenrekorder.
Mit einem MAV können vier Kanäle nach den eigenen Wünschen bestückt werden, also beispielsweise einer als Rekorder und die anderen zeichnen die Bilder von drei Kameras auf. Bei Fußball wird in der Regel auf einen Kanal das Premiere-feed aufgezeichnet, also das Bild, was Premiere ausstrahlt. Der zweite Kanal nimmt die Bilder der Hintertorkamera auf und ein weiterer in der Regel die Aufnahmen der K1, das ist die Kamera, die oben mittig auf der Tribüne postiert wurde.
Beim Einsatz von zwei MAVs lassen sich demnach 8 Kanäle belegen. Wird eine Kamera einzeln aufgezeichnet, dann spricht man beim Fernsehen von einer abgesteckten Kamera, da alles von ihr aufgenommen wird und nicht nur ein paar Bilder, die der Bildmischer einschneidet.
Der Vorteil des MAVs ist nicht nur seine hohe Laufzeit von zehn Stunden, sondern vor allem, dass nachdem die Aufnahme gestartet wurde, die Bilder sofort zur Wiedergabe zur Verfügung stehen.
Früher war ein so genannter Bandwechselschnitt erforderlich, heißt, der Cutter musste warten bis zum Ende der ersten Halbzeit, dann hat er das Band gewechselt und konnte so mit dem ersten Band arbeiten. Heute holt sich Bea die Bilder als Daten von der Festplatte des MAVs, der auf drei Kanälen weiter aufzeichnet und auf dem vierten kann sie bereits schneiden.
Beides läuft parallel, was die Arbeit erheblich erleichtert. Bea hat bereits einen ersten Vorschnitt mit den wichtigsten Szenen auf dem MAV gemacht und Jürgen Wagner hat sich die Zeiten dazu notiert. Jetzt schneidet sie den Beitrag auf beta-Band aus dem vorgeschnittenen Material.
Jürgen Wagner hat zugleich einen Monitor mit Multikameraansicht vor sich, d.h. er kann auf einem Monitor alle aufgezeichneten Kamerabilder gleichzeitig betrachten.
Da sie auch noch verkoppelt waren, d.h. alle haben exakt den gleichen Timecode und damit exakt dieselbe Situation aus verschiedenen Perspektiven aufgezeichnet, kann sich Jürgen die beste Einstellung aussuchen.
Sacco, so sein Spitzname, sitzt als 1. MAZ-Redakteur oben auf der Tribüne und bespricht noch einmal mit Rubenbauer den Aufbau des Stückes durch. Die Änderungen gibt er nach unten in den Ü-Wagen durch. „Da

müssen wir kürzen. Die Szene will Rubi rausnehmen. Dann das Bild 15:20, Schweinsteiger. Ja, genau und nach 10 Sekunden raus."
Thiem kommt mit einer weiteren Kassette in den Ü-Wagen. Die Schnitteinheit ist so klein, dass nur zwei Stühle hineinpassen. Alle anderen müssen sich an die hintere Wand stellen. „Ich habe den Klopp richtig schön wütend, wie er seine Mütze auf den Boden schmeißt."
Golüke drängt sich in den Wagen, der 2. MAZ-Redakteur macht Platz. „Wie hört denn Rubi auf? Ich habe Klopp, Deisler zur neuen Achse für die Nationalmannschaft befragt. Einen kurzen Kahn habe ich auch."
„Es bleiben dir 40 Sekunden".
Golüke überlegt laut: „Dann Deisler, anschließend Klopp und Kahn und dazwischen 4 Sekunden Mainzer Spieler."
Im Schnittraum stehen und sitzen jetzt sechs Mann auf fünf Quadratmeter. Bea klettert immer wieder auf ihren Schneidetisch, um ganz oben die Kassetten in den Rekordern wechseln zu können.
18:28. Golüke telefoniert mit Rubenbauer. Der will Klopp, Schweinsteiger und Deisler drin haben. Kollege Thiem schlägt noch Auer vom FSV Mainz vor, doch Rubenbauer entscheidet.
„Geh mit der vorletzten Antwort rein. Lass mal hören. Nein, das geht nicht, das versteht niemand, auch wenn wir meine Frage mit reinnehmen. Schmeiß den Schweinsteiger raus, lieber doch den Kahn, der sagt, dass man bei den Bayern in der 1.Halbzeit nicht kapiert hat, wie motiviert die Mainzer hier angekommen sind. Ja, genau und zack raus."
Golüke rechnet die Sekunden. Es ist 18:37 Uhr.
„Wir haben noch fünf Minuten bis zum Vorlegen", spricht ihn Robert Fries über die Schaltanlage an.
„Wir müssen ändern, ich rufe Rubi an. Das haut mit den O-Tönen so nicht hin. Rubi muss einen Zwischensatz einfügen."
Der Kollege vom SWR versucht doch noch mal seinen Auer unterzubringen, aber Golüke winkt ab. Es bleibt keine Zeit mehr für Diskussionen.
„Hau dran und dann die Überhangbilder", so Golüke zu Bea.
Die gibt während des Schnitts schon einmal die Abfolge an die Tonregie weiter, denn ein Manuskript von Rugenbauer wird es nicht geben, gibt es nie. „Nach dem Spiel zwei O-Töne, dann noch einmal acht Sekunden Rubenbauer, dann ein O-Ton und wieder Rubenbauer mit Schluss."
Robert Freis gibt durch, dass die Tagesschau keinen Bericht will. Golüke hat damit nach diesem Schnitt Feierabend.

18:43. Die Überhangbilder halten auf. „Die senden die doch eh nicht alle. Zeig die Bayern, wie sie jubeln und davor die Mainzer, wie sie vom Platz gehen."
Der Regisseur mahnt über die Schaltanlage den Beitrag an. „Wie weit seit ihr, ich muss vorlegen."
Bea hat den Schnitt fast fertig. Die letzten Sekunden laufen. Da sie nicht direkt von hier aus den Beitrag nach Köln abspielen kann, hat sie alles auf eine normale Beta-Kassette gezogen.
18:49. Der Bericht ist fertig. Ab nach vorne in den Ü-Wagen zum Überspiel.
Wir bleiben sitzen und verfolgen die Sportschau am Bildschirm.
Rubenbauer liest live ein. Er hat in der Regel keinen Text, sondern arbeitet lediglich mit Stichpunkten. Er kommentiert so zusagen live die Bilder und hat damit ein absolutes Zeitgefühl, da Rubenbauer exakt bis zu den O-Tönen reden darf.
Golüke und Thiem sind zufrieden. Ihr Arbeitstag zu Ende.
„Kann dein Kleiner eigentlich schon Tor sagen?" „Klar, das war das erste Wort, was ich ihm beigebracht habe. Außerdem spiele ich seit dem 2. Monat schon mit ihm Fußball", spricht der stolze Vater Thiem.
19:10 Uh. Sammeln zur Nachbesprechung im Container. Der ist fast überfüllt, denn nun sind alle da. „Alles gut gelaufen, vielen Dank an alle", so Robert Freis zur Mannschaft. Das wars. Die Gruppe löst sich auf.
Morgen geht es weiter für Golüke. Da steht ein Treffen mit dem Fan-Club des FC Bayern im Altmühltal an. Ballack ist auch dabei und damit keine eventuellen Fragen zu seinem Wechsel gestellt werden, wollte der Verein, dass selbst die Kinderfragen vorher an den FC gefaxt werden.
Sieben Tage ist Golüke jetzt bereits im Einsatz. Von Montag bis Donnerstag war er so genannter Wochenreporter in der Sportredaktion und hat einen Vorbericht zum Champions-Spiel Bayern gegen Rapid Wien für die Abendschau (Vorabendprogramm des Bayerischen Fernsehens) produziert. Am Mittwoch dann den entsprechenden Nachbericht. Donnerstags gab es einen Pressetermin mit Sepp Maier in der Arena und am Freitag hat er die Trailerproduktion für die Sendung Blickpunkt Sport übernommen. Darin wird eine Vorschau gegeben, was die Zuschauer am Montag erwartet.
Heute das Spiel, sonntags Fan-Treffen. Einen Tag später dann ein Dreh in der Gummibärchenfabrik, die eine eigens produzierte FC Bayern-Serie

auflegt, mit Pokalen und Meisterschale als Motiv. Montags Schnitt und dann geht es weiter.
Heute Abend darf er aber unerwartet früh nach Hause. Vielleicht ist Moritz ja noch wach und er kann mit ihm das Wort „Tor" üben.

26.November 2005

10 Alle kochen nur mit Wasser

Es ist kein Tag wie jeder andere, es ist keine Sendung wie jede andere. Die US-Verteidigungsministerin Condoleezza Rice stattet der neuen Bundeskanzlerin Angela Merkel einen Antrittsbesuch ab, in der Bundesliga wird das Spiel Duisburg gegen Köln nachgeholt und Hans-Dieter Hüsch in ist der vergangenen Nacht im Alter von 80 Jahren verstorben.

Es ist kalt, ich bin im hohen Norden, in Hamburg, eine halbe Stunde zu spät dran und das bei der Vorzeigeredaktion der ARD, den Tagesthemen. Betonbauten aneinandergereiht, nette Pförtner und auch hier wieder sofort ein Lageplan mit allen NDR-Gebäuden, der mir in die Hand gedrückt wird. Haus 18, Raum 3, gleich links um die Ecke.

Um 10 Uhr war für Knut Schaflinger, dem CvD, Chef vom Dienst, Dienstbeginn. Auch er fängt seinen Arbeitstag mit einem „Checken der Lage" an, durchforstet die Agenturen, wirft einen Blick in die Zeitungen, schaut auf die Pläne der Tagesschau.

Rice ist überall der Aufmacher und auch bei seinem grob erstellten Plan für heute steht die US-Verteidigungsministerin ganz oben an.

Seit 7 Uhr morgens ist die Moderatorin der Sendung, Anne Will, bereits unterwegs mit der Planungsredakteurin Julia Leonhard. Sie sind auf dem Weg nach Berlin, denn den ARD-Tagesthemen wurde als einziger deutschen Sendeanstalt gestattet ein Interview mit der US-Ministerin zu führen. Um 12 Uhr soll es im Interconti stattfinden. Die Bibliothek ist bereits für das ARD-Team reserviert.

Knut führt mich kurz im Großraumbüro herum. Hier reiht sich Schreibtisch an Schreibtisch, hier sitzen die Planer von Nachtmagazin, Tagesschau und Tagesthemen.

Kaum angekommen geht es schon in die erste Redaktionssitzung - eine von vielen.

11.30 Uhr Planungskonferenz, erster Stock. Wer sich im Gebäude bewegen will, kann das nur mit seinem Dienstausweis. Wie in einem

Vorstandsgebäude eines großen Wirtschaftsunternehmens lassen sich Flügeltüren nur mit dem Durchziehen des Dienstausweises öffnen.

Die ARD-Redaktion ist versammelt, an der Spitze besetzt mit Dr.Kai Gniffke, dem Chefredakteur der ARD-aktuell Redaktion in Hamburg, den Planern, CvD und dem Redakteur der Moderatorin. Er liefert ihr Nachrichten und Hintergrundinformation für die Moderation, die Anne Will schreibt.

Die Einschaltquoten des gestrigen Tages werden besprochen: 12,5 Prozent Marktanteil mit 2,61 Millionen Zuschauer. Der Redakteur ist mit den Tagesthemen (TT) zufrieden. Die Sendung davor übergab mit 14 Prozent und TT hat die Quote gut gehalten. Jedes einzelne Stück wird noch einmal besprochen, jede einzelne Position durchgegangen. Wäre es doch besser gewesen mit der CDU aufzumachen oder waren die Vorwürfe, die CIA hätte geheime Militärgefängnisse in Europa, doch ganz gut an der Spitze platziert? Und dann noch der Kommentator. Bei aller Liebe, aber die hellblau-flieder-glänzende Krawatte wäre schon eine blanke Zumutung fürs Auge gewesen. „Die war von buy-one-get-two", witzelt ein Kollege.

Sechs Mann sitzen um den schwarzen ovalen Tisch, im Hintergrund ein Bild der Muppets-Show, daneben eins von Ulrich Wickert. Das Programm des heutigen Tages wird vorgestellt. Eine außergewöhnliche Sendung erwartet heute nicht nur den Zuschauer, sondern auch das Team der Tagesthemen. Wenn sie um 22.30 Uhr startet, dann gehören ihnen 28 Minuten Sendezeit, doch heute blockieren bereits zwei große und überlange Blöcke den Spielraum des CvD: Condoleezza Rice muss ungekürzt gespielt werden und das Bundesliganachholspiel mit 3.30 Minuten wird heute ebenfalls laufen. Die ARD hält die Erstsenderechte an der Bundesliga und hat somit zum einen die Verpflichtung das Spiel in einer gewissen Sendelänge im Programm zu berücksichtigen, zum anderen laufen gerade die Verhandlungen für die nächste Saison und die will man mit der Ausstrahlung aller Spiele, zumindestens in Teilen, rechtfertigen und unterstreichen.

Neben mir malt der Kollege kleine Häuschen und Strichen auf sein Papier mit der Planung der Sendung.

2004 wurde Condoleezza Rice als erste afroamerikanische Frau und zweite Frau überhaupt zur Außenministerin der USA bestellt. Sie gilt innerhalb der Bush-Regierung als Hardlinerin, zählt zu den so genannten Hawks. Das Interview mit ihr wird keine leichte Sache, denn: in wie weit

wird sie Nachfragen zulassen, in wie weit wird sie sich zu den Vorwürfen über die Entführung eines deutsch-libanesischen Staatsbürgers äußern, der angeblich von den USA in ein Gefangenenlager gebracht und dort unter Folter verhört worden sein soll.
Aus dem Hauptstadtstudio der ARD hat Knut dazu ein Hintergrundstück von Joachim Wagner bestellt. Noch ist jedoch unklar, wie der Inhalt genau aussehen wird, denn die gemeinsame Pressekonferenz von Bundeskanzlerin Merkel und US-Verteidigungsminsiterin Rice steht noch aus. Es muss abgewartet werden, wie sich die beiden Damen äußern.
Es bleiben der Planung der Tagesthemen trotz heutiger Zugabe von einer Minute angesichts der außergewöhnlichen Lage noch 9 Minuten. Cameron wurde zum neuen Tory-Chef ernannt und der RWE wird vorgeworfen, Strommasten schlecht gewartet zu haben und so während eines extremen Schneefalls in Nordrhein-Westfalen Schuld am Umknicken der Masten Schuld zu haben. Am kommenden Freitag soll sich der Stromkonzern gegenüber dem NRW-Landtag äußern, doch schon heute will RWE eine erste Stellungnahme dazu abgeben. Der WDR aus Köln hat dazu ein Hintergrundstück angeboten. Anhand eines betroffenen Unternehmers soll aufgezeigt werden, welchen Schaden die Firma durch den Stromausfall erlitten hat. Diskussionen, denn nur ein Stück wird heute Platz in den Tagesthemen finden können. RWE contra Tory-Chef Cameron. „Nach Rice würde uns ein deutsches Stück gut tun", meint Schaflinger, doch Kollege Christian Zimmermann plädiert für den Tory, schließlich ist noch immer unklar, ob RWE sich wirklich explizit zu den Vorwürfen äußern wird oder doch nur wieder eine Nebelkerze mit Unschuldsbeteuerungen aussendet. Debatte, Abstimmung, Entscheidung und der WDR-Köln erhält mit seinem Stromausfall den Zuschlag.
Doch was, wenn das Rice-Interview länger ausfällt als geplant? Die Vereinbarung dazu war, dass es keine Kürzung geben wird. Wie ist heute ein sinnvoller Aufbau der Sendung möglich, um nicht zu lange Blöcke aneinanderzureihen? Rice, Nachrichtenblock eins, Sport, Nachrichtenblock zwei und Hüsch als letzten Beitrag? Sport zwischen den News? Die Antwort wird auf später verschoben.
12.10 Uhr. Der Ablauf einer aktuellen Nachrichtensendung bleibt oft bis kurz vor Sendungsbeginn offen. Warum, das zeigt sich beim Zurückkommen an Schaflingers Arbeitsplatz. Über dem Bildschirm läuft eine Eilmeldung: „Flugzeugabsturz in Teheran".

Im Iran hat die ARD derzeit keinen Redakteur vor Ort, jedoch einen so genannten Stringer. Der kümmert sich um Über- setzungen, organisiert Autos und Termine, ist aber oft kein aus- gebildeter Journalist. Die Kollegen der Tagesschau haben bereits versucht Kontakt zu ihm und zu Peter Althammer, zuständiger Korrespondent für dieses Gebiet, herzustellen. Noch laufen auch über die so genannten Euronews keine Bilder. Diese Einrichtung ist vergleichbar mit den Agenturen für das Wort. Sie liefern aktuelle Aufnahmen. Jede Sendeanstalt kann sich durch ein Abonnement dort einkaufen, auch nur Teilabnahmen vereinbaren. Zulieferer ist beispielsweise Reuters-TV. Fünf Mal am Tag kommen die Überspielungen zu festen Zeiten. Jede Sendeanstalt hat eine eigene Abteilung für die Euronews eingerichtet. Sie sichten das Material, archivieren es und produzieren meist täglich aus den Bildern NIFs (Nachrichten im Film) für die Newssendungen. Gleichzeitig gibt es meist in den Agenturen für die Euronews so genannte Dop Sheets. Kurz wird darin aufgelistet, was von dem jeweiligen Thema an Bildmaterial zu erwarten ist und welche Interviewpartner einen O-Ton abgeben.
Im Moment bleibt Knut nichts weiter übrig als abzuwarten und die Konkurrenz, das ZDF, anzuschauen. Dort wird gerade Ulrich Tilgner zum Flugzeugabsturz live geschaltet, doch auch er hat in Teheran noch keine Bilder.
Schaflinger macht sich an seine Hauptaufgabe als CvD. Er nimmt Kontakt mit den Autoren auf, spricht mit Ihnen den Inhalt der bestellten Stücke ab und wird sie heute den ganzen Tag über telefonisch begleiten. Knut ist derjenige, der die Sendung letztlich zu verantworten hat, das heißt, er ist sendeverantwortlich.
Auch heute werden es wieder 14 Stunden sein, die er arbeitet. Dafür gibt es jedoch Freizeitausgleich.
Insgesamt besteht das Team aus zehn Männern und Frauen, die sich abwechseln in Planung und dem Job des CvDs.
Donnerstags ist die so genannte Schichtübergabe. Dann setzen sich die vier Planer (einer nur fürs kommende Wochenende, drei für die gesamte nächste Woche) und der derzeitig verantwortliche CvD und der Kollege, der ihn ablöst, an einen Tisch und bearbeiten das Programm. Zwei bis drei Stunden Sitzungszeit ist keine Seltenheit. An diesem Tag laufen in der Regel auch die Themenvorschläge der gesamten ARD-Sendeanstalten ein. Die wiederum werden von den ARD-Aktuell-Redaktionen beispiels- weise vom Bayerischen, Hessischen, Norddeutschen oder Saar-

ländischen Rundfunk zusammengeschrieben und nach Hamburg gefaxt oder gemailt. Und jede beteiligte Fernsehanstalt der ARD möchte natürlich auch angemessen in den Tagesthemen vertreten sein, so dass Schaflinger und seine Kollegen auch darauf bei ihrer donnerstäglichen Sitzung achten müssen. An diesem Tag wird ein erster Plan auch bereits mit der Chefredaktion hier im Hamburger Haus besprochen. Doch alles ist nur vorläufig, denn schnell kann sich aktuell etwas ereignen und darauf muss reagiert werden. „Schatzkästchen" nennt Schaflinger den so genannten Stehsatz. Das sind in der Regel zwei bis drei Stücke, die zeitlos sind und somit immer eingesetzt werden können, wenn ein Beitrag ausfallen sollte, in letzter Minute das Programm umgeschmissen wird oder ein Stück „wegbricht".

Am Freitag beginnt in der Regel sein eigentlicher Dienst als CvD. Samstag und Sonntag hat er frei. Montag bis Donnerstag schiebt er täglich 14 Stunden für die Tagesthemen.

Knut ist ein Macher, was für Autoren angenehm ist.

In seiner 20jährigen Berufspraxis als Fernsehjournalist hat er weit mehr als 2000 Filme produziert. Er weiß, wovon er spricht, er kann beurteilen, ob eine Story in kurzer Zeit umsetzbar ist oder nicht.

Knut selbst sieht seine Aufgabe auch darin, das zweite Auge für den Autor zu sein, denn oft sind Journalisten betriebsblind, wollen zu viel in ein Stück hineinarbeiten. „Ich habe schon hohen Respekt vor den Reportern, die für die 17 und 20 Uhr-Tagesschau ein Stück produzieren und dann anschließend auch noch einen Bericht für die Tagesthemen machen. Ich weiß, was das für ein irrer Stress ist, denn jede Redaktion wünscht sich ein eigenes Stück mit jeweils anderem Schwerpunkt."

Insgesamt versuchen er und das Team mit der Sendung eine ganz eigene Handschrift zu zeigen. „Die politische Berichterstattung soll sich am Zuschauer orientieren. Ich will, dass die Themen heruntergebrochen werden auf die Bevölkerung. Ich sehe die Tagesthemen als Nachrichtenmagazin mit Hintergrund. Das ist auch das erklärte Ziel der ARD. Wir gehen über die Meldungen der Tagesschau hinaus und zeigen, was hinter der Geschichte noch steckt. Du musst die Zuschauer durch den Mehrwert an unserer Sendung binden."

Die Tagesthemen wollen keine verlängerte Tagesschau sein und eigene Themen setzen. Immer wieder versuchen die Redakteure in Hamburg Geschichten an der Peripherie aufzuspüren und in Auftrag zu geben. Das Verhältnis ist dabei etwa 30:70, heißt, 30 Prozent der Stücke sind direkt

hier vorgeschlagen worden und zu 70 Prozent werden Vorschläge für Berichte genommen, die von den Landesfunkhäusern kommen.
Knut Schaflinger ist jedoch kein einfacher CvD. Er setzt hohe Maßstäbe an die Autoren, er will, dass sie eine eigene Handschrift entwickeln, so wie er es selbst bei seinen Stücken getan hat. Knuts Berichte erkannte der Insider sofort. Nicht nur, weil sie oft ausgefallene Themen behandelten, sondern auch, weil die Sprache seine Sprache war. „Ich habe einmal ein Portrait über die Eiche gemacht, die wurde gerade zum Baum des Jahres ernannt. Nach vielen Recherchen habe ich herausbekommen, dass unter genau dieser Eiche Könige gesessen haben oder Mozart unter einem solchen Baum bei Seeon seine Nachtmusik komponiert haben soll. Damals hatte ich auch noch vier Drehtage für mein Stück, das muss ich zugegeben, aber ich wollte immer etwas Besonderes abliefern."
Zugleich hat er es immer verstanden, sehr literarische Texte zu den Berichten zu liefern. Ein Stück hat er sogar komplett in Reimen betextet. Im heutigen hektischen Geschäft, schafft das keiner mehr oder wenige wollen es auch machen. Das kostet Zeit und Zeit ist vor allem für freie Mitarbeiter Geld.
„Ich wollte schon immer Sichtweiten verändern. Mir sind gut getextete Stücke lieber als bildausdrucksstarke", meint der Poet, denn nach seiner Tagesaktualität zieht er sich oft in der kleinen Wohnung in Hamburg zurück und schreibt Gedichte. Bereits sein viertes Buch mit den poetischen Ansichtsweisen über die Welt ist auf dem Markt. Er braucht das Schreiben für einen gewissen Ausgleich, erzählt er mir. Es ist für ihn wie ein Ventil für den Stress und der Hektik, dem schnellen Wechsel der Nachrichten.
Wenn er Zeit und Muße findet, doch meist ist er an seinen freien Tagen in Bayern. Seine Familie hat vor 10 Jahren beschlossen, nicht von Augsburg nach Hamburg zu wechseln, als er die Stelle beim Norddeutschen Rundfunk angeboten bekommen hat. Und so pendelt Knut zwischen den zwei Städten, wenn es die Zeit erlaubt und eben die Muße.
In den zehn Jahren in denen Knut nun schon bei den Tagesthemen ist, hat sich auch die Kommunikation zwischen den Autoren und den CvDs geändert. Vor allem die jüngeren Reporter und Korrespondenten sind kommunikativer geworden, diskutieren offen über ihre Stücke und Themen. Früher war der „Mann im Ausland" oft ein Redakteur, der

seinen Bericht ohne große Absprache produziert und dann nach Hamburg geschickt hat. „Friß oder stirb", nach diesem Motto kamen die Stücke an. „Die Kultur des Dialoges ist heute ausgeprägter", urteilt Knut.
Es folgt ein schnelles Mittagessen in der zwei Häuser entfernten Kantine. Während Schaflinger hineinschaufelt, die Hälfte stehen lässt und wieder an seinen Schreibtisch eilt, kann Martin Riederer sein Fischragout so gut es geht genießen. „Ich bin froh, dass sich die Dienste als CvD mit dem Planerposten abwechseln. Nach einer Woche als Chef vom Dienst bist du einfach geschafft, dann kommt dir der andere Job wie Erholung vor."
Als Wochenplaner gilt es zu wichtigen Terminen in dieser Woche Stücke zu bestellen. Als Tagesplaner wird die Sendung tagesaktuell zusammengestellt und als CvD übernimmt der Redakteur die Sendeverantwortung.
Heute ist wirklich kein Tag wie jeder andere. Zu dem Flugzeugabsturz im Iran liegen erste Meldungen vor, die die Zahl der Toten auf über 80 Menschen schätzt, da die Maschine in einem Wohngebiet abgestürzt ist. Gleichzeitig meldet dpa ein Selbstmordattentat in Bagdad, verübt von zwei Frauen. Anzahl der Toten und Verletzten noch unbekannt.
Gerade an einem solchen Tag sind die Tagesthemen bereits jetzt schon so voll, dass kaum Zeit bleibt für viel Hintergrund, denn die Aktualität muss rein in die Sendung und davon gibt es genug.
Ein Zettel der Sekretärin wird Schaflinger auf den Schreibtisch gelegt: Joachim Wagner bittet um Rückruf. Der Autor des CIA-Stücks will nun genauere Absprachen über den Inhalt des Stückes aus Berlin durchgehen. „Genau, Herr Wagner, das sehe ich auch so. Die Fragen, was wusste die Bundesregierung, wie verhält sich Merkel und was tut Steinmeier, sollten in dem Bericht sein. Nein, ich habe noch nichts von Frau Will gehört, die müsste gerade jetzt das Interview mit Rice führen. Ja, ich informiere sie, sobald ich etwas weiß."
Schaflinger ist ein äußert unruhiger Zeitgenosse. Selten bleibt er auf seinem Stuhl ruhig sitzen. Beim Telefonieren legt er kurz die Füße auf den Schreibtisch, um eine Minute später schon wieder mit dem Stuhl zum Bildschirm mit den Agenturen zu rollen. Dann steht er auf und spricht mit seinem Planer Martin Riederer und läuft gleich darauf wieder zu seinem Schreibtisch. Der wiederum ist richtig groß. Drei Monitore stehen auf ihm, zwei Drucker und vier Telefone. Eines davon hat sage und schreibe 56 Knöpfe mit eingespeicherten Nummern.

Eine Vierdrahtschaltanlage steht direkt vor seiner Nase, von dort aus kann er in der heißen Phase der Sendung direkt Kontakt aufnehmen zu den Schneideräumen, der Regie, der Moderatorin oder dem Planer.
Sauber in Packen abgelegt ein Stapel mit Zeitungen, einer mit Magazinen wie dem *Spiegel* und einer mit Meldungen.
Er ist der Mensch, der die Sprache als ganz entscheidend einstuft und so wundert es kaum, dass hinter seinem Schreibtisch besondere Bonmots aus Zeitungen aufgehängt sind. Ganz oben der Tagesspiegel mit ganzseitigem Bild von Bundeskanzlerin Merkel bei ihrer Vereidigung und der Überschrift „So wahr ich mir helfe". Darunter eine völlig schwarze Zeitungsseite mit weißen Lettern: „Mein Joseph Ratzinger neuer Papst: oh Gott" und darunter wiederum die legendäre erste Seite der Bildzeitung mit der Schlagzeile „Wir sind Papst!".
„Was machen wir mit Teheran. Jetzt haben sie Hunderte von Toten gemeldet, da kommen wir um einen Bericht nicht rum. Da muss der RWE-Strom wohl leiden, so Schaflinger zu Riederer. „Noch gibt es keine Bilder, Knut, und einen Kontakt zu Althammer haben wir auch noch nicht."
Schaflinger ist ein Teammensch und einsame Entscheidungen sind nicht sein Ding. Im Laufe des Tages will er immer die Einschätzung der Kollegen wissen, um sich selbst ein objektives Bild zu verschaffen und dann die letztlich eigene Meinung gefasst zu haben.
„Christian, was meinst du", fragt er den Kollegen. „Du musst Teheran machen", meint der, „die Frage ist nur wie und was. Das ZDF hat Tilgner unten, die Tagesschau versucht eine Schalte zu unserem Stringer in Teheran."
Das Telefon unterbricht die Diskussion. Der WDR-Köln ist dran. „Kollegen, ich bin ganz offen, es ist unsicher, ob ich euer Stück heute unterkriege. Erzähl erst einmal, was ihr habt."
Köln ist vor Ort in einem Betrieb, der direkt von dem Stromausfall betroffen war und großen finanziellen Schaden erlitten hat. Tagelang standen die Maschinen still, Aufträge waren gefährdet. Und der WDR kann ein Interview mit einem Wissenschaftler führen, der die RWE angreift und behauptet, die Strommasten hätten nicht brechen dürfen.
Teheran contra RWE. Beides wichtig, doch am Ende kann nur ein Thema berücksichtigt werden. Die Entscheidung bleibt offen, denn die Geschichte vom WDR ist nicht uninteressant, kann aber eventuell auf

Freitag verschoben werden, wenn RWE vor der Landesregierung Stellung beziehen muss.
„Martin, lass uns den Aufbau noch einmal neu überdenken. Teheran am Anfang, sofern es Bilder gibt und dann erst Rice, das ist wohl nicht besonders geschickt, aber umgekehrt auch nicht. Vera, hast du jetzt schon Kontakt mit Althammer und weißt du, wo er genau ist?"'
Vera weiß es, denn der Korrespondent aus Istanbul ist in Antalya und dreht, mittlerweile jedoch auf dem Weg ins dortige kleine Studio.
Vor Knuts Schreibtisch tut sich eine Wand aus Monitoren auf. Über neun Bildschirme gleichzeitig laufen mit verschiedenen Pro- rammen: von Phoenix, ZDF und den Euronews über WDR, NDR und der ARD. Ein Monitor zeigt die laufenden Beiträge, die nach Hamburg für die Tagesthemen oder die Tagesschau überspielt werden. Ein weiterer ermöglicht die Direktleitung zur Grafikabteilung. Hier kann er über Schalte sich die entsprechenden Schriften und Bilder vorlegen lassen, um sie zu kontrollieren, um mit dem Grafiker zusammen Änderungen vorzunehmen.
Erster Kontakt mit Julia Leonhard, der Redakteurin, die mit Moderatorin Anne Will bei der US-Außenministerin war. „Erzähl", heißt es nur knapp bei Knut.
Als er auflegt, weiß er, dass Rice nichts Prägnantes oder Aufklärendes zu den Gefängnissen und der Gefangennahme durch die CIA gesagt hat. Schwammig, aber nichts Konkretes. Andeutungen, die in alle Richtungen gehen könnten, eben eine typische politische Aussage.
Umdenken, denn jetzt hat Kollege Wagner einen riesigen Komplex, den er in seinem Beitrag unterbringen müsste. „Herr Wagner, ich grüße sie. Ich hatte einen ersten Kontakt mit Frau Leonhard und weiß nun grob, was in dem Interview mit Frau Rice ist bzw. nicht ist. Sie hat der Bundesregierung Hilfe im Fall der Entführung der Deutschen Osthoff durch irakische Geiselnehmer zugesagt, hat aber nichts zu den Gefängnissen der CIA erläutert. Ich denke, sie sollten sich auf die innerdeutsche Debatte über die Kenntnisse der Bundesregierung, über die Gefängnisse und die Kenntnisse des damaligen Innenministers Schily und des jetzigen Außenministers Steinmeier konzentrieren."
Neben Schaflinger arbeitet Martin Riederer schon einmal am Plan zwischen Weihnachten und Neujahr. Er spricht mit einem Autor ein Stück ab, dass sich um den Tsunami im vergangenen Jahr drehen soll. Wie

geht es speziell der Bevölkerung in Sri Lanka und Südindien? Ist die millionenschwere Hilfe aus Deutschland dort angekommen?
Telefon bei Knut. Der Dolmetscher für das Rice-Interview steht an der Pforte.
Noch mal Telefon und die Ansage, dass in wenigen Minuten Rice vom Hauptstadtstudio überspielt wird. Noch ist alles im Zeitlimit. Der Übersetzer wird sich daran machen und das Interview bearbeiten, während Anne Will und die Redakteurin schon auf dem Weg zum Bahnhof und damit nach Hamburg sind.
Heutzutage möchte Knut keine Berichte mehr machen. „Ich würde zu lange am Text feilen. Ich bin Pedant". Und so ist er auch bei seinen Abnahmen. Häufig wird ein Bericht von ihm aufgrund von sprachlichen oder grammatikalischen Fehlern nicht abgenommen und muss noch einmal überarbeitet werden. „Das haben wir fast jeden Tag. Es ist in der Regel immer ein Stück dabei, das noch einmal geändert werden muss wegen eines Fauxpas."
Schaflinger hat die Spitze eines Redakteurs erreicht, denn die Tagesschau und die Tagesthemen gelten sowohl im Unternehmen der ARD selbst als auch nach außen als die Topposition, die es für einen Journalisten zu erreichen gibt. Überall gilt schließlich die Tagesschau als das Flagschiff des deutschen Fernsehens, die Tagesthemen sind das wichtigste Nachrichtenmagazin im Land, stehen von der Wertigkeit gleich mit der Tagesschau.
Auch wer in den Landesfunkhäusern für die beiden Sendungen arbeiten darf, hat schon ein anderes Ansehen als ein Reporter, der „nur" die dritten Programme beliefert. Ob in Kiel oder Stuttgart, Frankfurt oder Bremen. Wer die Visitenkarte ARD vorzeigen kann, hat eine besondere Stellung, so sehen es die Reporter auch gerne selbst.
Knut legt den Hörer auf und versucht zum dritten Mal die Meldungen über Teheran zu lesen. „Das ist eine echte Herausforderung in diesem Job. Du fängst etwas an und wirst dabei unterbrochen. Wenn du dann die nächste Sache lösen willst, dann kommt ein Telefonanruf."
Und zum Beweis schrillt der Kasten schon wieder. Rücksprache wegen Hüsch. Das Stück über den Kabarettisten wird zum kleinen Politikum. Hüsch ist in NRW geboren und damit gehört er zum WDR. Die größten Erfolge aber hatte er in Mainz – also im Berichtsgebiet des Südwestrundfunks. Gestorben ist und gelebt hat er im Niederrheinischen. Auf diesen Menschenschlag haben sich auch oft seine Texte bezogen, er

hat sie analysiert, sich mit ihnen verbunden und eigentlich dort heimisch gefühlt. Also zu welchem Berichtsgebiet gehört er nun. Zu alldem gibt es in der ARD eine eigene Nachrufbeauftragten. Um schnell beim Tod einer wichtigen Persönlichkeit reagieren zu können, wurde eine interne Liste erstellt und die Personen wurden einzelnen Sendern zugeordnet, um bereits vorab Nachrufe zu produzieren, die dann im Falle des Falles innerhalb kürzester Zeit ergänzt oder komplett fertig gesendet werden können. Die Aktualität muss vorbereitet sein und dieses Prinzip ist fast in allen Sendeanstalten so, egal ob öffentlich-rechtlich oder privat.

Insgeheim denke ich mir hier schon, dass das Hüsch richtig freuen würde, wenn er mal wieder alles richtig durcheinander bringen kann.

Auflegen und gleich wieder zum Hörer greifen.

Anne Will ist am Apparat. Sie ist zufrieden mit dem Interview, doch es ist, nicht wie eingeplant 7 Minuten, sondern 8:30.

Also neue Zeitrechnung für die Sendung.

„Angesichts des heutigen Tages würde ich gerne eine 0 aus dem Rice-Interview machen."

Jede Sendung beginnt mit einer Position 1, das ist in der Regel die Begrüßung durch die Moderatorin. Heute soll es ausnahmsweise eine 0 geben, also einen Ausschnitt des Rice-Interviews und dann erst die Begrüßung.

13:40 Zeit für die ARD-Aktuell-Konferenz, die „kleine Schalte". Alle Funkhäuser mit der entsprechenden ARD-Redaktion sind über eine so genannte Vierdraht miteinander verbunden. Die Tagesschau stellt ihre heutigen Sendungen vor. Dazwischen klingelt das Telefon für Knut: das Rice-Interview ist überspielt und liegt vor.

Acht Mikrofone sind hier im Hamburger Sitzungszimmer fest verankert auf dem schwarzen ovalen Tisch. Jeder kann von seinem Platz aus an der Schalte teilnehmen. An der Decke hängen zehn kleine Lautsprecher wie Lampen von der Decke.

Das Nachtmagazin stellt ebenfalls sein Programm vor, dann folgen die Kollegen aus Dresden mit der Vorschau für *brisant* für den heutigen Tag. Danach gibt es den Blick auf morgen und erste Bestellungen von Hamburg an die einzelnen ARD-Aktuell-Redaktionen.

Ende, doch alle bleiben sitzen, denn in wenigen Minuten gibt es die so genannte ARD-Chefredaktionssitzung. Auch dort wird über das Programm gesprochen.

Das ist jedoch top-secret und nur für bestimmte Redakteure, also nichts für mich. Von meiner früheren Tätigkeit kenne ich jedoch diese Schalten, die auch schon mal zu heftigen Diskussionen führen können, denn in dieser Konferenz werden Sendungen und Stücke kritisiert, aber auch Entscheidungen der ARD diskutiert oder bekannt gegeben. Eine offene Runde mit deutlichen Worten von einzelnen Chefredakteuren können da schon fällig sein.
Als Knut um 14.30 Uhr wieder an seinen Platz zurückkehrt liegen bereits weitere kleine gelbe Zettel auf seinem Schreibtisch. Joachim Wagner bittet um Rückruf und die Sache mit Hüsch muss geklärt werden.
Die Agenturen und CNN sprechen mittlerweile von 106 Toten und noch immer laufen keine Bilder über die Euronews.
Mit Wagner spricht Schaflinger nun genau das Interview von Rice durch und wie sein Bericht, der als B-Stück laufen soll, „gestrickt" werden könnte. A-B-Stücke sind gekoppelte Berichte oder wie heute der Fall, erst ein Interview und dann ein Hintergrundbericht, der sich auf das Gespräch bezieht.
Anruf in Köln und vertrösten der WDR-Kollegen. Noch immer ist unklar, ob nun RWE oder nicht. Schaflinger muss für alle Notfälle gerüstet sein. Plant er von vorneherein nur den Bericht aus dem Iran ein, es kommen aber dann keine Bilder, dann fehlen ihm am Schluss für die Sendung zwei bis drei Minuten. Also doppelgleisig fahren. Er lässt sich den Inhalt des Stückes durchgeben und bittet wieder um Verständnis, dass der Bericht auf der Kippe steht. Spendet jedoch Trost, dass die Arbeit nicht umsonst war, sondern das Stück auch gut für Freitag passen würde. Außerdem will er das Ergebnis der RWE-Pressekonferenz und die entsprechenden Äußerungen des Stromversorgers abwarten.
Bei „Was bin ich" würde Schaflinger als typische Handbewegung den Griff zum Hörer machen.
Die Tagesschau läuft und die Redaktion steht für zwei Minuten still. Die Taste für die Lautstärke wird angetippt. Auf dem Bildschim Faramarz Ghazi, der Stringer aus dem Iran. Er wird direkt in die Sendung geschaltet, doch auch er hat keine eigenen Bilder, deshalb wurden die Aufnahmen von CNN übernommen. Zum ersten Mal sieht man das Ausmaß des Unglücks. Rauchschwaden steigen aus mehrstöckigen Gebäuden, Feuerwehren und Hilfskräfte versuchen Verletzte und Tote zu bergen. Die Häuser stehen fast direkt an der Landebahn. Wir erfahren, dass das Flugzeug, besetzt mit hochrangigen Ministern und Journalisten,

anscheinend einen Defekt hatte und deshalb in das Wohngebiet abgestürzt ist. Schon lange konnten die Maschinen nicht ordentlich gewartet werden, möglicherweise aufgrund des Embargos und weil es keine Ersatzteile gibt. Hoffnung auf Überlebende aus dem Flugzeug gibt es nicht.
15.20 Uhr. Die Entscheidung muss gefällt werden. Die RWE-Pressekonferenz ist vorbei. Anruf in Köln. Der Stromkonzern weist alle Vorwürfe zurück. „Ich neige immer mehr dazu, dass wir den Beitrag auf Freitag verschieben."
Nächstes Telefonat mit dem Korrespondenten Althammer. Der ist noch nicht zu erreichen.
Riederer hört sich derweil direkt auf seinem PC das überspielte Interview von Condoleezza Rice an. Alle Berichte, die nach Hamburg zur Tagesschau oder den Tagesthemen überspielt werden, liegen auf einem Server und können über das Programm Clipedit, dem Digi-Viewer, von den Computern der Redakteure am Schreibtisch aufgerufen und abgespielt werden. Das erspart Zeit. Riederer sucht die 0, den passenden Ausschnitt des Interviews für den Anfang der Sendung.
Es wird eng und Knut probiert es noch einmal mit der Althammerverbindung. Er hat Glück. Gerade ist der Korrespondent im Studio eingetroffen und in diesem Moment laufen die ersten Bilder des Flugzeugunglücks über die Euronews.
Althammer bittet um 30 Minuten Zeit, um die technischen Gegebenheiten in diesem Studio zu prüfen: Kann überspielt werden, kann abgegeben werden, kann geschnitten werden.
Die Sicherheitsvariante wird „angeleiert" in Absprache mit Althammer. Da der Korrespondent zum Bayerischen Rundfunk gehört, muss auch dort das „Reservestück" produziert werden. Die Münchner Kollegen werden informiert. Sie halten sich stand-by und bereiten ebenfalls alles für einen möglichen Bericht vor: Sichten Material, holen sich die entsprechenden Agenturen und Informationen aus dem Internet.
Das Rice-Interview ist in der Übersetzung, doch der Dolmetscher ist akribisch und er braucht Zeit. Anne Will und Julia Leonhard sind bereits im Anflug. In wenigen Minuten werden sie in der Redaktion erwartet. Beide haben nach acht Stunden gerade einmal Halbzeit ihrer Schicht.
Weiterdenken an die anderen, kommenden Tage. Anruf in Rom. Die internationale Klimakonferenz tagt in Montreal und Knut möchte gerne ein Stück aus Venedig dazu haben, eine Stadt, die die Veränderung der

Natur sehr stark spürt. In den letzten Jahren hat die Zahl der "acqua alta" (Hochwasser) infolge des Klimawandels erkennbar zugenommen. Durch die Gemälde alter Meister, so hat Schaflinger recherchiert, kann dies gut gezeigt werden, wie hoch war damals der Wasserstand, wie ist er jetzt. Auch die Moosspuren an den Kais können Aufschluss geben. Zudem plant die Stadt einen riesigen Wall zu bauen, um in Notsituationen Venedig vor eindringendem heftigen Wasser abzuschirmen.
Schaflinger klärt ab, was Korrespondent Klemens Hübner liefern kann. Der wiederum klärt ab, was er drehen darf und wie sein Stück dann letztlich aussehen würde.
Auflegen. Meldungen.
Ein Blick auf die Uhr und Anruf in New York bei Michael Häusler, denn er wird für die ARD die Weltklimakonferenz in Montreal verfolgen. „Ich habe das Stück in Rom bestellt und es wäre gut, wenn Sie ein besonderes Augenmerk auf den neuen Bundesumweltminister Sigmar Gabriel legen könnten. Wir würden sie gerne für Donnerstag einplanen, da wir morgen schon ziemlich voll sind und Gabriel erst sehr spät spricht."
Ein Dank nach New York.
Kollege Zimmermann arbeitet noch am Pressetext. Die ersten Interviewausschnitte hat er bereits geklammert. Sie werden jetzt per Mail an die Agenturen weiterverschickt.
Bei Phoenix läuft live die Pressekonferenz der FDP in Berlin zu den CIA-Flügen. Das ZDF sendet Unterhaltung. Über die Euronews kommen Bilder aus New York von der Börse und Brokern in roten Zipfelmützen. Es ist Dienstag, der 6. Dezember, Nikolaus.
Nächstes Telefonat. Am Donnerstag startet in den Kinos der Film „King Kong". Ein altes Thema aus den 30er Jahren wird wiederbelebt. Der Remix eines Liebesfilms besonderer Art: Affe verliebt sich in Frau. In Berlin ist Europapremiere mit Promiaufmarsch auf dem roten Teppich. Ein typischer „Rausschmeißer" für eine aktuelle Sendung. Lass den aktuellen Tag mit etwas Lockerem, Lustigen, Künstlerischen oder Lifestyle-mäßigen ausklingen. Der Mittwoch um 22.30 Uhr hat damit bereits seine letzten 2:30 Uhr sicher.
15.50 Uhr. „Die Bilder aus Teheran sind beeindruckend, damit ist die Entscheidung klar, oder? Was meinst du Martin?" Der Planer stimmt Schaflinger zu. Aber erst einmal noch Wagner kontaktieren. Der ist im Stress und wird sich in ein paar Minuten in Hamburg melden. Der Sendeplan muss für die 16.15 Uhr-Sitzung geschrieben werden.

Entscheidung: Teheran contra RWE. Das Flugzeugunglück setzt sich angesichts der Zahl der Toten und der Bilder durch.
Anruf Klemens Hübner, Rom. „Okay, klingt gut. Du hast 2:30 und bis Donnerstag wäre in Ordnung oder könntest du auch bis Mittwoch den Bericht fertig haben?"
Wieder gelber Zettel der Sekretärin für Knut: Wagner will Rückruf.
„Ich würde Sie bitten inhaltlich in Deutschland zu bleiben. Die Debatte mit den Gefängnissen in Polen und Rumänien sollten wir rauslassen. Wie viel Zeit brauchen sie?".
Eine schlechte Frage, denn jeder Reporter braucht viel Zeit für sein Wissen. Es wird verhandelt. Zwei Minuten. Wagner braucht mehr, schließlich habe er Merkel und Steinmeier im Interview. 2.30 schlägt er vor. 2:15 der Kompromiss von Knut und Einigung.
16 Uhr. Anne Will und Julia Leonhard sind da.
Im hinteren Teil des Raumes klingeln unentwegt die Telefone, am Planerdesk wird das Interview abgehört, irgendjemand dreht den Ton eines Fernsehers laut, um die Tagesschau verfolgen zu können. Mit einem Ohr lauscht Schaflinger den Nachrichten auf dem Bildschirm, mit dem anderen versucht er Frau Wolf am Telefon abzuwürgen, die sich verwählt hat.
Joachim Wagners Bericht läuft in der Tagesschau, aber noch immer hat die Tagesschau keinen Ausschnitt aus dem Interview mit Rice eingebaut. Nachfrage.
Anruf Moskau, ob morgen das Stück über die NGOs (Non Goverment Organisations, nichtstaatliche Hilfsorganisationen) etwas wird? Für die Tagesthemen holt die Sekretärin im russischen ARD-Studio sogar den Redakteur aus der Konferenz. Aber leider negativ. Der Termin wurde auf den 16.Dezember verschoben.
Neue Agenturmeldungen über Teheran laufen über den Ticker und der Ablaufplan für die Konferenz steht.
16.10 Uhr. Der Übersetzer arbeitet immer noch. Schaflinger trifft die endgültige Entscheidung für die 0.
Abflug in den ersten Stock zum Sitzungssaal.
16.15 Uhr. Wieder tagen die Redakteure am ovalen schwarzen Tisch. Das Programm der Tagesthemen und des Nachtmagazins sind ausschließliche Programmpunkte.

Hüsch gestaltet sich nicht einfach und das niederrheinische Herz lacht. Wer bestellt was von wem, ohne eine Sendeanstalt vor den Kopf zu stoßen.
Letzte Meldung aus Antalya: Althammer versucht das Stück hinzubekommen.
Anne Will ist ebenfalls bei der Sitzung und alle sind gespannt auf ihre Eindrücke, die Condoleezza Rice hinterlassen hat bei diesem Exklusivinterview. Sie sei eine beeindruckende Frau, die mit strahlendem Lächeln Smalltalk betreibt. Wenn sie erscheint, öffnen sich Türen. Doch das Interview sei ein Interview wie mit jedem Staatsmann gewesen: Keine definitiven Aussagen, auch auf Nach- fragen nicht. Sehr förmlich, sehr nett, sehr beeindruckt von Deutschland, nichts von Uneinigkeit zu spüren. Alles wunderbar.
Doch Rice ist und bleibt das Glanzlicht der heutigen Tagesthemen, denn alleine die Tatsache die US-Außenministerin im Interview zu bekommen, ist schon ein Highlight und damit der Aufmacher der Sendung. Einigkeit in der Runde.
Ein Blick auf das Nachtmagazin und ein Blick auf das Programm des morgigen Tages: EU-Finanzplanung in Brüssel und ein Gespräch zu den schwierigen Verhandlungen mit England, die zwar den Zugang anderer osteuropäischer Staaten befürwortet haben, aber leider keinen Cent mehr in den Topf der Europäischen Union werfen wollen. Will schlägt ein Gespräch mit dem britischen Botschafter in Deutschland vor. Das könnte richtig interessant werden, denn der darf aus diplomatischen Gründen gar nicht Blairs Meinung voll unterstützen und muss es aber doch irgendwie. Wahrscheinlich wird aber auch dies ein typisches politisches Gespräch. Nichts sagen, aber das gut verpackt. Die Klimakonferenz in Montreal steht ebenfalls auf dem Plan von morgen, King-Kong-Premiere mit neuen Filmausschnitten und Interview mit dem Regisseur Peter Jackson.
Ende und wieder mit den Dienstausweis durch die diversen Flügeltüren. Im Eingang hängt ein Plakat für die Weihnachtsfeier. 19.30 Uhr in Hadley´s Café, beim Schlump 84a. Eingeladen sind alle Mitarbeiter von A wie Archiv bis V wie Videotext, die Grafiker, die Euros und die Systemadministratoren. Auch die CvDs. Ob Schaflinger nach 14 Stunden noch groß Lust hat?
Haus 18 ist ein helles Gebäude und mit viel Glas gebaut. Im Inneren befindet sich ein großer Innenhof und von der einen Redaktionen kann in

Alle kochen nur mit Wasser

die andere gesehen werden. Überall heftiges Treiben, Tippen und überall flimmern massenhaft Bildschirme. Von hier gibt es Einsicht und auch Einblicke. Gniffke, der ARD-Chefredakteur, macht Druck auf die Kollegen. Das Interview Rice muss jetzt in die 17 Uhr Tagesschau.
Die Redaktion der Tagesschauausgaben am Nachmittag liegt auf der gegenüberliegenden Seite der Tagesthemen, an der Seite dazwischen befindet sich das Großraumbüro für das Team der 20 Uhr Ausgabe.
Rechts bei den Tagesthemen sehe ich den Übersetzer, der es wohl jetzt endlich geschafft hat akribisch und genau das Interview auf deutsch zu tippen.
Julia Leonhard ist bereits in der TAZ, dem Tagesschau-Aufzeichnungszentrum. In anderen Sendeanstalten unter MAZ oder Schnittraum bekannt. Sie bearbeitet das mit drei Kameras gedrehte Rice-Interview. Abwechselnd wird sie einmal die „Totale", bei Fragen oder Antworten die entsprechende „Nahe-Kamera" einschneiden oder blenden.
17 Uhr. Die Tagesschau läuft mit Teheran als Aufmacher gefolgt von einem Stück über den Berlin Besuch der US-Außenministerin und einem Ausschnitt aus dem Rice-Interview mit Hinweis auf die Tagesthemen.
Schaflinger geht den Aufbau der Sendung noch einmal durch. Erst die Uhr, dann der Gong, diesmal keine Zufahrt der Kamera ins Studio sondern der Anfangstitel, gefolgt von dem O-Ton Rice, also der O und Begrüßung durch Anne Will. Anschließend Anmoderation Will für Interview. Das Gespräch selbst muss aber mit einer Totalen von dem Gespräch begonnen werden, denn sonst springt Anne Will von ihrer Begrüßung direkt auf Anne Will in Berlin bei Rice.
Anruf und Absprache mit den Kollegen in Leipzig, wie der Bericht über das Losverfahren für die WM 2006 aufgebaut sein wird. Das findet zwar erst am Freitag in Sachsen statt, aber am Donnerstag gibt es schon Konferenzen und ganz Leipzig soll in den Straßen bereits die Gäste willkommen heißen.
Wagner ist jetzt im Stress. Also kein Anruf, sondern ihn erst nach der 20 Uhr Tagesschau kontaktieren. Laufende Bilder des deutsch-libanesischen Staatsbürgers Mazri sind beim Südwestrundfunk gedreht worden. Die soll er statt des Zeitungsbildes einfügen, aber das wird er Wagner später sagen.
17:45 Uhr, Zeit für die Schlagzeilen, dem Teaser und Schaflinger wie üblich in Bewegung. Aufstehen, zwei Schritte gehen, hinsetzen, aufstehen.

„Martin, was meinst du für die Schlagzeilen? Rice und Teheran ist klar und als letztes Hüsch?"
Knut setzt sich an den Computer und tippt ein, ändert die Zeile und macht sie noch einmal völlig neu.
Über die Schalte fragt er die Kollegin Leonhard an, wie weit sie im Schnitt ist.
Schaflinger ist nicht wirklich mit der heutigen Planung zufrieden: zu viele große Blöcke, kaum Spielraum für Themen. 8:30 Interview mit Rice am Anfang muss sein, aber wenn das Gespräch nicht gut läuft, dann sind die Zuschauer weg. Dann auch noch das Bundesliga-Nachholspiel, das nun wirklich nicht der Kracher ist. Duisburg gegen Köln mit 3:30 und im Gegensatz dazu AC Mailand gegen Schalke 04, ein Champions-League-Spiel, als Meldung.
Rice also am Anfang, obwohl ja eigentlich Teheran ein Aufmacher wäre. Das Unglück im Iran kann aber auch nicht zwischen die Nachrichtenblöcke geschoben werden, denn dafür ist es zu wichtig und schließlich käme dann erst im Nachrichtenblock die Meldung aus Bagdad mit den Selbstmordattentäterinnen und anschließend der Bericht über das Flugzeugunglück mit 106 Toten in Teheran. Schaflinger schiebt geistig die Blöcke hin und her. Die endgültige Entscheidung muss noch warten.
18 Uhr. Die Sendesekretärin kommt. Sie ist verantwortlich für den Rest an Schreibkram und wird den kompletten Satz an Sendeunterlagen fertigen, Tippfehler in den Moderationen herausnehmen, sich darum kümmern, dass jede beteiligte Person an der Sendung die entsprechenden Unterlagen bekommt.
Auch hier gilt, für jeden Beitrag, für jede Moderation, für jeden NIF ein eigenes Blatt.
19 Uhr. Die ersten Unterlagen sind fertig. Jede Seite ist nach einem bestimmten Schema gekennzeichnet:

Themenüberblick   02.12.05   *19:03:16*

    Anne Will
    S.40 Mod   Text des Themenüberblicks
    Nah K2+

                            -Studio-

Jede Seite hat ihre Kennung, gibt Überblick. Links am Rand der Name der Moderatorin, darunter die Länge, in diesem Fall 40 Sekunden und die Einstellung der Kamera. Unten am rechten Rand folgt die Position, die folgen wird. Hier, die Moderation im Studio.
Rote Blätter kennzeichnen Berichte:

    Merkel in Polen/Brigitte Abold/RBB Warschau   Länge: 2:18

    Insert: Angela Merkel   bei 0:10
                Bundeskanzlerin
    Insert: Kazimierz Marcinkiewicz   bei 0:19
                Ministerpräsident Polen

    Letzter O-Ton:
    „„...der deutschen Außenpolitik."

                                                  -Studio-

Auch hier ein ähnlicher Aufbau, mit genauen Zeiten für die Eingabe der Inserts und die letzten drei Wörter des Berichts, damit der Regisseur, Kameramann oder Bildmischer genau weiß, wann in das Studio geschnitten werden muss.
Jede Meldung, die verlesen wird, hat eine ungerade Zahl als Positionsbeschreibung, jede MAZ eine gerade.
18.10 Uhr. Aufstellung des genauen Abaufs. Hüsch ist jetzt zwischen dem Nachrichtenblock.
Schaflinger spricht noch einmal mit Riederer den Plan durch. So richtig glücklich ist er immer noch nicht. „Ich bin auf eine relativ gutorientierte Art chaotisch und da eine journalistische Entscheidung oft auch eine Geschmackssache ist, binde ich gerne Kollegen mit ein. Ich kann aber auch ziemlich bestimmt sein. Was wichtig ist in diesem Job. Ohne Durchsetzungsfähigkeit geht es nicht."
Er ist ein ordentlicher Mensch und kaum ein Chaos ist auf seinem Schreibtisch zu erkennen, doch alle Meldungen auf dem Stapel sind mit schlecht leserlichen Notizen überzogen. Fast könnte man meinen hier sein ein Stenokünstler am Werk, doch damit hat es nichts zu tun. Es ist die eigene Schaflinger Handschrift, die anscheinend auch nur er entziffern soll.

Anruf Wagner. Er braucht mehr Zeit, denn die US-Vertreter bestreiten die Darstellung des angeblichen Entführungsopfers El Masri. Steinmeier hat zudem ein Interview gegeben und erläutert darin, dass er von Schily zu diesem Fall nicht informiert worden sei. Also doch 2:30, wenn es sein muss auch 2:45.
Plus/minus eine Minute Spielraum in der Sendezeit muss drin sein.
18:50 Uhr. Schaflinger textet die Schlagzeilen. Die Sendesekretärin klärt in Absprache mit ihm die Hintersetzer, das sind die Bilder, die beim Verlesen einer Nachricht im Hintergrund zu sehen sind.
Schichtwechsel auch beim Nachrichtenteam der Mittags-Tagesschau. Sie schreiben bereits die Meldungen für die Tagesthemen. Welche sie letztlich auswählen, bleibt ihnen überlassen. Es gibt keine weiteren Absprachen mit dem CvD und auch keine weitere Abnahme.
Martin Riederer auf dem Weg in die Kantine. Brot mit Käse soll er Knut mitbringen. Die Auswahl ist eh nicht groß. Ein paar ausgetrocknete Hähnchenschenkel vom Nachmittag liegen noch in der Auslage, trockene Brötchen in einem Korb, ein bisschen Obst und Salat. Für Riederer gibt's frisch gemachte Pommes mit jede Menge Ketchup. Bei mir fällt die Entscheidung eindeutig für Snickers und Mars. Neben der Kantine befindet sich der hauseigene Frisör, doch wer hier hineingeht, so sagt man mir, handelt auf eigene Gefahr. Fragen Sie erst ihren Arzt oder Apotheker.
Anne Will meldet sich und spricht mit Knut die Moderation ab, will wissen, wie nun genau der Inhalt des Stück von Wagner aussehen wird. Schaflinger ist die Schnittstelle auch zwischen Moderatorin und Autoren.
19.15 Uhr Der Hinweis für die Tagesschau muss getextet werden. Am Ende vermeldet die Nachrichtensendung die wichtigsten Schlagzeilen der Tagesthemen und verweist auf die Sendung. Knut diktiert die Zeilen der Sendesekretärin und per Mail werden sie an die Kollegen geschickt.
19.20 Uhr. Rücksprache mit den Kollegen, was sie für 20 Uhr aus Antalya erwarten. Wie viel Material wurde ihm überspielt, reicht es für 2:30? Anschließend abschließende und letzte Sitzung für Tagesthemen und Nachtmagazin. Bauchweh hat nun auch Gniffke. Die Blöcke erscheinen auch ihm zu lange und Sport zwischen den Nachrichtenblöcken nicht wirklich gut platziert. Diskussionen.
Gniffke will es wagen und diesmal nicht zwei sondern nur einen Nachrichtenblock fahren, anschließend Sport, dann Hüsch, definitiv vom WDR. Gute Sendung!

Alle kochen nur mit Wasser 197

Seit dem Rice-Interview hat sich an der Nachrichtenfront viel getan. Natürlich haben diverse Politiker und Verantwortliche bereits auf die Äußerungen aus den Pressekonferenzen reagiert. Für Anne Will heißt das jetzt das Interview in der Moderation auffangen und die weiteren Entwicklungen einbauen.
19.50 Uhr. Die Tagesschau braucht eine neue Schlagzeile, da auf das Rice-Interview bereits nach einem Beitrag am Anfang der Sendung hingewiesen wird.
Die Sendesekretärin ist bereit. Schaflinger wieder am Aufstehen, Hinsetzen, Aufstehen und Diktieren. Vier Minuten später sind die neuen Zeilen bei den Kollegen.
Althammer meldet sich. 2:00 müsste er schaffen. „Wenn Sie kürzer werden ist das auch kein Problem. Es sollte aber was über die schlechte Wartung durch den Boykott drin sein und kennen Sie jetzt die offiziellen Angaben über die Zahl der Toten?"
20 Uhr und alles lauscht der Tagesschau mit Jan Hofer auf vier Bildschirmen gleichzeitig, einschließlich 3Sat mit Gebärdensprachlerin. In der Sendung wird nach Rice erst Bagdad vermeldet und dann folgt der Beitrag Teheran. 27 Tote im Irak gegenüber mehr als 100 im Iran.
Die Dame für die Sprachaufnahme meldet sich in der Redaktion. Sie wird die Condoleezza Rice in deutscher Übersetzung sprechen. Die Mischung ist bereits bestellt, der Regisseur wird bei den Tonaufnahmen dabei sein. Anne Will braucht noch zwei Minuten, um ihre durch den Dolmetscher übersetzten Fragen nach ihrem eigenen Duktus zu formulieren. Sie wird als erstes in die Mischung gehen und sprechen, dann folgt die deutsche Condoleezza Rice.
Wieder Wagner. Er braucht 2:50. Dafür wird Althammer nur 1:45 und die Nachrichten haben ebenfalls auf Bitten Schaflingers gekürzt und sind 15 Sekunden kürzer geworden. Auch der Kommentar von Thomas Baumann hält sich mit 1:40 in Grenzen. Also ein Okay nach Berlin.
Die Grafik wartet mit verschiedenen Vorschlägen für die Hintersetzer unter anderem zum Rice Interview, einmal mit Merkel im Bild und CIA-Zeichen, einmal nur Rice und Deutschlandfahne. Entscheidung beide Damen im Bild.
Der Kommentator Baumann meldet sich aus dem Hauptstadt- studio, bespricht die Überspielzeit mit Knut. 22.15 Uhr steht die Leitung nach Hamburg. Das Käsebrot steht noch immer unberührt auf dem Schreibtisch.

21 Uhr. Julia Leonhard geht mit der Sprecherin noch einmal die Übersetzungen. Hier muss alles stimmen, denn eines ist klar, eine US-Regierungsstelle oder Botschaft wird heute Abend die Tagesthemen schauen und die Übersetzung kontrollieren.
Die 0 muss noch auf den Server und Schaflinger bittet Leonhard die gleich mit herauszuschneiden.
Auch die ARD-Aktuell-Redaktion in Hamburg arbeitet bandlos. Alle Beiträge landen auf dem Sendeserver. Zeit für die Stulle mit Gouda.
Für Knut beginnt jetzt erst die richtig heiße Phase. Die Schwierigkeit bei seinem Job ist nicht nur über alles den Überblick zu behalten, sondern vor allem über die lange Strecke der Schicht hinaus die Aufmerksamkeit zu behalten. Genau das Gleiche gilt für alle hier, vor allem heute für Julia Leonhard und Anne Will, die schon jetzt 14 Stunden im Dienst sind durch das Interview in Berlin. Geschminkt kommt sie von der Sprachaufnahme und der anschließenden Maske zurück, um ihre Moderationen weiter zu schreiben.
Anruf in der ZSL, der Zentralen Sendeleitung mit Sitz in Frankfurt. Knut klärt ab, wann die Tagesthemen denn heute exakt auf Sendung gehen. Durch Live-Sendungen verschiebt sich der Beginn oft leicht. So wie heute. Eineinhalb Minuten später wird der Beginn der TT erst sein.
Kontrolle in den Agenturen, wer bereits die Pressemitteilung mit dem Rice-Interview veröffentlicht hat. Bis jetzt sind es ddp und AP.
Wagner aus Berlin, der einen O-Ton abspricht. Lieber El Masri, der eine Klage gegen die USA ankündigt oder doch lieber sein Anwalt.
Nächster Anruf Anne Will, die die Modertion Rice durchgeht.
Die Grafik meldet sich über die Schalte. Das endgültige Hintergrundbild für die Anmoderation zum Interview sei fertig. Schon liegt es auf einem Bildschirm vor Schaflingers Nase vor. Der ist aber überhaupt nicht zufrieden. Rice schaut aus dem Bild und außerdem ist es aus dem Interview und damit zu ähnlich zum anschließenden Gespräch. Vielleicht doch ganz ohne Rice und neutral? Wie sehen die End- und Anfangsbilder der Berichte aus, die vor und nach der Anmoderation folgen? Martin wird zu Rate gezogen. Die gemeinsame Entscheidung lautet neutral.
Die Sendesekretärin stellt derweil so genannte Verknüpfungen her, auch Dummies genannt. Ist der Hintersetzer der Grafik durch Knut abgenommen, dann gibt sie ihn frei und legt ihn auf den Sendeserver. Dadurch können alle relevanten Personen nun auf ihn zugreifen.

Alle kochen nur mit Wasser

Eine Position nach der anderen wird nun von Schaflinger kontrolliert, jede Anmoderation noch einmal gegengecheckt. Danach gibt er sie frei: „Die 15 kann raus. Die 4 ist fertig."
21.50 Uhr. Knut vergleicht die Nachrichten mit den Hintersetzern, nicht, dass ein falsches Bild zur einer Meldung erscheint. Anschließend vergleicht er die Längen noch einmal. Wenn alles gut geht, könnte er in der Sendezeit bleiben. Wenn.
Kontrolle der Inserts, ob alle Namen richtig geschrieben sind und auch die entsprechenden Bezeichnungen passen.
22.07 Uhr. Zwei Studenten stehen bereits Gewehr bei Fuß, um die ausgedruckten Sendepläne zu tackern und an die jeweilig Zuständigen zu verteilen. Jetzt muss alles schnell gehen.
22.11 Uhr. „Die neun kann raus." Eine Formulierung bei der Moderation gefällt ihm noch nicht. Knut geht zu Anne. „Die drei kann raus", ruft er beim Hereinkommen.
22.16 Uhr. Der Beitrag Althammer kommt im Überspiel. Der Punkt, dass das Unglück möglicherweise auf das Embargo zurückzuführen ist fehlt. Keine Chance mehr auf Änderung.
Jan Hofer läuft durch die Redaktion auf dem Weg ins Studio. Er wird heute auch die Nachrichten in den Tagesthemen lesen.
Während er eine weitere Moderation gegenliest, hört er den Kommentar aus Berlin an, der gerade überspielt wird. „Die sieben ist frei."
Anruf vom Nachtmagazin. Althammer hat heute eigentlich ein Stück über den türkischen Nikolaus in Antalya gedreht. Jetzt schneidet er es gerade und möchte die bereits bestellte Überspielzeit um 22.45 Uhr aufrechterhalten, denn es ist schwer von dort eine Leitung nach Hamburg zu bekommen. Das Stück soll im Nachtmagazin gesendet werden, doch die Überspielung wäre mitten in den Tagesthemen.
Rücksprache mit den Technikern und das Okay für das Überspiel.
„Die 13 kann raus." Abnahme Wagner Stück. Er ist 3.03 geworden.
22.27 Uhr. Die 0 liegt immer noch nicht auf dem Sendeserver. Anne Will geht ins Studio.
22.29 Uhr. Schaflinger auf dem Weg in die Regie, die 0 liegt vor.
Die Regie sieht wie überall aus, nur gibt es hier mehr Monitore und Bildschirme. 74 in vorderster Front zähle ich. Rechts, getrennt durch eine riesige, dicke Glasscheibe, das Studio der Tagesthemen und der Tagesschau. Was in einer halben Stunde vorbei sein wird, hat die Kollegen seit 7 Uhr bzw. 10 Uhr auf Trab gehalten.

Hier unterscheidet sich nichts von allen anderen aktuellen Sendungen, die ich kenne, die ich selbst erlebt habe, nur, das oben im Bildschirm die eins erscheint.
Aktualität heißt Stress bis zur letzten Minute, überall.
22:31:50 Uhr. TT geht auf Sendung.
Umblättern bei Schaflinger. Blatt für Blatt wird die Sendung abgearbeitet.
Das Rice-Interview ist trotz der wenigen konkreten Aussagen interessant.
Die 8 Minuten sind nicht zu spüren, dank des Lächelns und der Ausstrahlung der US-Außenministerin.
Schaflinger, der von seinem Platz aus noch einmal alle Agenturen kontrolliert hat, ruft Riederer an. Dpa meldet 118 Tote, andere Agenturen gehen von 104 aus.
Hofer sortiert im Studio seine Nachrichten, Anne Will nimmt einen Schluck Wasser während der Beitrag von Wagner läuft. Der Teleprompter steht für die nächste Anmoderation auf Anfang. Unterhalb der Kameras ist ein Bildschirm angebracht auf dem alle Texte von Anne Will, aber auch die Nachrichten stehen und abgelesen werden können. Eine Mitarbeiterin scrollt abhängig von der Sprachgeschwindigkeit des Moderators die Schrift nach unten.
Halbzeit. Auch der zusammengelegte Nachrichtenblock läuft gut. Es folgt die Spielberichterstattung über das Spiel Duisburg gegen Köln und das lässt ebenfalls nichts an Länge erkennen, dank des Spektakels, das sich am Spielfeldrand abgespielt hat. Der Trainer der einen Mannschaft hat kurzerhand einem Spieler der anderen Mannschaft während des Spiels eine Kopfnuss verpasst. Es folgte von beiden ein melodramatisches Fallenlassen, frei nach dem Motto „der andere war´s".
Der Nachruf von Hüsch vom WDR ist gut, nur leider sind die Ausschnitte aus früheren Auftritten des Kabarettisten zu kurz.
23.03 Uhr. Nachbesprechung. Eine gute Sendung urteilen alle und kurzweilig. Alle Befürchtungen sind verflogen.
Es ist eine außerordentliche Sendung gewesen. Es ist ein außergewöhnlicher Tag gewesen. So wie die folgenden, denn am Mittwoch, kurz vor den Tagesthemen, erschießen Sky-Marshals auf dem Chicagoer Flugplatz einen Passagier, anschließend stürmt ein Spezialtrupp das Flugzeug. Am Samstagabend stürzte eine Maschine in Nigeria ab. 103 Tote. Am Sonntagmorgen explodierte in England in ein Treibstofflager.

6.Dezember 2005

11 18 Monate hart aber herzlich

Gestern noch Berlin – heute Frankfurt. Während Tim wahrscheinlich seine Sachen packt und sich auf den Weg ins Willy-Brandt-Haus zur 3. Runde der Koalitionsverhandlungen macht, stehe ich im Stau auf der A661, Richtung Frankfurt.
Zwischen 400 000 und 500 000 Menschen pendeln jeden Tag in die hessische Metropole, aus Aschaffenburg, Darmstadt, Offenbach, Wiesbaden oder dem Main-Taunus-Kreis.
Neben mir im Auto fein angezogene Schlipsträger, vorbei an HELABA, der hessischen Landesbank und LBS.
Heute stehen bei SPD und CDU in Berlin die Schwerpunkte Gesundheit, Finanzen, Landwirtschaft und Soziales auf der Tagesordnung, bei mir Pralinen. Die E-Mail gibt mir die Anweisung für den Tag:
„Ich warte um 8.55 Uhr auf sie. Um 9 Uhr ist dann eine kurze Konferenz, anschließend fahren wir nach Oberursel in eine Pralinenfabrik.
Gruß Kristina Kubulin."
Pünktlich stehe ich im Eingangsbereich des hessischen Rundfunks. Ein Bau im 60er Jahre-Charme: einfache, graue, runde Tische mit rosa, türkis-farbenen und gelben Stühlen, Kaffeeautomat, Pförtner.
Auch Kristina Kubulin ist pünktlich. Seit März 2005 absolviert sie ihr Volontariat beim Hessischen Rundfunk.
Gemeinsam eilen wir über Gänge ins Haus HF, Hörfunk. Es ist zwar nicht mein erster Besuch der ARD-Anstalt, aber hier kann man sich angesichts der verschiedenen Bauten wahrlich verirren und nicht umsonst drückt einem der Pförtner immer und sofort einen Lageplan in die Hand und zeichnet mit einem Stift den kürzesten Weg von A nach B ein.
Pünktlich um 9 Uhr klickt der Chef der Planung des so genannten Reporterpools, die Schalte ein. Ein kleiner Kasten verbindet die verschiedenen Funkhäuser, wie Limburg, Marburg, Gießen und Kassel miteinander. Jeden Tag wird diese Schalt-Konferenz durchgeführt, um das aktuelle Programm zu besprechen, Themen zu erarbeiten.

Der Redakteur am „aktuellen Desk" stellt das heutige Programm von hr1 vor: Ein Traditionsunternehmen im Rhein-Main-Gebiet hat Konkurs angemeldet. Der Bund hat begonnen, seine Fraport-Anteile (Frankfurter Flughafen) zu verkaufen und die Bild-Zeitung hat heute berichtet, dass sich beim Bau einer neuen Brücke Widerstand der Anwohner regt. Die Debatte beginnt, ob dies nun wirklich neu sei als Thema. Die Runde entscheidet sich dagegen und weitere Beiträge und Nachrichten werden vorgetragen: Vogelgrippe und die Vorgabe, alle Vögel einzusperren. Ziel dieser Stallpflicht für Geflügel ist es, den Kontakt zu Wildvögeln zu verhindern, doch nun soll über eine Ausnahmeregelung für Straußenfarmen nachgedacht werden, da die Wildtiere enorme Kräfte hätten und eine «Hackordnung» in der Herde. Daher brauchten sie ganztägig Bewegung, damit keine Langeweile oder gar Kannibalismus aufkomme. Eine Kollegin will versuchen, den Straußenfarmbesitzer ausfindig zu machen und einen Bericht über die schwierige Lage zu erstellen. Auch der Zoo könnte da noch eine Stellungnahme abgeben.

„Der will nicht, den habe ich schon versucht zu überreden und wie ist das mit den Rhein-Main-Emu?" sagt einer der Teilnehmer. „Die müssen den gestern aus Verzweiflung rausgelassen haben, sonst wäre er verendet", geht die Diskussion weiter.

„Die Kollegen sind dran und sie wollen heute Morgen noch einmal bei den zuständigen Behörden in Darmstadt nachfragen. Dieser Emu-Mensch muss in der Nähe von Heidenrod sitzen, wir wissen aber noch nichts Genaues", so ein Redakteur.

„Ruf doch den örtlichen Tierschutzverein oder die Feuerwehr an, die könnten doch so was wissen, wer in ihrer Umgebung eine Emu-Farm oder nur einen Emu hat? Und Ina soll am Zoo trotzdem dran bleiben, vielleicht geht ja da doch noch was".

Die Runde diskutiert. Insgesamt umfasst sie 16 Redakteure, freie Mitarbeiter, Hospitanten und eben Kristina, die Volontärin. Es ist eine junge Truppe mit einem Durchschnittsalter um die 30 Jahre.

Der Tag in der Aktualität der Hörfunkredaktion ist lang und so geht die Palette der heutigen Themen weiter: Waldzustandsbericht, die Protestaktionen der Ärzte gegen immer größere Arbeitsbelastung und weniger Gehalt; ein Professor in Gießen erhält morgen einen Tierschutzforschungspreis und Klaus, so erfahre ich über den Kasten, ist in der Wetterau unterwegs, um zu recherchieren, was dran ist, dass Pädophile in Internetcafés über diese mehr oder minder anonymen

Computer versuchen, sich Kontakt zu Kindern und Jugendlichen zu beschaffen. Dann steht das Wetter und die überraschende Wärme im Oktober auf der Tagesordnung und die Kasseler CDU, die Streitigkeiten um ihre Führungspersönlichkeiten austrägt und der dienstälteste Landrat Deutschlands soll auch noch vorgestellt werden.
Außerdem will Marburg einen eigenen Literaturpreis einführen.
Dann noch das Thema „alternative Beerdigungen". Die Firma Friedwald möchte gerne ein Stück Wald als Friedhof ausweisen, doch die Regierung sträubt sich dagegen und aus Wiesbaden kommt die Meldung, dass der Landkreistag eine Bilanz zu Hartz IV zieht. Der erste Überblick zeigt, dass die Zahl der Langzeitarbeitslosen in der Zeit seit Einführung der neuen Arbeitslosenversicherungsgesetze um 10 000 gestiegen sei.
Kristina steigt in die Diskussion ein. Gestern bereits hat sie sich dem Thema Ein-Euro-Jobber gewidmet und dafür Interviews geführt. ver.di zieht eine negative Bilanz, sie selbst hat eine Betroffene ausfindig gemacht und mit ihr gesprochen, auch die Ein-Euro-Jobberin ist enttäuscht von dieser angeblichen Chance, Arbeitslose in den ersten Arbeitsmarkt zu bringen und Kristina befragte anschließend auch noch einen Verantwortlichen der Agentur für Arbeit in Frankfurt dazu. Ihr Stück würde eigentlich gut zur Bilanz aus Wiesbaden passen, aber der Termin für die Pralinenstory ist schon fest vereinbart, seit einer Woche geplant und kann nicht umgeschmissen werden, schließlich hat hr1 den Beitrag bestellt und will ebenfalls eine pünktliche Lieferung.
Doch Aktualität geht vor. Die Ein-Euro-Jobberin passt ideal zur Bilanz des Landkreistages. Heute sollte das Stück gespielt werden, das heißt, in Kristinas Kopf läuft ein Zeitplan ab. Sind beide Themen zu stemmen, wenn ja, wie schnell. Sie sagt zu, denn genau das ist das charakteristisch in einer aktuellen Redaktion: Plane keinen Tag, sei immer auf ein Umschmeißen deines Tagesablaufs gefasst und reagiere schnell. Außerdem kann sie hier punkten. Sie kann zeigen, dass sie flexibel ist und sich schnell auf neue Situationen einstellen kann.
Wenn sie mit ihrem Volontariat fertig ist, wird sie sich als freie in eine Redaktion „einkaufen" müssen, also ist es sinnvoll, schon einmal jetzt für einen guten Eindruck zu sorgen. Kristina sagt zu, das Stück am Nachmittag zu liefern.
Damit ist die Redaktionskonferenz zu Ende. Knapp eine halbe Stunde ist vergangen.

Ich folge Kristina ins Reporterzimmer. Zehn Schreibtische sind dort aufgereiht, vier sind bereits mit Kollegen besetzt, die am Telefon recherchieren, O-Töne anhören oder am Computer ihren Text schreiben. Kristina versucht einen verantwortlichen Planer von hr1 an die Strippe zu bekommen, um abzuklären, wann genau ihr Schokoladenbeitrag eingeplant wurde. Fehlanzeige. Es ist Sitzungszeit. Redakteure eilen überall in ganz Deutschland und egal ob Fernsehen oder Rundfunk über die Gänge, dann wird es ruhig und nach einer halben Stunde eilen sie wieder über die Flure, um wieder an einer neuen Runde teilzunehmen. Ab 10.30 Uhr ist es am besten für jeden Reporter erst einmal überhaupt einen ersten Versuch zu starten, um Redakteure an die Strippe zu bekommen.

Kristinas Stammbereich ist hr4. Für ihn hat sie sich bereits bei ihrer Bewerbung für das Volontariat beim Hessischen Rundfunk entschieden. Für hr4 hat sie auch schon im Rahmen ihres Volontariats als Wellenreporterin gearbeitet, dort fühlt sie sich wohl, hat auch bereits direkt in Kassel für hr4 gearbeitet und will auch versuchen, nach diesen 18 Monaten Fuß zu fassen. Hat sich der Volontärs-Kandidat für einen Bereich entschieden, dann wird er auch in der ausgesuchten Redaktion einen Hauptteil seiner Ausbildung absolvieren. Was Kristina gefällt, ist nicht nur, dass sie sich bei hr4 wohl und akzeptiert fühlt, sondern auch, dass sie dort feste Schichten erwartet mit festen Tagessätzen.

In ihrer jetzigen Position, im Reporterpool, kann sie für jede Sendung zuliefern, d.h. aber auch, dass ihr trotz ihrer Stelle als Auszubildende nichts geschenkt wird. Am Ball bleiben, heißt die Devise. Immer wieder Themen vorschlagen, sich möglichst auf allen Sitzungen blicken lassen und immer aktiv sein, Berichte und Aufträge übernehmen, auch wenn die acht Stunden schon überschritten sind.

Kristina wirft einen Blick in den so genannten Bestellzettel. Per Intranet können die Reporter Themen einstellen. Dort werden sie von allen Wellen des Hessischen Rundfunks eingesehen.

Möglichst in wenigen Zeilen sollten die Vorschläge abgefasst sein und vor allem schon vorrecherchiert, d.h., viel Arbeit und Zeit steckt bereits in den Vorarbeiten. Wer Pech hat, dem wird kein Thema „abgekauft" und er geht leer aus.

Es ist Zeit, wir müssen los in Richtung Oberursel zu den Pralinen.

18 Monate hart aber herzlich

Einen Dienstwagen hat sie bereits gestern reserviert. Sie hatte Glück und einen bekommen, denn es gibt nur eine beschränkte Anzahl, die den Reportern zur Verfügung stehen.
Kristina schnappt sich ein kleines blaues Buch mit der Aufschrift: Dpt.69, F-HR 383. Innen befindet sich der Fahrzeugschein und das allseits geliebte Fahrtenbuch, denn logischerweise muss jeder Kilometer dokumentiert werden. Und dann kommt auf dem Weg nach unten die bange Frage, ob denn wohl das Auto noch genug Sprit hat. Zwar gibt es eine Tankstelle direkt auf dem Gelände des hr, doch dafür benötigt jeder eine Karte, die muss wieder an irgendeiner Stelle beschafft werden.
Seit März 2005 ist Kristina Volontärin beim Hessischen Rundfunk. Sechs Bewerbungen, ausschließlich an öffentlich-rechtliche Anstalten, hat sie verschickt. Sie erzählt mir, dass sie sich noch genau erinnert, als ihr Freund mit einer dicken Mappe früh morgens zu ihr kam und sie schon trösten wollte. Dicke Mappe heißt in der Regel ein freundlicher Brief, der Bedauern ausdrückt und im Anhang die beigefügte Bewerbungsmappe zurück. Diesmal war es jedoch die Mitteilung, dass sie als Volontärin angenommen wurde und anbei lagen weitere Unterlagen für die kommenden 18 Monate.
Jede Rundfunkanstalt hat unterschiedliche Bewerbungsfristen, die jedoch jeweils auf den entsprechenden Internetseiten abgefragt werden können. Ende der Bewerbungsfrist ist beispielsweise beim hr der Juni jeden Jahres. Doch die Zeiten sind schlecht. Manche öffentlich-rechtliche Anstalten haben die Anzahl der Volontäre heruntergefahren oder bieten nur noch einmal statt zweimal im Jahr einen Ausbildungseintritt an. Bei der Bewerbung für das Volontariat beim Hessischen Rundfunk ist bereits eine Entscheidung für einen bestimmten Stammbereich vorgesehen.
Das Bewerbungsgespräch war ohne jeglichen Test, kein Auswahlverfahren durch Abfragen von ellenlangen Fragen zum Allgemeinwissen. Kristina denkt hier pragmatisch: „Ich fand das gut, dass es ohne diese „Wer wird Millionär-Fragen" abgelaufen ist. Was muss ich aus dem Kopf den Staatschef irgendeines afrikanischen Landes wissen, wenn ich heutzutage in null Komma nichts im Internet recherchieren kann, wie er heißt. Es kommt doch vielmehr auf die Fähigkeiten an, auf die Neugier, das ist doch wichtig für meine Ausbildung." Der Ausbildungsleiter, der hr4-Wellenchef und der hr4-Teamleiter führten das Gespräch im Oktober. Mitte November kam bereits die Zusage.

Kristina hat sich bewusst für ein Volontariat bei den öffentlich-rechtlichen Anstalten beworben, denn der Druck auf freie Mitarbeiter wird immer größer. Neben einem abgeschlossenen Studium wird oft zusätzlich ein Volontariat verlangt. „Und wenn ich ein bisschen Sicherheit für meine berufliche Zukunft haben will, dann ist klar, brauche ich das Volontariat." Ihr Weg war eigentlich schon lange für sie klar. Radio hat sie schon immer fasziniert. Vor allem die Schnelligkeit des Mediums.
Schon während ihres Studiums konnte Kristina beim Südwestrundfunk zwei bis drei Berichte in der Woche machen. Doch auch bei dieser ARD-Anstalt gibt es Beschränkungen für Freie. Sie dürfen im Jahr nicht mehr als 15 000 Euro verdienen und sind damit „gedeckelt", um keine weiteren Ansprüche aus dieser Beschäftigung zu ziehen, um nicht auf eine Festanstellung bestehen zu können. Auch beim Saarländischen Rundfunk hat sie hineinschnuppern können. Freie Mitarbeiter arbeiten selten nur für eine Redaktion oder einem Sender, sondern versuchen ihre Angebote an verschiedene Rundfunkanstalten zu schicken. Mehrere Standbeine sind wichtig und geben eine gewisse Sicherheit für Freie.
Der erste Monat ihrer Ausbildung begann mit einem Seminar und einer Einführung über Rechte und Pflichten im Journalismus. Die zweite Hälfte war bereits der Wurf ins kalte Wasser, wie es Kristina formuliert: Die Arbeit in der Radiowerkstatt der ZFP, der Zentralstelle Fortbildung Programm. 1977 wurde die ZFP gegründet auf Beschluss aller Intendanten. Der Sitz war damals in Frankfurt beim hr. Mittlerweile ist die Zentralstelle in Wiesbaden angesiedelt und bietet für jeden interessierten Journalisten Fortbildungen an, vom Recherchieren im Internet, Moderationen im Hörfunk bis Bildbearbeitung für die Internetseiten. Die ZFP bietet Kurse in ganz Deutschland an, von Dieburg bis Hannover, von München bis Nürnberg, doch nur in manchen Fällen stimmen die Redaktionen auch bei freien Mitarbeitern zu, ein Seminar zu besuchen, die Arbeitstage zu bezahlen oder zumindest ein so genanntes Ausfallhonorar dem Teilnehmer zuzugestehen.
Kristinas Seminar gehörte zur Ausbildung. Dort hat sie sieben verschiedene Berichtsformen kennen gelernt, Interviews geschrieben, geführt und moderiert. Genauso gehörte die Rhetorik zu ihrer Ausbildung und die Einheit „meine Sprache – mein Sprechen", mit der Lehre über die richtige Betonung. Am Ende gab es dann noch alles Wissenswerte zum Thema Nachrichten. Ein Rundumpaket sozusagen, bevor sie in die Welt der Redaktion entlassen wurde.

Kristina hat bereits vor ihrem Volontariat viel Erfahrung im Hörfunk gesammelt, von daher war es für sie nicht schwer, sich gleich in die Redaktion von hr4 in Kassel einzugewöhnen. Auch dort durchlief sie alle Bereiche und sprang letztendlich für eine krank gewordene Kollegin aus der Planung ein. Der Chef hatte Vertrauen in ihr Können. „Viel Lob und viel Feedback bekam ich dort. Deswegen fühle ich mich auch gerade in dieser Redaktion besonders wohl. Du musst dir nichts erbetteln, wie bei anderen. Die Verantwortlichen oder die Kollegen kommen auf dich zu und reden mit dir über deine Arbeit. Natürlich lief es nicht von Anfang an perfekt, aber ich habe mich absolut reingekniet, habe abends lange gearbeitet, habe für vieles länger gebraucht als die Routiniers, aber die Redaktion war zufrieden mit mir und das hat man mir auch gesagt. Das passiert dir nicht überall. Oft bist du ein Anhängsel, oft bleibt den Redakteuren gar nicht die Zeit, um mit dir zu sprechen, deine Arbeit zu bewerten und vielleicht noch mal mit dir durchzugehen."
In Kassel steht ein kleines Appartement für die Volontäre zur Verfügung. Vier Wochen war sie hier bevor Kristina anschließend wieder nach Frankfurt und zu hr1 kam und sich ein weiteres einmonatiges Seminar anschloss.
Die Stationen wechselten. Im Mai schlossen sich zwei Wochen im Bereich Layout an. Das war jedoch nicht unbedingt ihr Ding. Der Kollege, der sie eigentlich einführen und betreuen sollte wurde krank und so wirklich zuständig fühlte sich dann niemand für sie. So lief sie von Redakteur zu Redakteur und bot sich an, Arbeit zu übernehmen. Ihre bereits verantwortungsvolle Aufgabe in den anderen Bereichen interessierte dort niemanden. Wieder begann sie von ganz unten, musste wieder erst beweisen, dass sie gut ist. Letztendlich erhielt sie den Auftrag für eine Außenübertragung eine eigene CD herzustellen und sie durfte am Schluss Trailer produzieren und auch selbst vertonen. Trailer werden für die Eigenwerbung eingesetzt und machen aufmerksam auf ein eigenes Event des hr oder auf Sendungen.
Dann folgten 14 Tage im Bereich Wochenendplanung. Hier lernte sie, wie Kristina es formuliert, „ein völlig neues Arbeiten kennen. Nicht aktuell denken und aktuell bestellen, nicht die Termine durchsehen und wichtige von unwichtigen filtern, sondern diesmal ein eigenes Programm erstellen, sich eigene Themen ausdenken oder erarbeiten".
Im Juli kam Kristina dann wieder in ihre Stammredaktion nach Kassel und wurde dort als Ablauf- und Studioredakteurin eingearbeitet. Dort hatte

sie mit täglich wechselnden Schichten zu kämpfen: einmal von 5.15 Uhr bis 13 Uhr und dann wieder von 12 bis 20 Uhr. „Zumindest kannst du hier dein Leben etwas planen. Es kommt schon vor, dass man etwas länger sitzt, aber du weißt, dass du abends etwas unternehmen, dich nachmittags auf einen Kaffee treffen kannst."
Im August folgte Aufatmen und Urlaub bevor im September der Einsatz in der Abteilung Nachrichten-Hörfunk und hier im Nachrichtenreporter-Pool folgte. „Dort habe ich alle Formate, die die News zu bieten haben gelernt: von den trocken geschriebenen Nachrichten, den Meldungen mit O-Ton bis zu salopper formulierten Nachrichten für hr3. Für die News bei YOU FM, dem Jugendsender des Hessischen Rundfunks, musste ich mich dann noch mal umstellen, denn dort können die Meldung ruhig etwas umgangssprachlicher formuliert werden, also zum Beispiel, dass Bundeskanzler Schröder stinksauer darauf reagiert hat, dass er nicht mehr gewählt wurde."
Einmal in der Woche hat Kristina Sprecherziehung, aber eben nur, wenn sie gerade in einer Frankfurter Redaktion ihren Dienst tut. Ist sie in Kassel, muss der Unterricht ausfallen. Lässt es ihre Arbeitszeit zu, dann fährt sie aber auch schon einmal extra dorthin, 190 km einfach.
Heute ist es dagegen eine kurze Fahrt nach Oberursel. Nach einer halben Stunde haben wir den Zuckerbäcker gefunden, nachdem Kristina in ihrer absoluten Zettelwirtschaft die ausgedruckte Routenbeschreibung doch noch herausgezogen hat.
Kristina fällt es schwer sich völlig umzugewöhnen. Hunsrück und Eifel, die Mosel-Region und Trier kennt sie durch ihre frühere Tätigkeit. Jetzt heißt es einleben in Frankfurt und Kassel und eben Oberursel kennen lernen.
hr1 möchte zu den zuckersüßen Leckereien eine Schwerpunktsendung fahren und Kristina wurde angesprochen, ob sie nicht einen Beitrag dafür machen will. Ihr Thema: Was ist der Unterschied zwischen einem handgemachten Trüffel aus Oberursel und einem 100er-Pack Duplo.
Um 10.30 Uhr bimmelt pünktlich die Tür zum Geschäft der Pralinenherstellung Heller. Kristina bewaffnet mit ihrem Sony MZ-NH700 Aufnahmegerät und blauen dicken hr-Mikrofon. Das Equipment hat sie sich selber angeschafft, zum einen, weil sie eigentlich weiß, dass sie beim Hörfunk bleiben will und dies damit eine Anschaffung für die Zukunft ist, zum anderen, weil sie nicht jeden Tag wieder beginnen will zu schauen, ob denn noch ein Gerät in der Redaktion ist und ob sie es dann auch haben kann.

18 Monate hart aber herzlich

Aber jetzt würden wir wohl beide erst einmal liebend gerne alles ablegen und mit vollen Händen probieren, denn es riecht nicht nur toll, sondern auch die kleinen Spezialiäten schauen schon einladend aus: Edelbitternuss, Edel-Mocca und Caraibe „mit Biss" liegen in der Auslage, lauter bunte kleine Schälchen mit absoluten Kalorienbomben, daneben Block-Nougat und Hellers Edelbitter. Die Firma ist ein 80 Jahre altes Familienunternehmen und die Einrichtung ist wohl auch etwas in die Jahre gekommen. Wir beide fühlen uns zurückversetzt in die 50er oder 60er Jahre und Kristina lässt ihr visuelles Empfinden arbeiten. Sie sammelt Eindrücke und langsam entwickelt sie ihr Konzept für den Beitrag: Die Pralinenmacher, die Geschichte der Familie, den Duft und den Geschmack beschreiben, den sie hier wahrnimmt.

Ein bisschen den Kopf einziehen und es geht ab in den Keller. Die Geräuschkulisse wird lauter und unser Weg führt vorbei an eng gestellten Tischen und Backwaren. Schon läuft Kristinas Aufnahmegerät.

Der Macher, Christian Ruzicka, setzt sich mit seiner weiß-schwarz karierten Hose, dem weißen Kittel und der weißen Schürze voller Schokoladenkleckse wieder an seine Kuvertüremaschine. Bedächtig legt er die so genannten Rohlinge aus aufgeschäumter Butter und Curacao auf das Band. Langsam bewegt es sich vorwärts und langsam fließt von oben Schokolade über die jetzt fast fertigen Pralinen. Peter Erich ist schon 30 Jahre bei der Firma Heller beschäftigt und heute der zweite Mann an der Maschine. Er ist zuständig für das Aussehen der Pralinen und betupft jede einzelne mit einem gebogenen Werkzeug, das schöne Kreise auf die Schokoladenhülle presst.

„Was bedeutet Schokolade für sie? Wie kriegen sie die so schön rund? Wechselt der Geschmack der Leute? Gibt es bei Pralinen auch so etwas wie Mode, heute Vollmilch und morgen Zartbitter? Was macht die Praline aus ihrem Haus so besonders?"

Der Mann arbeitet ruhig weiter und beantwortet ihre Fragen. Im Hintergrund tuckern die Maschinen und das Pralinenband langsam vor sich hin. Durch die Geräusche, die während des Interviews zu hören sind, fühlt sich der Zuhörer ein Stück mit in dieser Konditorei. Er bekommt von Kristina beschrieben, was er sich vorzustellen hat und hört dazu die entsprechenden Töne.

Auf dem Tisch neben der kleinen Pralinenbandmaschine steht eine große Schüssel mit Kuvertüre. Peter Erich probiert sie, indem er sich ein bisschen auf die Oberlippe tupft. So testet er, ob die Schokolade noch die

richtige Temperatur hat, denn das sei das A und O, wie wir erfahren. Die Temperatur muss exakt sein, Abweichungen ab 3 Grad macht die Kuvertüre matt, 29,5 bis 31 Grad sind ideal. Der Trick an der Sache ist, dass bei dieser Temperatur noch einmal Schokoladenstückchen hinzugefügt werden, bevor die Kuvertüre noch einmal kurz erhitzt wird und sofort in die Produktion geht.
Überall riecht es nach Kakao. An der Wand hängen runde Schlagschüsseln aus Chromagan, auf dem Tisch noch ein voller Schokoladentopf und auf großen Rollwagen stapeln sich Torten und Pralinen auf Blechen.
An einem normalen Tag produzieren Ruzicka und seine Mannschaft 60 bis 80 Kilogramm Pralinen. Im Jahr verarbeitet er umgerechnet 10 bis 12 Tonnen an Rohmaterial. Die Hauptzeit ist natürlich die Weihnachtszeit, hier produziert das Familienunternehmen ein Drittel seines Gesamtumsatzes. Im Sommer läuft die Herstellung im wahrsten Sinne des Wortes auf kleiner Flamme.
Kristina will die Geschichte der Familie erfahren, die eigentlich, so erzählt Ruzicka, aus Bayern stammt. Der Urgroßvater und Gründer war kein gelernter Konditor, sondern Selfmademan. Alle Familienmitglieder standen im Betrieb und zu Hauptzeiten wurden sogar sieben Mann beschäftigt, heute sind es nur noch vier, zwei Frauen und zwei Männer.
Vom Urgroßvater wurde das Geschäft gleich auf den Enkel übertragen und damals, wie eben auch noch heute, wird vieles mit der Hand gemacht.
Während des Gespräches hat Kristina ihre Kopfhörer aufgesetzt, so dass sie die Aufnahme kontrollieren kann. Immer wieder fällt ihr Blick auf das Gerät, um zu kontrollieren, ob der Ton nicht übersteuert ist.
Langsam rollen bei den Erzählungen von Meister Ruzicka, der um die 40 Jahre alt ist, die Pralinen auf dem Band weiter. „Da hinten laufen sie jetzt in einen so genannten Kühlkanal, der sehr wenig Feuchtigkeit haben darf. Gehen sie ruhig auch mal auf die andere Seite", fordert er Kristina auf.
Die schaltet auf Stopp und blickt einen Raum weiter, wo die kleinen Pralinees getrocknet werden und kalt ankommen. Zwei Frauen packen dort das jetzt fertige Produkt in Plastikschüsseln mit Deckel. „Ist für sie Schokolade Lebensgefühl?" fragt Kristina und drückt wieder auf ihren Record-Knopf. „Natürlich", lächelt die Frau. Auch sie, so erfahren wir, ist schon 18 Jahre in der Firma Heller beschäftigt.

Und dann muss Kristina doch zugreifen, schließlich sollte sie ja auch wissen, von was sie redet. Einmal die dunkle und einmal die kleine weiße Praline verschwinden in ihrem Mund.
60 verschiedene Pralinen laufen hier in der Hochsaison über das Band und schon holt Meister Ruzicka eine neue Schüssel mit neuen Rohlingen: Trüffelfüllung. Auch sie bekommen ihren Schokoladenüberzug und Peter Erich stupst sie anschließend hin und her, damit sie eine schöne „geigelte" Form erhalten.
Wir gehen einen Stock höher in die so genannte Verpackungs- abteilung. Gemütlich sitzen zwei Frauen an Tischen und legen eine Praline nach der anderen erst in ein kleines Tütchen und dann in die Schachtel. Trüffeligel an Marzipanvollmilch, an Bombe, so heißt tatsächlich eine Sorte, die der Chef höchstpersönlich erfunden hat.
Beim Hinausgehen erfahren wir noch, dass, wie bei Kaffee und Bier, auch beim Kakao die Beschaffenheit des Bodens, auf dem die Pflanze wächst, entscheidend ist.
Jedes Prozent Unterschied an Kakaoanteil in der ganz normalen Schokoladentafel spürt man schon am Geschmack.
Immer mehr legt der Kunde heutzutage auf einen hohen Kakaogehalt Wert, doch bei 85 Prozent sei Schluss, danach schmeckt alles nur noch bitter.
Meister Ruzicka redet druckreif. Er formuliert klare, deutliche Sätze, verstrickt sich nicht in Einzelheiten und erklärt gut. So etwas ist natürlich wichtig, egal ob nun fürs Radio- oder Fernsehinterview.
Kristina hatte schon einen Kandidaten, der am Telefon völlig normal redete und dann völlig nervös wurde, als er das Mikrofon sah. Damals ging es um einen Rekordweihnachtskuchen und das Interview zusammenzuschneiden war die Hölle, weil der Mann einfach keinen ganzen Satz formulieren konnte. „Da muss man dann einfach nur gut texten können".
Kristina packt ihr Aufnahmegerät in ihre Tasche. Der Konditor packt noch vier Pralinen in eine Zellufantüte. Wir bedanken uns und gehen. Nicht ohne natürlich vorher die obligatorische Frage zu beantworten, wann denn der Bericht gesendet wird und wo.
Im Durchschnitt bearbeitet Kristina in ihrer derzeitigen Position im Reporterpool vier bis fünf Themen in der Woche. Jeder Reporter hat auch hier seine Ressorts, was die Arbeit für Praktikanten, Volontäre oder Hospitanten schwer macht. Kristina ist es passiert, dass sie ein Thema

über Opel vorgeschlagen hat, aber nicht zum Zuge kam, da ein anderer Kollege dieses Fachgebiet betreut.
„Insgesamt kann man davon ausgehen, dass du einen Beitrag pro Tag schaffst, wenn alles gut läuft, die Interviewpartner zu der bestimmten Zeit da sind und die Wege von einem zum anderen Gesprächspartner nicht irre weit auseinander liegen." Gestaltungsfreiheit, nicht auf ein Team angewiesen sein, das gefällt Kristina am Hörfunk.
„Ich habe mich ins Radio verliebt und es ist ehrlich gesagt schon so, dass, wenn ich jetzt während meines Volontariats zum Fernsehen wechsle, glaube, ich würde ihm untreu. Ich bin aber trotzdem gespannt, aber auch überzeugt, dass ich beim Medium Hörfunk bleibe."
Wir sind mit dem blauen Flitzer wieder zurück. Fahrtenbuch ausfüllen, Schlüssel abgeben und noch einmal schaut Kristina ins „lay-out" von hr1. Diesmal trifft sie einen Redakteur, der ihr weiter Auskunft geben kann, wann genau der Schokoladenbeitrag vorliegen muss. Kristina atmet auf. Es reicht, wenn die Reportage morgen um 10 Uhr abgegeben wird. Also weiter ins Zimmer vom LvD, Leiter vom Dienst der Aktualität, um abzusprechen, was sich in Sachen Ein-Euro-Jobber und Hartz IV getan hat.
Der Planer reicht ihr ein Fax weiter. „Der Kollege aus Wiesbaden hat das geschickt. Setz dich bitte mit ihm in Verbindung. Meinst du denn, du schaffst den Beitrag für heute? Ich brauche ihn dann so zwischen 15 und 16 Uhr. Je eher desto besser".
Kristina nickt und nimmt das Schreiben vom Landkreistag entgegen. Maximal drei Minuten hat sie für ihre Geschichte.
Wir gehen ins Reporterzimmer und sie setzt sich an einen so genannten „Typ 3", d.h. der Schreibtisch ist gleichzeitig ein kleines Studio mit Computer mit Schnittprogramm, Tuner, Digi-Kassetten-Converter und einem normalen Kassettendeck.
In der Reporterpoolabteilung gibt es 10 Typ-3-Schnittgeräte und zwei Typ-4-Schnitteinheiten. Beide sind für mehrspurige Aufnahmen vorgesehen, also nicht nur Kommentar, O-Töne, sondern auch Musikeinspielungen oder zugespielte Hintergrundgeräusche.
Auf dem Computer ruft sie das DABS-System auf und dann das easy-track-Schnittprogramm.
Sie schließt ihr Aufnahmegrät direkt an die Computerstation an und so spielt Kristina ihr Material auf den Speicher des hr-Computers.

Auf dem Bildschirm leuchten Zeiten auf, unten sind die Zacken der Aufnahmen zu sehen. So zieht sie das Gespräch mit der Ein-Euro-Jobberin, das ver.di- und Agentur für Arbeit-Interview auf die Festplatte. Zeitgleich hört sie die einzelnen Passagen noch einmal mit und betitelt die einzelnen O-Töne, die ihr wichtig erscheinen. Nebenbei überfliegt sie die Pressemitteilung des Landkreistages.

Ihr gegenüber sitzt ein älterer Kollege, der noch mit dem guten alten Sony-Aufnahmegerät und ganz normalen Kassetten im Zigarettenschachtelformat unterwegs ist. Auch er checkt gerade seine Interviews und schreibt an seinem Text.

12 Uhr. Wir packen beide unsere mitgebrachten Brote aus und während der Fünf-Minuten-Pause erzählt Kristina mir, dass sie sich immer „im Dienst" fühlt. „Auch wenn ich abends weggehe und etwas Neues oder Interessantes erfahre, notiere ich mir die entsprechende Telefonnummer des Gesprächspartners und schreibe mir kleine Zettelchen, die ich auf meinem Schreibtisch sammle. Eigentlich bin ich immer und ständig auf der Suche nach Themen." Das wird zum Alltag eines freien Journalisten.

Es vergeht auch bei mir selbst kein Tag, ohne dass ich Zeitungen, Magazine oder entsprechende Internetseiten nach neuen Themen oder Meldungen durchforste, die auf weiterführende Geschichten hindeuten. Das ist der tagtägliche Druck. Mit dem Alter wird er schlimmer und es kommt vor, dass man sich erwischt, dass man ein schlechtes Gewissen hat, weil man mal ein komplettes Wochenende eben nicht über Themen nachgedacht hat.

Kristina zeigt mir im Intranet den Angebotspool. Er ist von jeder Redaktion einsehbar. Ihr Vorschlag für den Ein-Euro-Beitrag schaut folgendermaßen aus:

Angebot von Nachrichten & Reporterpool

Angebotsdatum: 25.10.05
An: hr1/hr2/hr3/hr4/hr-info/Nachrichten/YOU-FM/hr-Online/Studio Darmstadt
Thema: „Ein-Euro-Job" und doch keine Chance: Schlechte Bilanz

Beitragsziel:	Hintergründe einer Reform in Schieflage. Knapp ein Jahr nach der Einführung der sog. „Ein-Euro-Jobs" in Hessen ist die Bilanz eher düster. Längst nicht für alle ist der Job eine Chance. Offizielle Statistiken liegen noch nicht vor, doch es zeichnet sich ab, dass diese Jobs in Hessen alles andere als ein Erfolgsmodell sind. BmE mit O-Tönen von „Jobberin", die wieder arbeitslos ist, Arbeitsagentur und Verdi.
Reporter:	Kristina Kubulin
Von:	reporterpool-planung@hr-online.de
Bearbeiter:	Stefan Bücheler
Telefon:	
Telefax:	
Beitragsform:	BmE
Länge:	3:00
Zu bestellen bis:	26.10.05 um 11 Uhr
Realisierbar bis:	27.10.05 um 15 Uhr

Natürlich läuft auch bei der Bestellung nichts ohne ein Formular auszufüllen. Interessiert sich ein Redakteur für die Geschichte, dann muss er einen Zettel ausfüllen. Hier können auch noch einmal besondere Bemerkungen, also besondere Wünsche, eingefügt werden, z.B. die Berücksichtigung der Lage speziell um Kassel. Dann geht der Auftrag weiter und wird an den Redakteur am news-desk geschickt und der wiederum gibt die Bestellung an den Autor weiter. Fachbegriffe auch hier. Nami ist zum Beispiel eine Nachrichtenminute, also ein Korrespondentenstück mit der Länge von 60 Sekunden. Ein BmE ist ein Bericht mit Einspieler, kurz, ein Bericht mit O-Tönen.

Die Interviews sind nun alle auf den Computer überspielt. Kristina kontrolliert noch einmal den Pegelausschlag, zieht ihn an bestimmten Stellen, wenn er zu niedrig ist, per Mausklick hoch. Die wichtigen O-Töne verschiebt sie nun auf eine Extra-Spur und beschriftet sie, damit das spätere Einsetzen schneller geht mit Titeln wie „Strohhalm", „Vorstellen", „Werkzeug Persönlichkeit". Das sind markante Worte aus den Interviews, so dass sie später gleich erkennen kann, welchen O-Ton sie hier vor sich hat.

Es gibt verschiedene Vorgehensweisen. Manche Kollegen hören sich die Interviews erst an und überspielen dann lediglich die wichtigen, ausgewählten Passagen in das System. Kristina kopiert komplett, denn manchmal wechselt sie doch noch einmal die vorgesehenen O-Töne aus, weil sie im Gesamtwerk sich flüssiger einpassen, stimmiger erscheinen.
Der zweite Schritt ist das Kürzen in sich, denn die Interviews sind oft lang und mit „ähs" und „Ja, also" gespickt.
Eine Reporterkollegin fragt sich durch die Reihen, wer denn als nächstes fertig sei, sie müsse auch schneiden. „Bitte reservier mir den Platz. Ich bin in einer halben Stunde dann da."
Kristina hat sechs O-Töne ausgewählt und gekürzt. Das herausgeschnittene Material verschiebt sie dabei in einen imaginären Mülleimer.
14 Uhr. Die O-Töne sind fertig. Ihr Gefühl sagt ihr auch, dass die Länge so einigermaßen passen müsste, wenn sie nun ihren eigenen Text noch hinzufügt.
Wir eilen wieder durch die Gänge und suchen ein freies Studio, um die Vertonung, also ihre Sprachaufnahme, zu machen und dann die Interviews einzufügen. Alles besetzt.
Einen Stock höher. Die Kollegin sitzt im Studio, aber es leuchtet kein Rotlicht. „Hallo, wann denkst du denn, dass du ungefähr fertig bist?", fragt Kristina. „Gib mir 10 Minuten."
Wir warten und schauen den Kollegen zu, die durch die Gänge flitzen, der eine mit seinem Aufnahmegerät unter den Arm, der andere ein Skript in der Hand.
„Ich muss mich mit den Tatsachen abfinden", meint Kristina. „Die Lage auf dem Arbeitsmarkt ist verdammt schlecht. Ich will mich aber nicht verrückt machen. Ich versuche meine Sachen so gut wie möglich zu produzieren, engagiere mich. Ich will auch noch meinen Spaß an der Arbeit behalten. Ich sag dir was, ich bin schon froh, wenn ich genug Geld jeden Monat verdienen kann und Gott sei Dank gibt es beim hr keine Deckelung. 15 000 Euro im Jahr, da kannst du weder von leben, noch wirklich verhungern. Da ist auch egal, wie gut du bist. Vorschrift ist Vorschrift. Und jetzt kommen immer neue Anordnungen hinzu. Das mit den 15000 Euro hat sich beispielsweise schon wieder geändert. Jetzt darfst du nur noch 7500 Euro pro Halbjahr beim SWR verdienen. Früher war das egal, lediglich die Grenze durfte nicht überschritten werden. Irgendwie bin ich konservativ, denn ich wünsche mir einfach einen

kleinen Funken an Sicherheit, damit ich mich in Ruhe auf meine eigentliche Arbeit konzentrieren kann."
Große Stütze ist ihr Freund Uli. Sie haben eine gemeinsame Wohnung in Trier. Am Wochenende fährt sie zu ihm, ansonsten wohnt sie in Frankfurt zur Untermiete. Sollte der hr sie übernehmen, dann ist Uli bereit mit ihr ins Rhein-Main-Gebiet zu gehen. Beide kommen aus dem gleichen Metier. Er ist Zeitungs- und Hörfunkjournalist und gemeinsam haben sie bereits für den Südwestrundfunk ein Stundenfeature über Heinz Tietjen, dem letzten Generalintendant der preußischen Staatsoper und Leiter der Bayreuther Festspiele während der Nazi-Zeit, produziert. Drei Jahre sind die beiden nun schon zusammen und ihr gemeinsames Faible ist die Kultur.
Uli ist eigentlich Dozent an der Uni, hat sich aber ein zweites Standbein mit dem Journalismus aufgebaut. „Wir passen einfach gut zusammen, weil wir beide gleiche Interessen haben und auch noch miteinander arbeiten können. Mit den früheren Freunden gab es immer Stress, weil ich Wochenende arbeiten oder Verabredungen kurzfristig absagen musste. Uli versteht mich und er unterstützt mich."
Und das nicht schlecht, eigentlich fast schon traummannmäßig: „Ich war in Trier beispielsweise beim Hörfunk zuständig für die Tarifverhandlungen des Pflegepersonals im Klinikum. Da kam dann irgendwann nachts um 4 Uhr der Anruf, dass sich eine Einigung abzeichnet. Ich also nichts wie unter die Dusche und Uli stand mit auf, hat mir Spiegeleier und Kaffee gemacht. Und als ich wieder nach Hause kam haben wir über meine Geschichte gesprochen. Es interessiert ihn einfach und da fühle ich Verständnis."
14.20 Uhr. Wir können ins Studio, in das so genannten „Typ-4-Studio". Im Reporterpool hat sie ihre O-Töne auf den Server abgespeichert, hier ruft sie sie wieder im DABS-System auf.
Sie setzt sich aufrecht hin, checkt kurz den Pegel, indem sie ein paar Sätze spricht. Dann nimmt sie ihren ausgedruckten Text in die linke Hand, hält ihn auf Augenhöhe und drückt auf den Recorderbutton. Auf eine extra Spur nimmt Kristina nun ihre Zwischentexte auf. Hat sie Versprecher, dann beginnt sie erneut mit der Passage.
Die Fehlversuche werden später wieder in den Papierkorb verschoben.
Es drängt kein Kollege nach und so schneidet sie gleich im Studio ihren Beitrag fertig.
Ihre Reportage baut sie von hinten nach vorne zusammen.

18 Monate hart aber herzlich

Auf dem Bildschirm rechts erscheinen nun ihre beschrifteten O-Töne und die schiebt sie zwischen ihrem gesprochenen Text. Die Übergänge werden noch einmal extra kontrolliert.
3:35 Länge hat der Beitrag am Schluss. Zu lange, mindestens 30 Sekunden müssen raus.
„Also, ich glaube, der hintere Teil vom Interview ist doch überflüssig, oder? Doch, ja, das kann eigentlich weg." Ganz langsam reduziert sich die Zeit auf dem Computer. Erst sind es 3:25, dann schon 3:19, noch einmal die Schere und sie ist bei 3:09. Da hinten noch eine Sekunde, vorne zwei, der Verhaspler kann auch raus, so geht es voran und sie ist 2:58 am Ende.
14:45 Uhr Kristina hört sich zur Kontrolle den Beitrag noch einmal an. Abspeichern, Abmelden am Computer und das Feld dem schon wartenden nächsten Redakteur überlassen.
14:50 Uhr. Auf zum abnehmenden Redakteur, dem Chef vom Dienst. Der ist im Stress. Kristina gibt Bescheid, dass der Beitrag fertig ist und im Computerfach unter „Aktuelles" zu finden sei. Im Moment ist keine Zeit, aber er wird ihn anhören, meint er. Wir gehen wieder ins Reporterpoolzimmer.
Kristina schreibt einen Anmoderationsvorschlag für ihr Stück. Im Titelfeld tippt sie ein $-Zeichen ein, das kennzeichnet den Beitrag als sendebereit und fertig. Ihre Anmoderation und den Text schiebt sie ins „Infotextfach".

Anmod-Vorschlag:

> Knapp 1 Jahr ist es her, als die ersten 1-Euro-Jobs entstanden sind. Damit können sich Arbeitslose, die Arbeitslosengeld II bekommen, einen bis zwei Euro pro Stunde dazu verdienen. Seit 1. Januar gibt es sie offiziell, aber schon im Herbst vergangenen Jahres haben einige Arbeitslose auf Freiwilligen-Basis damit angefangen. Seitdem haben in Hessen rund 12 000 Menschen in einem 1-Euro-Job gearbeitet. Dabei ging es nicht nur um den Verdienst. Ziel der Bundesregierung war es vor allem, die Menschen durch 1-Euro-Job wieder auf den ersten Arbeitsmarkt zu vermitteln. Kristina Kubulin hat eine Ein-Euro-Jobberin gefragt, ob das funktioniert hat.

Beitrag:

Jadranka Bilosch ist 44 Jahre alt, Mutter von zwei Kindern und ausgebildete Arbeitserzieherin. Geboren ist sie in Kroatien, lebt aber schon seit mehr als 30 Jahren in Deutschland. Als Arbeitserzieherin hat sie geistig und körperlich behinderte Menschen betreut und ausgebildet. Nach ihrem Erziehungsurlaub wurde sie arbeitslos. Vor einem Jahr hat sie dann von den neuen 1-Euro-Jobs gehört.
„Man ist halt arbeitslos und sucht oder nutzt jede Gelegenheit, jede Chance und greift nach dem Strohhalm, um an eine Arbeitsstelle zu kommen und ich wollte, dass mich die Menschen vor Ort kennen lernen und sehen, dass ich ein Kämpfer bin, dass ich niemals aufgebe, dass ich verstehe zu motivieren, dass mir die Arbeit mit Menschen wirklich Freude bereitet."
Und so hat sie bei der Caritas angefangen. Zuerst hat sie mit einer Künstlerin Wände in Kindergärten bemalt, danach war sie in der Schreinerei der Caritas. 20 Stunden pro Woche hat sie gearbeitet für 1 Euro 50 pro Stunde. Sie hatte viel Freude an der Arbeit, sagt Jadranka Bilosch. Aber nach 9 Monaten endete die Maßnahme. Jetzt ist sie wieder arbeitslos.
„Ich bin etwas enttäuscht. Ich habe gehofft, dass ich irgendwo unterkomme. Das hat aber nicht geklappt. Das hat mich sehr traurig gemacht, denn das war mein großer Wunsch gewesen."
Bei ihr hat es also nicht geklappt mit der Vermittlung. Und da ist Jadranka Bilosch nicht die einzige. Die Agenturen für Arbeit haben noch keine Statsiken, wie viele Arbeitslose aus dem 1-Euro-Job weiter vermittelt werden konnten. Bei der Rhein-Main-Job-Center GmbH geht man aber davon aus, dass es nur wenige sind, so der stellvertretende Geschäftsführer Lutz Klein.
„In der Vermittlung aus einer Arbeitsgelegenheit rechnen wir mit einer Integrationsquote von 5 Prozent bis 10 Prozent."
Das große Ziel „Fordern und Fördern" ist damit nicht erreicht worden. Lutz Klein rät enttäuschten Ein-Euro-Jobberinnen wie Jadranka Bilosch nicht aufzugeben.
„Also mit der Arbeitsgelegenheit sind wir nicht am Ende, sondern stehen am Anfang eines Prozesses. Sie hat einen wichtigen Schritt gemacht, der nächste Schritt wäre ein Gespräch."
Die Gewerkschaft ver.di sieht das kritisch. Statt endloser Gespräche und Ermittlungen, sollte man sich an der Realität orientieren. Verdisprecher Frank Steibli.
„Ja ich denke, dass man für das Instrument Hartz IV, für diese Arbeitsmarktreform, eines grundsätzlich braucht: nämlich einen aufnahmefähigen Arbeitsmarkt und der ist wohl im begrenzten Maße gegeben. Das ist der Grundfehler in der Angelegenheit."

Zum einen würden Arbeitslosen einfach falsche Versprechungen gemacht. Zum anderen gebe es aber auch schwarze Schafe, die Ein-Euro-Jobber nur als billige Arbeitskräfte missbrauchen. Und dagegen will sich die Gewerkschaft einsetzen. Lutz Klein.
„Wenn wir zum Beispiel sehen, dass im Bereich Grünflächenämter viele Arbeitsplätze verloren gegangen sind, dass wir dann sagen, das lassen wir nicht zu, dass dann dort Ein-Euro-Jobber zum Einsatz kommen."
16 Uhr. Uns knurrt der Magen und jetzt bleibt Zeit für die Kantine. Bevor wir gehen hängt Kristina jedoch wieder ihren MD-Recorder (Minidisk) ans Einspielgerät, um die Pralineninterviews schon einmal auf den Computer zu ziehen.
Pünktlich liefern, zuverlässig sein und gute, lebendige, interessante Berichte produzieren sei eben wichtig, meint die Volontärin. „Nach dem Aufstehen höre ich bereits Deutschlandfunk oder hr-info. Beim Autofahren dann eher hr4, um eigentlich auch immer auf dem Laufenden zu sein, was sich in Kassel so tut, denn ich würde gerne später, nach dem Volontariat, nach Kassel zu hr4 wechseln. Das macht dort einfach Spaß und du kannst als Journalistin eine irre Bandbreite an Themen abdecken. Ich glaube, ich bin einfach der geborene Wald- und Wiesenreporter. Ich will alles machen, von der Reportage über Arbeitslose, eine Bombenentschärfung bis zu Verbraucherthemen. O.k., also Sport würde ich vielleicht gerne ausklammern, obwohl ich auch schon früher Berichte über Fußballspiele gemacht habe. Deshalb fand ich es absolut spannend für hr4 Beiträge heute über das „Anti-Terror-Paket" und die „Rasterfahndung" zu produzieren und morgen einen Bericht über „Tanzschulen" zu erarbeiten. Vor allem aufwendig gebaute Beiträge find ich absolut reizvoll."
hr4 bringt ein gemischtes Programm, zudem sind die Beiträge meist in einer maximalen Länge von 3:30 angelegt.
Doch ob sie Fuß fassen kann, ob sie eine Festanstellung oder eine Mitarbeit als feste-freie Mitarbeiterin erhält, steht noch in den Sternen. Sicherheit auf eine Weiterbeschäftigung gibt es nicht.
Aber noch liegt ein Jahr als Volontärin vor ihr, anstrengende Monate.
Heute ist ihr vorletzter Tag im Reporterpool.
Nächsten Monat, im November 2005 folgen Seminare, Einstimmung aufs Fernsehen und dort wird sie im Januar dann auch vier Wochen lang ihr Volontariat fortsetzen.
Die Seminare sind keine trockenen Vorlesungen, sondern mit viel praktischen Übungen für die kommende Zeit im Fernsehen oder Hörfunk

verbunden. In den ersten Schulungen wurden beispielsweise auch Telefoninterviews geübt oder die Moderation. Auch mit dem Ü-Wagen, dem Übertragungswagen des Hörfunks, waren sie draußen.
Im November werden alle Volontäre auf ihre Zeit beim Fernsehen vorbereitet: wie schreibt man ein Storyboard? Anhand einfacher Szenen wie, ein Mann kommt ins Büro, ruft seine E-Mails ab und hat einen Freudenausbruch, wird die Schnitttechnik erklärt. Diese vorgegebene Spielszene soll in sieben Schnitten umgesetzt werden. So lernen sie welche Kameraeinstellung an welche geschnitten werden kann, ohne einen Achssprung zu riskieren.
Bereits in ihrem ersten Seminar wurde auch das Fernsehen mit berücksichtigt. Sie mussten einen kleinen Spielfilm drehen. Kristina lieferte dazu die Idee, gemeinsam wurde der Titel: „Volles Rohr, Konrad ermittelt" gefunden, eine Kriminalparodie über ein volles Staubsaugerrohr. Die Volontäre haben sowohl das Konzept, das Storyboard erarbeitet als auch später als Darsteller mitgewirkt, als Kameramann den Film gedreht, als Autor selbst getextet und als Regisseur gestaltet.
Im Februar 2006 wird Kristina dann eine Ausbildung bei hr-info durchlaufen, dem Infokanal des Hessischen Rundfunks. Es schließt sich die Arbeit bei hr2 an und im April wird sie vier Wochen lang im Hauptstadtstudio der ARD arbeiten. Ab Mai folgen drei Monate in ihrer angegebenen Stammredaktion bei hr4 in Kassel, anschließend wechselt sie einen Monat lang zum Fernsehen. Danach ist das Volontariat abgeschlossen. Begleitet wird sie in dieser Zeit durch ihren Ausbildungsleiter. Alle drei Monate gibt es Gespräche über den Stand der Ausbildung, über die Arbeit in den letzten Redaktionen. Gibt es Probleme, kann jederzeit ein Termin mit ihm vereinbart werden.
Und nach 18 Monaten wird sie wissen und sich entscheiden müssen, ob nun das eine oder doch vielleicht das andere Medium sie begeistert.
16.10 Uhr. Nachricht vom Redakteur des aktuellen Desk: „Schöner Beitrag". Morgen will er in Ruhe mit ihr darüber reden. Lächeln im Gesicht: „Na, das hört man doch gerne, wenn der Beitrag gefallen hat."
Mittlerweile liegt auch eine E-Mail von hr1 vor. Ihr Schokoladenstück soll bis morgen 12 Uhr vorliegen. Gott sei Dank, heute heißt es nicht durcharbeiten, sondern Feierabend. Kristina ordnet ihren Zettelwust. Überall stehen Telefonnummern kreuz und quer vermerkt.

17.25 Uhr Dienstschluss. Heute braucht die Volontärin nichts mehr, nur noch nach Hause auf die Couch, ein bisschen Marienhof und anschließend noch telefonieren mit dem Freund. Vielleicht doch noch ein Blick ins Internet, Themen suchen und morgen dann Schokolade.

Da steht aber für mich bereits der Besuch bei Philipp Münscher auf dem Programm, ein weiterer Volontär des Hessischen Rundfunks. Zum Kennen lernen bleibt wenig Zeit. Wir müssen los zum Termin. Er hat bereits für sein heutiges Stück Archivmaterial per E-Mail bestellt.
Auf zur Kamera-Disposition ins Haus W. Dort angekommen fragt Philipp nach dem aktuellen Team und fünf Minuten später sitzen wir im hellblauen hr-Auto auf dem Weg in die hessische Landeshauptstadt. „Auf dem Auftrag stand „ordentliche Kleidung", um was geht es eigentlich heute bei dem Termin?" kommt es vom Kameramann auf dem Beifahrersitz. „Der Tierschutzforschungs- preis wird erstmalig an Wissenschaftler vergeben, " erklärt Philipp, „also, normale Schnittbilder und O-Töne."
Philipp Münscher erzählt auf dem Weg dorthin von seinem gestrigen Tag, ein chaotischer, obwohl er eigentlich ruhig begann. Philipp wollte schon fast die Sprecherziehung absagen, weil er ein aktuelles Stück machen sollte. Es ging um einen Mann, der gedroht hatte sich in einem Mehrfamilienhaus anzuzünden. Dazu wurde Bildmaterial von einem freien Team gekauft und Philipp sollte das Stück „stricken". Als er gerade mit dem Schnitt beginnen wollte, wurde von der Redaktion beschlossen, angesichts des engen Zeitplans der Sendung einen NIF daraus zu schneiden und das ist die Aufgabe des Filmredakteurs. NIF ist eine Nachricht im Film, mit 20 Sekunden Text und 40 Sekunden Bild. Philipp war damit raus. Er ging zum Sprechunterricht. Als er um 16.30 Uhr zurückkam, die nächste aktuelle Meldung: Ein Mineralölzwischen- händler packte angesichts der Tatsache die Wut, dass das Heizöl ihm vom Großhändler teurer verkauft wird als Diesel an jeder Billigtankstelle kostet. Daraufhin fuhr er mit seinem Tankzug und 10 000 Euro in bar los, um sich den LKW selbst an einer ent- sprechenden Tankstelle voll zu machen und Philipp sollte ihn im Auftrag der Redaktion begleiten. Doch der Unternehmer war schon samt seinem Truck und seiner Wut weg. Unterwegs erwischte ihn Philipp über sein Handy. Er sei in Richtung Seeligenstadt unterwegs und schon fuhr Philipp mit seinem Team los. Ein

Stück aktuell zu „stricken" unter hohem Zeitdruck ist keine einfache Sache für einen Volontär.
Ein turbulenter Tag, aber kein ungewöhnlicher. Nach einem stressreichen Tag setzte sich Philipp noch mal an den Schreibtisch und begann seine Geschichte für den nächsten Tag vorzubereiten. Er bestellte Material über die Arbeit des Preisträgers im Labor, gedreht von einem Videoreporter. Videoreporter sind meist Hörfunkkollegen.
Der Hessische Rundfunk setzt verstärkt auf den Einsatz von so genannten Videoreportern, aber auch von VJs, Video-Journalisten, die selbst drehen, schneiden, texten und auch vertonen. Zudem versucht der Sender auch die Hörfunkkorrespondenten in den Außenstudios immer mehr als Videoreporter einzusetzen, so dass sie kleinere Einsätze für das Fernsehen übernehmen können. Zum Beispiel Schnittbilder von Unfällen oder kilometerlangen Staus, aber auch aktuelle Stücke, die mit einem nicht zu großen Aufwand an Licht umsetzbar sind und keine allzu hohen journalistischen und investigativen Ansprüche stellen.
Auch im Falle von Philipps Stück übernahm der Kollege in Gießen die Dreharbeiten im Labor von Prof. Hanno Würbel, der für seine Arbeit „Wohlbefinden für Versuchstiere" heute im Wiesbadener Schloss den Preis überreicht bekommt. Da Philipp auf Nummer Sicher gehen wollte, hat er gleichzeitig noch aus dem Archiv Bilder über konventionelle Tierversuche bestellt.
Sein Beitrag ist heute für die Sendung hessen aktuell eingeplant. Sie läuft von Montag bis Freitag um 15 Uhr, 16 Uhr und 17 Uhr. Die Länge seines Stückes ist mit einer Minute vorgesehen, vielleicht aber auch 1.10 Minuten.
Die drei aktuellen Redaktionen des Hessischen Fernsehens betreuen die Sendungen hessenschau, maintower und hessen aktuell.
Philipp hat sich bei seinem Volontariat für die Stammredaktion der Hörfunkabteilung von hr 1 beworben. Mittlerweile, nachdem er nun auch in die Arbeit des Fernsehens hineinschnuppern konnte, ist er unentschlossen. In seiner Ausbildung durchlief Philipp, wie auch Kristina, Seminare und verschiedene Stationen im Sender, nur er kam nach einem Monat bei hr-info und dem Reporterpool im Hörfunk in die Fernsehredaktion hessen-aktuell. Nach den Seminaren im November und Dezember wird er dann weiter für die hessenschau, der Hörfunkabteilung im Berliner Hauptstadt- studio, hr1 und hr3, sowie im Sportbereich in Frankfurt eingesetzt.

Beim Hörfunk hat jede Welle einen Ausbildungsbeautragten. Gleichzeitig gibt es bei Hörfunk und Fernsehen des Hessischen Rundfunks Ausbildungsbeauftragte.
Der halbe Weg nach Wiesbaden ist geschafft. „Irgendwie bin ich bei jedem Dreh nervös, ich würde nicht genug Bilder zusammen bekommen und deshalb habe ich ja auch heute extra das Archivmaterial bestellt. Außerdem ist ja auch klar, dass es langweilig ist, nur die Überreichung des Preises zu zeigen und nichts von den Forschungsarbeiten selbst", meint Philipp.
Das Team macht auf mich einen netten Eindruck. Kein überheblicher Kameramann, der sich genervt gibt, weil es schon wieder mit einem Anfänger zu tun hat. Vielmehr laufen die üblichen Gespräche über Klatsch und Tratsch im Sender und natürlich über Politik ab. „Ich merke schon, dass ich eigentlich ein Teammensch bin, also dass es mir Spaß macht im Team rauszufahren, einen Beitrag im Team, mit dem Cutter zu schneiden. Am Anfang war ich in der aktuellen Redaktion logischerweise nur der Mitläufer, durfte Kollegen begleiten oder dann auch schon mal einen NiF schneiden. Ich habe recherchiert, Infos eingeholt oder Termine klargemacht. Fernsehen gefällt mir, denn du bist nicht auch noch für die Technik verantwortlich und du kannst dich damit voll um die Redaktionsarbeit kümmern."
Ankunft Schloss. Das Team packt seine Standardausrüstung aus: Stativ, Mischer für den Ton, Akkus, Reservekassetten.
Im Schloss lässt man uns gleich durch und wir gelangen in die Rotunde des Biebricher Schlosses. Noch bleibt Zeit, der Raum ist leer, die Gäste unterhalten sich im Vorraum.
Der Kameramann geht einmal links und einmal rechts entlang, entschließt sich letztendlich für eine Seite und beginnt sein Stativ zu positionieren. Dort hat auch der Veranstalter sein Mischpult für die Tonanlage aufgebaut. Der Kameraassistent checkt gleich, ob er sich eine Summe holen kann, sprich, sich dort einstöpseln und über die bereits aufgestellten Mikrofone seinen Ton direkt auf die Kassette aufnehmen kann. Ordentlich verklebt er dann seine Kabel und prüft noch einmal, ob wirklich etwas bei ihm auf dem Mischer ankommt. Dann checkt er den Pegel an der Kamera. Alles okay, Warteposition einnehmen.
Der Planer meldet sich bei Philipp. Er habe heute Morgen ein Hörfunkinterview mit der zweiten Preisträgerin Anja Babel gehört und fand sie gut. Daraufhin hat man in der Redaktion beschlossen, sie heute

Abend ins Studio einzuladen. Philipp soll dafür alles klarmachen, Frau Babel einladen, ihr erklären, wann sie wo sein soll.
Mittlerweile ist auch bereits Umweltminister Wilhelm Dietzel eingetroffen. Der Kameramann grüßt höflich, der Minister reagiert und kommt auf unsere Gruppe zu. Kurze Begrüßung, kurzer Smalltalk. Ein zweites Kamerateam trifft ein. Es kommt von RTL und hat die kleine Ausrüstung dabei: eine DV-Kamera, leichtes Stativ, eine Reporterin, eine Kamerafrau. Sie stellen sich eine Säule weiter vorne auf.
Pünktlich um kurz vor 11 Uhr füllt sich der Saal mit festlich angezogenen Menschen.
Die RTL-Dame dreht schon mal Zwischenbilder vom Hinsetzen der Gäste während unser Kameramann verschiedene Schwenks probt.
11.10 Uhr, der Umweltminister hebt zu seiner Rede an. Philipp hat sich in die letzte Reihe gesetzt, lauscht und in seinem Kopf läuft schon sichtlich die Überlegung ab, wie er den Beitrag wohl aufbaut, was er noch braucht. Er macht ab und zu Notizen und sein Blick fällt immer wieder auf den Kameramann, wo er steht und was er dreht.
Vorne fallen die üblichen Politikerworte: „innovativer Standort Hessen, wichtige Forschung, weiter so."
Der Kameramann wechselt die Position, filmt nun von der rechten Seite, geht nach vorne und zeigt die Preisträger von vorne beim Zuhören. Philipp stellt sich daneben und zeigt ihm die wichtigen Leute. Mit einem Ohr hört er gleichzeitig dem Umweltminister zu und als der gefühlsmäßig zum Ende kommt, klinkt der Kameramann seine Mühle vom Stativ aus und versucht die übliche Übergabe der Blumen und Preise zu drehen.
39 Zuhörer und Zuschauer klatschen, eine etwas mager besuchte Veranstaltung, aber das wird abends niemand mehr sehen, denn der Kameramann zeigt bewusst nicht die leeren Stühle, sondern Zweier- und Dreiergruppen.
An sich ist diese erste Verleihung eines solchen Preises bei Gott nicht unspannend. Es ist nur nicht so einfach zu verstehen, was die beiden genau mit ihren Forschungsarbeiten bewirken. Bei Dr. Würbel geht es noch einigermaßen. Er hat das Innenleben eines Laborkäfigs einfach etwas natürlicher eingerichtet, kleine Plastikwürfel mit drei oder vier Eingängen aufgestellt, einen Ast hineingelegt und so etwas mehr natürliche Lebensgrundlage statt sterilen Käfig, mit Raum zum Verstecken für die Tiere, geschaffen. Bis jetzt wurde von den großen Labors immer behauptet, diese kleinen Veränderungen würden die Forschungsergebnisse beein-

flussen. Die Leistung des Wissenschaftler bestand nun darin zu dokumentieren, dass dies nicht der Fall sei und dass so zusagen auch Labormäuse in einer etwas normaleren Umgebung leben dürfen, ohne dass die Ergebnisse einer Studie beeinflusst werden.
Bei der Arbeit der zweiten Preisträgerin wird es schon etwas komplizierter. Der Titel: „ Bestimmung der Isofermenverteilung mittels Kapillarelektrophorese als Alternative zum Bioassay an der Normozythämischen Maus in der Qualitätskontrolle von Erythropoietin". Alles klar? Der nächst Abschnitt bringt aber etwas Erhellung:
„In der Qualitätskontrolle von therapeutischen Proteinen ist die Bestimmung der biologischen Aktivität ein wichtiger Aspekt. Bei einigen Substanzen gelten auch Tierversuche als unverzichtbar und müssen nach den Bestimmungen des Europäischen Arzneibuchs durchgeführt werden. Dies ist z.B. bei Erythropoietin der Fall, wo das Arzneibuch Tierversuche an Mäusen vorsieht. Als Folge dieser Bestimmung mussten zum Beispiel bei der Firma Roche Diagnostics GmbH, Mannheim, im Jahre 2004 annähernd 10 000 Mäuse für die routinemäßige Qualitätskontrolle von Erythropoietin eingesetzt werden. Wenn es möglich wäre, die biologische Aktivität alleine aus chemisch-physikalischen Prüfungen präzise vorauszusagen, könnte die Zahl der Versuchstiere auf ein Minimum reduziert werden."
Der zuständige Pressereferent scheint nicht unbedingt irgendwann in einer Redaktion gearbeitet zu haben, denn sonst wüsste er, dass die 18seitige Pressemappe kein großer Wurf ist. Sie beinhaltet Lebenslauf und alleine davon beschäftigen sich sechs Seiten mit den Akademischen Auszeichnungen, dem Einwerben von Drittmitteln von Herrn Professor Würbel und seinen Aktivitäten in wissenschaftlichen Organisationen, weiteren relevanten Aktivitäten, seiner gutachterlichen Tätigkeit und der Auflistung seiner Referate seit seinem Amtsantritt. Wen interessiert bitte, dass die zweite Preisträgerin Famulaturen in der Schwan-Apotheke und in der Apotheke am Hauptmarkt abgelegt hat oder ihr Abitur am Albert-Schweizer-Gymnasium absolvieren durfte?
Die Hälfte des Umfangs würde genügen, am besten nur zwei Seiten, auf denen für normale Menschen verständlich und zusammengefasst steht, was die beiden Wissenschaftler überhaupt erforscht haben. Vielleicht auch bitte schön noch ein kurzer Lebenslauf und warum dieser Preis zum ersten Mal verliehen wird.

Mittlerweile hält die Hessische Landestierschutzbeauftragte die nächste mitreißende Rede, beschreibt den Lebenslauf der zwei Wissenschaftler und das auch noch so genau, dass sie sogar die Jugendarbeit in der Katholischen Kirche der Preisträgerin genau beschreibt. Und jeder dieser Redner lässt natürlich gerne das eine oder andere Zitat fallen, ganz beiläufig, mit einem Lächeln, wieder andere wagen sich gleich an Gedichte und die Sache zieht sich hin.
Es folgen die Dankesworte der Preisträger und Gott sei Dank sind es nur zwei.
Währenddessen habe ich mich auch neben Philipp gesetzt. Reden wirken auf mich immer ziemlich ermüdend, wenn es nicht gerade um ein interessantes Thema geht. Irgendwie bekomme ich regelmäßig dabei einen absoluten Tiefpunkt, an dem ich immer kurz vor dem Wegnicken bin.
Endlich Applaus und der Aufruf zum kleinen Imbiss. Leider jedoch noch nicht für uns, denn der Kameramann hat die Überreichung der Blumen und der Preise doch nicht ganz so im Bild gehabt, wie er sich das vorgestellt hat. Also Kommando zurück, alles bleibt sitzen, die Tür zum leckeren Buffet zu und noch mal die Blumen, Küsschen und die Preise.
Philipp wirkt etwas nervös. Absprache mit dem Kameramann für die Stelle, an der er seine Kamera aufbauen soll. Er holt den ersten Preisträger und stellt seine Fragen, die er stichpunktmäßig auf die Pressemitteilung geschrieben hat: „Können sie mit einfachen Worten ihre Arbeit erklären? Was bedeutet diese Preisverleihung für sie? Wird es irgendwann möglich sein, ganz auf Tierversuche zu verzichten?" Dann kommt Anja Babel mit ihren Proteinen und Mäusen als zweite Interviewpartnerin vor die Kamera. Sie ist etwas nervös, von heute auf Morgen wird sie in eine völlig neue Rolle gepresst. Schon heute Morgen die ersten Telefoninterviews, dann die Anrufe von den Zeitungen und jetzt auch noch vor die Kamera. „Wohin soll ich denn schauen", fragt sie ganz schüchtern. Ein absolut normales Verhalten und routiniert lächelt Philipp sie an: „Schauen Sie einfach mich an, wir unterhalten uns, Sie reden mit mir."
Im Hintergrund verteilt eine Tierschützerin eine Liste unter den noch Anwesenden. Sie sammelt Unterschriften gegen Tierver- suche. Doch die meisten der Gäste stehen schon am Buffet.
Das RTL-Team interviewt nun unseren Herrn Professor und den Umweltminister. Philipp wartet, bevor er auch an ihn Fragen stellen kann.

Wilhelm Dietzel, der Minister, schielt. Das ist nun an sich nichts Schlimmes, doch im Fernsehen würde er ein Stück seiner Kompetenz verlieren, würde man ihn genau auf die falsche Seite stellen. Also die Seite mit dem schielenden Auge nach vorne und kein Mensch erkennt den kleinen Makel. Jeder konzentriert sich so auf seine Aussage und nicht auf sein Auge.

12.05 Uhr. Die Sache ist über die Bühne gebracht, nehmen wir also jetzt wahr, was sich anbietet: das Buffet. Ich düse schon mal zum Teller fassen, während Philipp sich noch mit dem Professor unterhält, der natürlich wissen will, wo das Ganze gesendet wird, ob er einen Mitschnitt bekommen kann und überhaupt.

12.15 Uhr Philipp kommt und alleine dadurch, dass das Team noch mal richtig gut hinlangen kann, hat er schon einen Stein im Brett. Merke: wer einem Kameramann und seinem Assi die Pause gönnt hat einen guten Stand auch bei kommenden Drehs. Der Satz: „es tut mir leid, heute ist nicht ganz so viel Zeit für eine Mittagspause, vielleicht könnten wir zum Asia-Imbiss", ist okay. Vermeide als Journalist Aussagen wie: „Zum Essen bleibt heute keine Zeit – wir haben Termine". Ganz schlecht, vor allem bei festangestellten Teams. Irgendwie ist es natürlich verständlich, wenn einem jeden Tag gesagt wird, dass es heute eng ist und keine Zeit für eine Mittagspause bleibt. Jeder braucht irgendwas im Magen und das Bedürfnis nimmt mit dem Alter, aber vor allem mit der Erkenntnis zu, dass, wenn man so weiter macht, nicht alt wird.

12.50 Uhr. Wir sind auf dem Rückweg und die Filmredakteurin fragt an, wo Philipp ist und wann er ins Funkhaus kommt. Das Material wird bereits für den Schnitt gebraucht, ein NiF für die 16 Uhr soll geschnitten werden.

Auch Philipp sieht in einem Volontariat die Chance besser in der Branche Fuß fassen zu können, einen guten soliden Einstieg in den Job zu bekommen. Für ihn ungewohnt ist der ständige Wechsel. „Jeden Monat lernst du 20 neue Leute kennen, 20 neue Namen. Hast du dir sie einigermaßen gemerkt, geht es in die nächste Abteilung. Das ist ganz schon stressig zum Teil."

Ende Juni hat er sich beim Hessischen Rundfunk beworben, Ende September war das Vorstellungsgespräch und Mitte Oktober hatte er bereits die Zusage. Der Optimist Philipp hat insgesamt nur zwei Bewerbungen abgeschickt. Ganz bewusst fiel seine Wahl auf den öffentlich rechtlichen Rundfunk, denn auch bei den Privaten hat er schon hineingeschnuppert. „Da will ich aber nicht wirklich hin. Ich habe gemerkt, dass das alles Einzelkämpfer sind. Natürlich habe ich mir auch überlegt, eine Journalistenschule zu besuchen, aber irgendwie hatte ich schon genug Theorie im Studium. Ich wollte die Materie erlernen und nicht über sie etwas hören. Ich will in den Redaktionen und draußen sein und nicht auf der Schulbank."

Fünf Monate lang hat er eine Wochenendehe geführt, seit August lebt er nun mit seiner Frau in Frankfurt. Christiane hat zum Glück einen entsprechenden Job gefunden. Auch hier ist er positiv eingestellt. Er will beim Hessischen Rundfunk bleiben und hofft zumindest nach seinem Volontariat auf eine freie Mitarbeit.

Heute ist sein vorletzter Tag in der Fernsehredaktion. Erst durfte er nur Interviews für die Kollegen einholen, mittlerweile konnte er bereits vier eigene Stücke produzieren.

13.20 Uhr. Wir sind wieder im Funkhaus. Auf dem Weg schauen wir im Archiv vorbei. Dort kann jeder per Mail oder auch per Telefon Material heraussuchen und bestellen. Dazu hat Philipp ein eigenes Konto, das er bei der Bestellung angeben muss. Das Archiv ist hier zuständig für das komplette Haus, also Hörfunk, Print und Fernsehen. Beim Bayerischen Rundfunk wären hier drei Anrufe fällig: im Zeitungsarchiv, Hörfunk- und Fernseharchiv. Zwei Rechercheure helfen bei der Suche, beraten den Autor. Rechts ist das große Abholfach und auf dem Namen Münscher liegen dort bereits die bestellten Kassetten.

13.30 Uhr. Wir können in den Schnitt. Der ist jeden Tag zu festen Zeiten für die Aktualität gebucht.

Geschnitten wird an einem Avid Adrenaline. Philipp gibt sein Material ab und die Cutterin liest es in den Computer ein, speichert es auf ihren Schnittserver. Für die Aktualität ist das bis jetzt noch ein umständliches und eigentlich zeitraubendes System, denn wertvolle Zeit vergeht mit dem Einlesen, das 1:1 geht. 20 Minuten Drehmaterial braucht 20 Minuten um eingelesen zu werden. Noch sind die digitalen oder analogen Kameras im Einsatz, doch irgendwann, in absehbarer Zeit, wird Philipp mit einem kleinen Stick, vielleicht mit einer Art Diskette oder einem Chip ankommen und in einer Minute ist das Material geladen.

Bereits eingelesen hat die Cutterin die Bilder des Kollegen aus Gießen. Es wurde per Quick-Time-Movie direkt an ihren Computer geschickt, doch es ist nur 10 Sekunden lang, also, einmal Mäusekäfig aus dem Regal holen und auf den Tisch stellen. Das kann es wohl nicht gewesen sein. Philipp telefoniert. Der Kollege ist jedoch unterwegs, bestätigt zwar, dass er eigentlich viel, viel mehr geschickt hat und dass da wohl was schief gelaufen sei, aber er ist jetzt auf einem Termin und kann nicht ins Studio. Philipp geht auf die Suche. Er ist jetzt nervös. Was nützt ihm der schönste Aufbau seiner Geschichte, wenn die Bilder fehlen. Er braucht das Material aus Gießen, nur so kann er auch bildmäßig die Arbeit des Professors dem Zuschauer näher bringen.

Währenddessen erklärt mir die Cutterin das Schnitt-System Avid Adrenaline und das redaktionelle Ablaufsystem ENPS. Dort haben die jeweiligen Sendungen ihre eigenen Fächer mit Sendeablauf und Unterfächer, in denen beispielsweise Texte der Beiträge eingestellt werden können.

Philipp arbeitet, wenn er denn loslegen kann, in einem der drei aktuellen Schnitträume, K1 bis K3. Sie liegen direkt hinter dem Studio und wer sich hessen aktuell im Fernsehen einmal ansieht, der kann hinter der milchglasartigen Scheibe das Huschen der Reporter und Cutter erkennen. Auch die drei Schnitträume sind lediglich durch Glas getrennt, was eine viel zu geringe Dämmung darstellt, denn zum 15mal hören wir die Musik aus dem Nebenraum und es nervt. Ausgleich ist zumindest das bisschen Tageslicht, was zu uns hereindringt. So bekommt man etwas vom Tag mit, zumindest weiß man abends, ob heute die Sonne geschienen oder ob es geregnet hat.

Philipp kommt. Er ist etwas blasser um die Nase, aber dafür umso pragmatischer: „Gehen wir also davon aus, wir bekommen das Material aus Gießen nicht. Das was wir haben, können wir nicht verwenden. Dann müssen wir also mit den Archivbildern arbeiten. Hoffen wir, dass die reichen."

Der Kollege, der für die Überspiele zuständig ist, kommt in den Schnittraum. „Ich versuche in Gießen jemanden zu erreichen, der uns das Material noch mal überspielen kann. Ich schau, was ich machen kann."

Philipp fängt an zu texten. Nach zwei Minuten gibt er der Cutterin seinen Vorschlag weiter. Die weiß jetzt, wie er „einsteigen" will und sucht die besten Bilder.

Die Kollegin kommt in den Raum und fragt einen Termin für morgen ab. Philipp hat ihn anrecherchiert. Es geht um eine witzige Sache: Abgelehnte Manuskripte werden neu entdeckt und durch Schauspieler vorgetragen. Philipp hat die zuständige Dame gestern genervt, um den

Dreh klar zu machen. Die jetzt zuständige Redakteurin des hr hingegen sieht den Termin nicht mehr als wichtig an. „Na, das sind doch wahrscheinlich nur herumsitzende Schauspieler, die das vortragen. Das ist doch kein Beitrag. Nee, machen wir nicht." Philipp ist genervt. Er hat auf die zuständige Dame eingeredet, dass sie morgen kommen können. Wie soll er sich jetzt herausreden? Warum ist das der Redaktion bitte nicht früher eingefallen?
Er ist kurz frustriert, dann tippt er wieder in seinen Computer direkt am Schnittplatz den Text für das aktuelle Stück ein. The show must go on. Tagesgeschäft.
Bis jetzt steht er mit 1.30 Minuten drin. 50 Sekunden sind bereits geschnitten.
Der Kollege gibt durch, wenn alles gut geht, dann kommt das Material aus Gießen in einer halben Stunde. „Wir müssen nur noch jemanden finden, der das Zeug aus dem Computer zu uns schicken kann."
„Wir lassen einfach mal schwarz und denken optimistisch."
Die zweite Preisträgerin entpuppt sich langsam aber sicher als Problem. Der hessische Aufhänger muss her und diese Frau ist aus Franken, hat in Mannheim eigentlich die Arbeit für den Preis geleistet , ist aber jetzt, Gott sei Dank, an der Uni Frankfurt. „Sag mal, kann ich eigentlich bei Anja Babel formulieren, sie promoviert an der Uni Frankfurt?" „Klar, glaub schon", meint die Cutterin. „Meinst du nicht, ich sollte eher formulieren, sie schreibt ihre Doktorarbeit an der Uni Frankfurt?". „Ist wohl besser."
Während des Einlesens hat sich Philipp bereits die Zeiten der wichtigsten Stellen notiert, also, „Blumenübergabe", „Rede", „Inhalt Würbel", „Dogma", „Vorurteil ist", „Als Wissenschaftler", „muss Tieren dienen".
Doch noch mal bei den O-Tönen reinhören. Vielleicht dann doch für den anderen entscheiden? „Der eine ist ja gut, aber der ist 18 Sekunden lang! Lässt sich der in sich kürzen? Der zweite ist kürzer, aber fachlich nicht so gut. Was meinst du?" Die Cutterin überlegt kurz: „Nimm den zweiten."
Philipp hadert. Mit dem besseren O-Ton wäre er aber schon bei 1.21 und dann hat er aber noch keinen hinführenden Satz vom ersten zum zweiten O-Ton. Schließlich muss er die zweite Preisträgerin aber erst einmal vorstellen. Außerdem braucht er ja wohl auch noch einen Schlusssatz.
Erst hat sich Philipp richtig gefreut, als er erfahren hatte, dass er statt einer Minute, 30 Sekunden mehr bekommt. Jetzt erscheint ihm die Zeit viel zu wenig, um alles zu sagen, was er zu sagen hat. "Nimm den Minister raus. Die Wissenschaftler und ihr Projekt sind wichtiger", schlägt

die Cutterin vor. Das ist der Vorteil am Avid: schieben, rausnehmen und reinnehmen ist kein Problem und alles ist viel schneller zu erledigen als an den konservativen Schnittgeräten für analog und digital gedrehtem Material.
Philipp denkt laut: „Irgendwie ist der Anfang bis zum ersten O-Ton zu lang. Außerdem brauch ich einfach viel mehr Zeit, um die Forschung an sich zu erklären." Nein, so nicht. Doch noch mal am Anfang kürzen. Außerdem ist in der Anmoderation schon so einiges vorweg genommen. Da kann doch das wieder raus.
„Wir drehen jetzt das Ganze komplett um", sprach der Volontär und die Cutterin macht. Es ist 15.30 Uhr. Sie bleibt absolut nett und fragt lediglich nach, wie er sich das denn jetzt genau vorstellt.
„Wir müssen mit den Laborbildern anfangen. Damit haben wir einen Blickfang beim Zuschauer. Arme Labormäuse im Käfig, geschunden und auf viel zu engem Raum gehalten. Beide schauen sich nun das bestellte und bereits eingelesene Archivmaterial noch einmal an, legen Bilder fest, die Philipp für seinen Beitrag nehmen kann und die Cutterin beginnt zu schneiden, während er wieder anfängt zu texten. „Gebe mir eine Minute, ich baue den Beitrag von hinten noch mal neu auf."
Das Überspiel aus Gießen müsste jetzt da sein und bereits auf dem Computer im Schnittraum vorliegen, doch da ist noch nichts angekommen.
Der Filmredakteur ruft wieder in Gießen an, erfährt, dass ein Kollege, der zufällig in Gießen wohnt, ins Studio dort fährt und versucht das Überspiel klar zu machen. Ruhig bleiben. „Ich habe es in fünf Minuten. Gib mir fünf Minuten", kommt aus Gießen.
15.50 Uhr. Die Moderatorin ist im Studio und lässt sich schon mal das Mikrofon anstecken. Die Dame vom Teleprompter fährt ihren Computer hoch und draußen ist ein ungewöhnlich schöner Herbsttag mit 23 Grad.
Philipp liest den neuen Text. Der Absatz zwischen den zwei O-Tönen stimmt noch nicht. „Ich formuliere um, lass mal. Ich muss kürzen."
Hadern mit sich selbst. Was ist wichtig, was kann weg. Immer das alte und gleiche Spiel: Eigentlich habe ich viel zu sagen, aber ich habe nicht genug Zeit. Im Jargon heißt das: Und bist du noch so fleißig, es werden nur 1.30.
16.15 Uhr. Das Material soll jetzt kommen. „Um halb ist es da."
16.30 Uhr. Noch fehlen die Gießener Bilder, aber die Abnahme ist schon mal angesetzt. Jetzt.

Philipp liest auf schwarz. Die CvD hat keine Änderungen. Nur noch die Überlegung, ob man wirklich auf den Umweltminister verzichten kann. Die zwei Wissenschaftler sind wichtig, aber warum dieser Preis zum ersten Mal verliehen wird eigentlich auch. „Versuche den Minister doch noch unterzubringen." Die Chefin vom Dienst ist zufrieden und fragt: „Kannst du da eventuell noch ein längeres Stück draus machen für heute Abend?"
Mensch, was für eine Frage? Die Antwort ist klar.
Hessen aktuell betreibt bereits den bandlosen Betrieb, so erklärt es mir die Cutterin. Hier gibt es keine Kassetten mehr. Ist das Stück geschnitten, dann legt sie den Beitrag auf den Server des Mischers. Dort wird er vertont, also der Text darauf gesprochen, die Töne eingepegelt und tonmäßig sendebereit gefertigt. Dann legt der Mischer alles auf den Sendeserver und das Stück ist abspielbereit.
Ich muss hier ganz bewusst einfügen, dass es sich um Oktober 2005 handelt. Für viele öffentlich-rechtliche Anstalten hört sich das noch nach Zukunft an. Wenn das Buch erscheint, schaut es es schon wieder anders aus. Dann ist das vielleicht schon überall Alltag. Die Zeit rast, der technische Fortschritt erst recht.
16.40 Uhr. Die Bilder aus Gießen sind da. Sie sind gut und reichen für die 20 Sekunden, die im Stück schwarz gelassen wurden. Die Cutterin fügt sie nun ein, Philipp sucht mit ihr zusammen die entsprechenden Bilder aus. Der O-Ton vom Umweltminister ist ebenfalls drin. Er ist optimal in der Zeit: 1:32.
16.50 Uhr. Ab in die Mischung für Philipp.
16.55 Uhr. Der Beitrag ist fertig. Philipp kontrolliert im Computer und im Ablauf erscheint sein Stück in blau, mit dem Vermerk „ready".
Das Ganze wird sich farblich dann wandeln: leuchtet grün, dann wird er gerade abgespielt und „play" erscheint. Während des Abspiels färbt er sich gelb ein. Ist er gesendet, dann wird er in grün getauft.
Alles ist ordnungsgemäß ausgefüllt. Position-Titel-Reporter/Autor-Objekt/Titel

Beitrag „Tierschutzforschungspreis 2005". Autor: Philipp Münscher.

Tierversuche im Labor. Ob in der Medikamentenforschung oder bei der Entwicklung von Kosmetika. Unzählige Ratten, Mäuse und Meerschweinchen werden täglich als Versuchstiere ausgesetzt – teilweise unter extremen Bedingungen.

Im Biebricher Schloss in Wiesbaden hat der hessische Umwelt- minister Wilhelm Dietzel deshalb erstmals einen Preis verliehen, der Arbeiten zur Verminderung von Tierversuchen würdigt.
O-Ton Dietzel
„Ich glaube, dass die Vorbildfunktion habe sollten, um auch andere anzuleiten sich auch mit diesem Thema zu beschäftigen."
Vorbildfunktion hat zum einen die Arbeit von Professor Hanno Würbel von der Uni Gießen. Er hat bewiesen, dass bessere Haltungsbedingungen für Labormäuse die Forschungsergebnisse nicht verfälschen, sondern sogar verbessern.
O-Ton Würbel
„Wir können den Mäuschen Unterschlupf geben, Nistmaterial, Klettermöglichkeiten, dass kann man alles tun. Den Mäusen geht es dann besser und die Verhaltensstörungen treten nicht auf."
In seinem Labor in Gießen hat er es den Mäusen wohnlich eingerichtet. Man hat den Eindruck, die Tiere fühlen sich wohl bei Hanno Würbel.
Er teilt sich den Preis mit Anja Babel von der Uni Frankfurt. Sie hat ein Verfahren entwickelt, das viele Tierversuche ersetzen kann. Jede Herstellerfirma könnte so jährlich auf 10 000 Labormäuse verzichten.
O-Ton
Babel
„Ich habe auch vor, dieses klassische Bild von Forschern, die keinerlei Skrupel kennen, zu verändern und eben zu zeigen, dass man forschen kann, auch wenn man Tierfreund ist."
Bei so vielen Tierfreunden im Biebricher Schloss fühlt sich sogar eine Wanze wohl und sicher."

17 Uhr. Philipp sitzt im Reporterzimmer und schaut die Sendung.
17.07 Uhr läuft sein Beitrag. „Doch, das ist schon toll so seinen Namen zu sehen. Aber ich denke eher, ob ich den Beitrag doch hätte anders aufbauen sollen?"
15 Minuten Aktualität und das Schuften von vielen Kollegen für wenige Minuten.
17.30 Uhr. Konferenz. 11 Frauen und vier Männer sitzen im Gang in einer Runde und diskutieren die einzelnen Stücke der Sendung durch. Philipp wird ausdrücklich gelobt. Die CvD führt souverän die Diskussion. Die Berichte für die nächsten Ausgaben um 19 Uhr und 21.30 Uhr werden durchgesprochen.
Noch fehlen 50 Sekunden für die nächste Sendung, außerdem treibt sich eine europaweit agierende Bande in Frankfurt herum, die Autos aufknackt. „Es gibt keine Bilder von den beschädigten Autos, wir könnten

aber mit Archivmaterial arbeiten. Ich weiß nur nicht, ob das wirklich gut ist", wirft die CvD in die Runde.

17:55 Uhr. Konferenzende. Philipp spricht noch einmal sein Stück mit der verantwortlichen Redakteurin durch. Eigentlich würde sie gerne mehr über Prof. Würbel erfahren, über seine Arbeit und das besondere daran, doch Philipp gibt zu bedenken, dass er da aber dann schlecht den O-Ton vom Festakt einfügen kann, da sonst bildliche Sprünge auftreten würden. „Da hast du wiederum recht. Dann müssen wir die Sache anders aufbauen."

18 Uhr. Toter Punkt und Knurren im Magen. Philipp braucht jetzt erst einmal eine Pause. Schnell in die Kantine. Das Angebot in der hr-Küche gleicht dem von gestern. Gut, dann eben wieder die Ravioli mit Käsesauce und Kaffee.

18.25 Uhr. Philipp kann in den Schnitt, doch nach fünf Minuten wird er erst einmal verscheucht. Zwei NiFs müssen noch für die 19 Uhr-Ausgabe geschnitten werden und sonst ist kein Schnittplatz mehr frei. Aktuell geht vor.

20 Minuten später kann er beginnen. Eigentlich ist sein Bruder zu ihm unterwegs und heute Abend wollten sie gemeinsam ein Bierchen trinken. 20 Uhr wird er da sein, aber das schafft Philipp nicht. Seine Frau ist ebenfalls neu im Job und kommt selten nach acht Stunden Arbeit nach Hause. Da wird sein Bruder wohl selbst mit der S-Bahn zu ihm fahren und gegenüber allein das erste kühle Blonde trinken müssen. Per Telefon erklärt er es ihm.

Gestern war genauso ein Tag. Er hatte sich doch tatsächlich noch vorgenommen abends mit einem Kollegen endlich mal wieder zum Tennis spielen zu gehen. Das war es dann wieder einmal zum Thema Sport und gesünderes Leben. Verschoben auf irgendwann.

Konzentration aufs nächste Stück. Wieder spricht er den Aufbau mit seiner Cutterin durch. Diesmal will er mit den Laborbildern aus Gießen beginnen. Sie schneidet. Er textet.

18:55 Uhr. Wieder eine Unterbrechung. Ein überspielter NiF muss auf Kassette gezogen werden für die Kollegen der hessenschau, die noch nicht mit dem bandlosen Betrieb arbeiten.

Nach wenigen Minuten geht es wieder weiter. Diesmal ist nicht so viel Hektik und es bleibt Zeit für ein paar private Worte. Die Cutterin hat Germanistik studiert, aber da gab es schon keine Jobs mehr in ihrem Bereich. Also hat sie sich für den Beruf entschieden und noch einmal eine

Ausbildung draufgesattelt. „Naja, besser als arbeitsloser Akademiker, oder?"

19.25 Uhr. Es geht zügig voran, die erste Minute ist geschnitten. Nebenan schneidet der Kollege und dank der dünnen Wände können wir jedes Wort mitverfolgen. Die A380 soll morgen, am Samstag, in Frankfurt landen. Doch die Stadt Offenbach will eine einstweilige Verfügung dagegen erwirken, da die Landebahn statt der vorgeschriebenen 75 nur 60 Meter breit sei.

19:40 Uhr. Philipp kämpft wieder mit seinem Text. „Widerspricht er sich jetzt nicht eigentlich in diesem O-Ton? Weißt du was, wir nehmen doch lieber nur den zweiten Teil des Interviews und ich sage den Rest im Text."

20:50 Uhr. Abnahme zweiter Beitrag. Diesmal gibt es jedoch Änderungen. Die Nebensätze werden verbannt. „Aktualität heißt klare einfach Sätze, immer an SPO, Subjekt, Prädikat, Objekt denken. Lass den hinteren Teil einfach weg."

Wieder Umschnitt. In den anderen Schnitträumen drängen sich die Kollegen. Es gibt noch NiFs für die Sendung zu schneiden.

21.08 Uhr. Mischung. Als er zurück kommt fügt er in den Ablauf- plan wieder seinen Text und die Bauchbinden ein. Abspeichern und der Feierabend naht.

21.22 Uhr. Es ist soweit. Er packt seine Sachen. Diesmal wird er nicht in der Redaktion die Sendung und seinen Beitrag verfolgen. Es war ein verdammt langer Tag und das kühle Blonde wartet schon.

26./27. November 2005

12   Schnell hin, schnell weg

Vor fast 15 Jahren war ich das erste und letzte Mal in Magdeburg und es hat mich seit dieser Zeit nicht wirklich wieder in diese Stadt gezogen. Alles war grau, dezenter DDR-Charme, Plattenbauten und Löcher in den Straßen. Was nicht wirklich meine Stimmung aufhellen konnte war die Tatsache, dass ich damals dorthin fuhr, um einen Prozess gegen eine gewalttätige Jugendbande für *ARD-Aktuell* zu beobachten.
2005 schaut zumindest die Innenstadt wie verwandelt aus. Hellglänzende Fassaden und in der Nacht könnte der Besucher wirklich annehmen, er kommt in eine Glitzer-Großstadt.
Als Thomas Pfaffe vor knapp drei Jahren von seiner Versetzung nach Magdeburg erfuhr, da bemitleideten ihn die Kollegen ebenfalls, aber der dpa-Mann war positiv von der Stadt überrascht.
Bahnhofstraße 17, 4.Stock ohne Aufzug. Er ist seit Wochen außer Betrieb, ersetzt aber das Fitnessstudio. Im gleichen Bau war früher die Magdeburger Volksstimme (Zeitung) untergebracht. Heute ist hier noch die Redaktion eines Anzeigenblattes und die Poststelle der Zeitung untergebracht. Unten an der Türe sitzt ein freundlicher Pförtner und dann ein Gewaltmarsch nach oben.
Es ist 8.30 Uhr und Thomas Pfaffe hat bereits seinen Tag geplant. Er ist der Dienstchef des Magdeburger dpa-Büros, wobei die Nachrichtenagentur zwischen „großen" und „kleinen" Dienstchefs unterscheidet. Pfaffe ist noch ein kleiner, denn er macht alles. Seine Aufgabe ist es nicht nur eine Planung für das Team zu erstellen, sondern auch Termine zu besuchen und selbst zu schreiben. „Es ist nicht einfach 100 Prozent Reporter und 100 Prozent Dienstchef zu sein, wobei ich Teamleiter des aktuellen Geschäftes bin, nicht disziplinarischer Vorgesetzter."
Die großen Dienstchefs sitzen in den Haupt- oder Großstädten der einzelnen Länder, in Frankfurt, München, Stuttgart, Hannover oder Düsseldorf. Sie steuern zu 95 Prozent die Arbeit ihrer Kollegen, sind Koordinator der Truppe, das Zentrum, bei dem alles zusammenläuft. Sie beurteilen die Meldungen, legen die Wertigkeit fest, lesen das Geschrie-

Schnell hin, schnell weg 237

bene gegen, kommen deshalb fast nie mehr selbst auf Termine, halten ständigen Kontakt mit den Kunden.
Bei dpa heißt es nicht „für Kollegen arbeiten", was sie schlicht und ergreifend tun, sondern „für Kunden Nachrichten liefern". Jede Fernsehstation, fast jeder Hörfunk und fast jede Zeitung, aber auch Ministerien, Parteien und zum großen Teil Unternehmen, sind Abonnenten mehrerer Agenturen. dpa ist die wichtigste Quelle dabei, genutzt werden jedoch auch ddp, AP oder Reuters.
Zeitungen übernehmen zum Teil in voller Länge, zum Teil gekürzt oder leicht ergänzt die Nachrichten der Agenturen. Sie werden mit einem Kürzel gekennzeichnet, das am Anfang des Textes meist in Klammern steht.
Von dpa kann ein Paket, wie der Basis- und Landesdienst, abonniert werden, aber auch verschiedene Parts, wie Photos, Grafiken. Zusätzlich kann der Kunde noch den gesprochenen Audio-Nachrichtendienst, den Online-Dienst und hier wieder weitere einzelne Teile, wie den People-Dienst, den Sportdienst oder Eco-people abonnieren.
Die Kunden kaufen Meldungen und die Deutschen Presse-Agentur beliefert sie mit News. Andere Unternehmen bieten Äpfel, Birnen und Computer an.

Ausschnitt aus der dpa-website:

> Die Deutsche Presse-Agentur GmbH (dpa) ist die führende deutsche Nachrichtenagentur und eine der großen in der Welt.
> dpa in Deutschland
> dpa liefert als einzige deutsche Nachrichtenagentur einen kompletten Nachrichtendienst mit internationalen und nationalen Nachrichten für alle Ressorts (Politik, Wirtschaft, Kultur, Sport, Vermischtes), den dpa-Basisdienst. 12 Landesdienste sind die regionale Ergänzung. Hinzu kommen zahlreiche Produkte für den unterschiedlichsten Bedarf auf der Angebotspalette, so auch der Kurznachrichtendienst und der Hörfunknachrichtendienst. Der dpa/gms-Themendienst erstellt Meldungen und Features für die Themenseiten und Beilagen der Tageszeitungen sowie für Radio- und Fernsehsender. Eine reichhaltige Bildauswahl ergänzt die Texte. Maßgeschneiderte Dienste für unterschiedlichste Online-Medien produziert die dpa-infocom, eine hundertprozentige dpa-Tochter. Für Radiosender bietet der dpa/RUFA-Audiodienst sendefertige gesprochene Berichte von dpa-Korrespondenten aus aller Welt. Dazu gehören auch stündlich aktuelle Nachrichtensendungen für Hörfunksender und Online-Radios.

Der dpa-Bildfunk sendet täglich aktuelle Farbfotos aus aller Welt. Allein im Jahr 2001 wurden fast 88.000 Bilder verbreitet. Immer stärker gefragt sind auch die Bild-Reportdienste. Mit mehr als 2 Mio. hochauflösenden Bildern gehört die dpa-Bilddatenbank im Internet zu den großen der Welt.

Mit Halle und Magdeburg gibt es zwei dpa-Büros in Sachsen-Anhalt. Der Landesbüroleiter für den kompletten Osten und somit Pfaffes nächster Vorgesetzter sitzt in Berlin.

Halle beschäftigt einen Redakteur und einen Pauschalisten. Das Büro in der Landeshauptstadt Magedburg ist mit vier Redakteuren besetzt. Im Idealfall zumindest, denn in der letzten Woche waren für ganz Sachsen-Anhalt genau zwei dpa-Redakteure zuständig. Der Rest fiel aus aufgrund von Krankheit, Urlaub und festen Terminen. Gerade für diesen Fall kann auf einen Springer zurückgegriffen werden, der in Leipzig sitzt.

Bei der Deutschen Presse-Agentur gilt nämlich das Vier-Augen-Prinzip. Einer schreibt und ein anderer korrigiert. Gibt es keinen zweiten Ansprechpartner im eigenen Büro, dann wird der Springer aus Leipzig angefragt, dem die Meldungen dann via Intranet übersandt werden und der sie gegenliest.

Das ist nötig und sinnvoll, denn, trotz Krankheit und Urlaub kommen pro Monat aus Sachsen-Anhalt rund 1000 Meldungen.

Eine Kollegin des dpa-Büros ist auch heute bereits wieder unterwegs. Sabine Heimgärtner beobachtet für die Agentur eine Gerichtsverhandlung in Stendal. Dort findet ein Prozess gegen einen Mann statt, der eine 60jährige vergewaltigt und im Sommer ein Mädchen umgebracht haben soll.

Christoph Trost, der Volontär, steckt den Kopf herein, um kurz Hallo zu sagen und seine Termine für den Tag durchzugeben. Informiert werden die Agenturmitarbeiter, wie auch alle anderen Redaktionen, durch Einladungen zu Pressekonferenzen, Pressemitteilungen, über eigene Kontakte zu verschiedenen Pressesprechern, Feuerwehren und Polizeistationen.

dpa betreibt einen 24 Stunden-Service für seine Kunden.

In der Kernarbeitszeit übernehmen die einzelnen Landesbüros die Arbeit. In der Nacht ist ein Kollege zum Dienst eingeteilt. Es sitzt in Hamburg und nennt sich „Nachtrecherche". In ihrer Dienstzeit telefonieren die Kollegen die einzelnen Polizeistationen ab, überwachen das Internet auf Meldungen und den E-Mail-Zugang.

Im hohen Norden wird auch die Tagesvorschau pünktlich um drei Uhr morgens in den Basisdienst für ganz Deutschland eingespeist. Die Vorschau stützt sich dabei auf die jeweiligen Vorlagen der verschiedenen Landesbüros.
Zwischen fünf und sechs Uhr am Morgen übergibt das Team an die so genannte Frührecherche. Für Pfaffes Büro ist dafür Leipzig zuständig. Dort werden in den frühen Morgenstunden die Zeitungen ausgewertet, die ersten Mails abgerufen und die ersten Recherchen für den Tag durchgeführt.
Wenn Pfaffe früh morgens geweckt wird, dann nicht mit dem Surren eines Weckers, sondern den Regionalnachrichten. Im Auto hört er Deutschlandfunk und um 8.15 Uhr ist er dann an seinem Computer und checkt die Lage. Dann folgt die Durchsicht der Zeitungen und damit der Blick auf den „Abdruckerfolg". Sprich, welche Zeitung hat was von dpa übernommen und abgedruckt, welcher exklusiven Zeitungsgeschichte muss nachgegangen werden.
  Die Konkurrenz ist in Magdeburg und in gesamt Sachsen-Anhalt nicht besonders groß. Das dpa-Büro ist personell am stärksten besetzt. AP hat einen Korrespondenten vor Ort, ddp ist landesweit mit jeweils einem Redakteur in Halle und Magdeburg vertreten.
Kurz nach 9 Uhr sind die Pressestellen in der Regel bereits besetzt und Pfaffe versucht sein Glück bei Regierungssprecherin Berger. Er plant in den nächsten Tagen ein Interview mit Ministerpräsident Böhmer. Eine Stunde Gespräch veranschlagt er, es soll einen Rückblick des Jahres 2006 und einen Ausblick für das kommende beinhalten. Mehrere Berichte sollen daraus entstehen, die in der nachrichtenarmen Zeit zwischen Weihnachten und Dreikönige über den Ticker laufen sollen. Da bricht in der Regel der Nachrichtenstrom ab. Außer, es überflutet ein Tsunami regelrecht die Agenturen. Trotz allem erwarten die Kunden auch in solchen Situationen regionale Nachrichten. „Wir versuchen bereits vorab Meldungen zu erstellen, um die Weihnachtshalde zu füllen."
Der Monat Dezember gehört zu den arbeitsreichsten des Jahres, denn in diesen Tagen müssen sowohl die aktuellen Meldungen geschrieben, als auch die „Halde" gefüllt werden.
Im vergangenen Jahr umfasste dieser Stehsatz mit zeitlos einsetzbaren Stücke 43 Themen: vom dpa-Gespräch mit der Telefonseelsorge, einer Bilanz zur Zahl der Drogentoten, der dpa-Umfrage zur Mitgliederentwicklung bei Gewerkschaften, dem dpa-Gespräch zur Zukunft des Chemie-

standortes Zeitz/Radici-Werk bis zum Ausblick auf das 1200 Jahre-Jubiläum der Stadt Magdeburg und dem dpa-Gespräch mit dem Jagdverband zu den Problemen für Wildtiere durch Silvesterböller.
Das „Bunte" will Pfaffe ebenfalls durch das Interview mit Ministerpräsident Böhmer abdecken: Ein paar Fragen zur Gruppenauslosung für die Fußball-WM. Die findet am 9.Dezember in Leipzig statt: Welche Gegner wünscht sich der Ministerpräsident für die deutsche Mannschaft, welche Chancen rechnet er generell der Klinsmann-Truppe aus, wer ist sein Favorit auf den Titel und welche generellen Erwartungen hat Böhmer von der WM für Sachsen-Anhalt?
Seit Mitternacht gab es aus Sachsen-Anhalt 14 Meldungen, die über den Ticker liefen, wobei es den Ticker nicht mehr gibt. Eine wunderbare Einrichtung aus vergangenen Tagen. Das hatte etwas von Lärm und Stress: ratternde Kolosse, vergleichbar mit großen Schreibmaschinen, spuckten die Meldungen auf Endlospapier aus. Kam eine Eilmeldung, dann klingelte es.
Heute laufen die Nachrichten der Agenturen lautlos über den Bildschirm. Manche dieser Meldungen wurden bereits gestern Abend durch das Büro in Magdeburg vorbereitet, wenn es sich beispielsweise um Ankündigungen von Terminen handelt oder wenn ein Geschehen des Vortages noch einmal zusammengefasst wurde. dpa versteht sich als Serviceagentur für die Kollegen.
9:35 Uhr. Zeit für die „Ostschalte". Die Länderhauptstadtbüros aus Magdeburg, Erfurt, Schwerin, Dresden und Potsdam sind per Telefon miteinander verbunden. Gesprächsleitung übernimmt Berlin. Seit Pfaffes Dienstantritt sind bereits vier weitere Meldungen aus Magdeburg über den Ticker geschickt worden.
Das Programm wird von der Kollegin aus der Bundeshauptstadt vorgestellt und jedes einzelne Büro gibt seinen Tagesplan durch. Für Magdeburg heißt das: Red Parcel Post, die Konkurrenz der Post, plant sich in Burg anzusiedeln. Bei den Nahverkehrszügen der Bahn gibt es Probleme, ein Brand im Harzort Quedlinburg, bei dem eine 82 jährige Frau umgekommen ist und die Drogenszene in Halle wurde gestern durch die Polizei hochgenommen.
Zwei Termine wird Pfaffe heute selbst noch wahrnehmen. Zum einen um 12 Uhr die Pressekonferenz zur Betriebsratsversammlung der IG-Metall Sachsen-Anhalt/Niedersachen und eine anschließende Podiumsdiskussion mit Ministerpräsident Böhmer und den Vertretern von SPD und der

Linkspartei. Im März ist Wahl in Sachsen-Anhalt und Pfaffe rechnet damit, dass die heutige Veranstaltung ein Auftakt für den Wahlkampf sein könnte.
Das Prinzip bei dpa ist immer gleich. Zunächst erscheint zu jedem Termin eine Meldung, die nicht länger als 8-Zeilen lang sein sollte und über das Wichtigste informiert. Die Kürze deshalb, weil nicht nur die Würze drin liegt, sondern weil dpa auch einen Handydienst anbietet und die Meldungen für die Videotexte der verschiedenen Rundfunkanstalten gedacht sind.
Der Meldungsablauf der Berichterstattung verläuft oftmals in einem Dreierrhythmus: Auftakt – Überblick – Zusammenfassung.
Agenturmeldungen sollen jederzeit von hinten gekürzt werden können, das ist wichtig für die Zeitungen, die zum Teil nicht die volle Meldung übernehmen können, sondern nur eine gewisse Anzahl von Zeilen dafür eingeplant haben.
Wer bereits mit Agenturen gearbeitet hat, der weiß, dass sie alle miteinander Kürzel lieben, noch mehr als Zeitungen. Bdt heißt Basisdienst Deutschland, aht bedeutet Landesdienst-Sachsen-Anhalt, pf ist das Kürzel von Thomas Pfaffe und die letzte Zeile, die beispielsweise 301312 Nov 05 lautet, meint, dass diese Meldung am 30.November 2005 um 13.12 Uhr beim Kunden über den Bildschirm lief.
Heißt es oben in der ersten Zeile aht-0059 4 vm 227, dann kommt die Meldung vom Landesdienst Sachsen-Anhalt. Es folgt eine technische Zahl. Die 4 gibt die Wertigkeit der Meldung an. Vm steht für die Kategorie Vermischtes und 227 gibt die Zahl der Worte an. Nachrichtenkategorien sind eingeteilt von eins bis fünf. Eins ist die Blitz-, zwei die Eil-, drei die Vorrang-, vier die normale Meldung und fünf kann man lesen, ist aber weniger wichtig.
Bei der Tagesvorschau gibt es Termine mit Sternchen und ohne. Die symbolisieren das dpa vielleicht hingehen wird, und so heißt es auch meist eine Zeile tiefer: 1220; TP 1100 am Panzerturm; keine weitere Berichterstattung geplant.
Die komplette Sportberichterstattung für Sachsen-Anhalt kommt von den Kollegen aus Leipzig. Die Büros Magdeburg und Halle kümmern sich ausschließlich um die Themenkomplexe Politik, Wissenschaft, Wirtschaft und Vermischtes. Letzteres kann alles sein, anfangen vom so genannten Moderatorenfutter, also lustige Meldungen zum Ausstieg, bis zum Gerichtsprozess, Zugunglück und Mordfall.

Zusätzlich unterhält die Agentur einen Dokumentationsdienst in Hamburg. Dieses Team bereitet für alles und jedes eine Zusammenfassung vor. Gäbe es in Sachsen-Anhalt eine Gasexplosion, könnte Pfaffes Team schnell eine Übersicht über sich bereits ereignete Unglücke dieser Art in den vergangenen Jahren abrufen. So kann an die Redaktionen sofort Hintergrundwissen geliefert werden.

Jens, der Fotograf, ruft an und informiert sich, ob es dabei bleibt, dass diesmal die Bekanntgabe der Arbeitslosenzahlen um einen Tag verschoben wurde. „Korrekt. Ist erst morgen." Was Frau Merkel alles möglich macht. Der Termin wurde verschoben, da heute im Bundestag die neue Bundeskanzlerin ihre Regierungserklärung abgibt.

Die Agentur liefert nicht nur Meldungen, sondern bietet auch in einem so genannten Bilddienst Fotos zu allen Themen. Die Bildzentrale von dpa sitzt in Frankfurt, die Wort-Zentrale der dpa-Redaktionen in Hamburg.

Zeit für die Arbeitsaufteilung unter den Kollegen. Die haben sich bereits in Pfaffes Büro versammelt. Wer übernimmt die aktuellen Berichte, wer schreibt die längeren Features?

Volontär Christoph übernimmt den Red Parcel Service und hakt bei der Polizei und Feuerwehr in Quedlinburg noch einmal wegen des Brandes nach.

Telefonisch hat Pfaffe mit den Kollegen in Halle vereinbart, dass Petra Buch die Geschichte mit dem Schlag gegen die Drogenszene übernehmen wird und die Recherche, ob sich die Ärzteproteste, die derzeit überall im Land durchgeführt werden, auch auf Sachsen-Anhalt ausdehnen. Sie will dazu die Unikliniken in Halle und Magdeburg abtelefonieren. Das vierte Thema an diesem Tag wird die Bahn sein und die Behinderungen im Nahverkehrsbereich. Auch das übernehmen die Kollegen in Halle.

10 Uhr. Zeit für die Hörfunknachrichten. Pfaffe verfolgt abwechselnd alle Sender, diesmal mdr 1, um nichts zu verpassen und um zu hören, ob Meldungen von dpa übernommen wurden.

Es blinkt auf dem Bildschirm: eine E-Mail vom Kollegen aus Sachsen. Er hat erfahren, dass die Bahn aufgrund von Krankenstand und Mangel an Personal bis 16.Dezember Bahnstrecken im Nahverkehr stilllegen will. Pfaffe leitet die Nachricht an die Kollegin Buch weiter.

„Die Deutsche Presse-Agentur ist mit einer Spinne vergleichbar. Unser Netz ist eng gesponnen. Wir informieren uns gegenseitig", so Pfaffe.

10.05 Uhr. Christiane Friesecke heißt die Seele des Ladens hier. Sie ist die Redaktionsassistentin und kümmert sich um alles, was anliegt: Sie pflegt und verwaltet die Termindatenbank, übernimmt den kompletten Bürokram, nimmt Telefonate entgegen und stellt Pfaffe auch schon mal einen Kaffee auf seinen Schreibtisch. Jetzt bereitet sie bereits die nächste Vorschau für 11 Uhr vor. „Welche Zeiten soll ich denn für deinen Bericht eintragen? Bis wann schaffst du die Meldungen?" Die ersten acht Zeilen wird Pfaffe kurz nach Ende der Pressekonferenz Friesecke per Telefon durchgeben. „Gib bei der Zusammenfassung 15 Uhr an. Das könnte ich schaffen. Wenn nicht, dann schicken wir lieber einen Achtungshinweis, dass sich der Bericht verspätet."

Kurz danach sendet sie die komplettierte Vorschau an Pfaffe per E-Mail weiter, der kontrolliert noch einmal und dann geht es bereits ab ins System.

Erster Kontakt zur Kollegin in Stendal. Der Prozess läuft, sie gibt ihm einzelne Fakten durch. Pfaffe notiert und wird daraus eine erste Meldung „stricken", während die Kollegin die Verhandlung weiter verfolgen wird.

„Im Büro muss jeder alles übernehmen und über alle aktuellen Termine des Tages informiert sein. Die Voraussetzung für den täglichen Job ist, jederzeit in ein Thema einsteigen zu können, so wie jetzt."

Er tippt die Nachricht und fügt den Zusatz hmc ein. Das ist der Adresscode für das vermischte Ressort im Basisdienst. So landet die Meldung über den Gerichtsprozess auf dem Schirm eines Redakteurs in Hamburg. Stuft auch er diese Meldung als überregional interessant ein, dann sendet er die Meldung, die derzeit nur im Landesdienst Sachsen-Anhalt zu lesen ist, in den Basisdienst Deutschland. Damit ist sie für alle lesbar, die diesen Dienst abonniert haben. Bei den Fernsehanstalten oder Zeitungen ist es oft so, dass sie den Basisdienst und den für sie zuständigen Landesdienst abonniert haben. Der Hessische Rundfunk also den Landesdienst Hessen, die Magdeburger Volksstimme den dpa-Landesdienst Sachsen-Anhalt.

Thomas Pfaffe hat schon vor und während seines Studiums als freier Mitarbeiter oder Praktikant bei Zeitungen, Agenturen und beim Fernsehen gearbeitet, bevor er sich zum Volontariat bei dpa entschloss. „Während dieser 24 Monate war ich in Nürnberg, München und Hamburg." Auch Volontär Christoph wird nach drei Monaten Magdeburg wieder verlassen und eine neue Redaktion in einem neuen Bundesland kennen lernen.

10.30 Uhr. Anruf Halle. Der Stand der Recherchen wird durchgegeben. Außerdem steht noch die Absprache über den Weihnachtsdienstplan an.

Wer übernimmt das Sekretariat welcher Landesbüros mit, wer von den Redakteuren den Dienst zu Weihnachten und Neujahr. Außerdem muss Pfaffe noch den aktuellen Wochenenddienstplan für beide Büros erstellen.

In der Regel hat jeder Redakteur einmal im Monat eine Wochenendschicht. Pfaffe ist als Dienstchef dafür verantwortlich, dass die Einteilung gerecht erfolgt. Wie er auch als Chef immer „auf Empfang" sein muss.

„Früher habe ich auch gerne Mal das Telefon zu Hause klingeln lassen und abgewartet, ob jemand auf den Anrufbeantworter spricht. Das ist als Dienstchef nicht mehr drin."

Neben dem aktuellen Geschäft bereitet Pfaffes Team für das Wochenende noch mehrere Initiativstücke vor. An diesem Wochenende werden das eine Umfrage über den Nachwuchsmangel bei den Feuerwehren sein und noch mehrere dpa-Gespräche zu diversen Themen. Dabei handelt es sich um redaktionell aufbereitete Interviews, die nicht im Wortlaut sondern als Nachricht wiedergegeben werden. „Gerade für die Montagsausgaben der Zeitungen lohnen sich solche Initiative."

Die letzten 14 Tage hat Pfaffe bereits durchgearbeitet: „Erst der Parteitag der Linkspartei, dann der Parteitag der FDP, ständig gibt es derzeit Sondersituationen. Bis zur Wahl im März wird das wohl öfters passieren."

Parteitage sind eine besondere Herausforderung, denn während der Redner spricht, muss der Agenturjournalist bereits seine Meldung schreiben und am besten noch Ausschnitte oder Quotes (Zitate) vom Redner einbauen. Laptop an Laptop sitzen bei solchen Veranstaltungen die Agenturen mit ihren Fotografen. Konzentration ist alles. Per Handy oder Leitung werden die Berichte in die Redaktionsbüros zum Gegenlesen übertragen.

Beeindruckend, wenn man sich die Liste mit den Meldungen des letzten Parteitages betrachtet:

10.00 Uhr	Beginn des Parteitages
11.05 Uhr	Acht-Zeiler
11.28 Uhr	Überblick
12.22 Uhr	Zitat ausgekoppelt
13.30 Uhr	Zusammenfassung
15.00 Uhr	Gesamtzusammenfassung des Tages

Schnell hin, schnell weg

2. Tag

9.05 Uhr Vorab-Überblick zum Tag
9.56 Uhr Achtzeiler
10.40 Uhr Meldung zur Listenwahl und Gallert
10.55 Uhr Zusammenfassung
12.09 Uhr Bericht über Unruhe in der WASG wegen der Zusammenarbeit mit der Linkspartei
12.57 Uhr Wochendzusammenfassung
17:57 Uhr Bericht über neue Kandidaten
17.58 Uhr Gesamtzusammenfassung
18.15 Uhr Bericht über die Aufstellung weiterer Kandidaten auf Listenplätze

Hilfe sind einzig und alleine die vorab erhaltenen Redemanuskripte, wenn es sie gibt. Ab Ministerpräsidentenebene hört es damit meist auf und gerade da wären sie notwendig.
„Die Auflistung der Meldungen vom Parteitag ist vom Umfang her durchschnittlich. Es kann gut und gerne einmal die doppelte Anzahl sein, wenn Bundesprominenz mit auf dem Podium sitzt. Bei solchen Terminen schreiben wir parallel und das bedeutet Druck, denn du hast immer Angst ein wichtiges Zitat zu verpassen. Ein Ohr hört immer weiter zu, während man die Meldung schreibt."
Bei „normalen" Terminen, wie Pressekonferenzen, rechnet man mit einem „Ausstoß" von durchschnittlich zwei Berichten.
Wie ich erfahre, sind die dpa-ler hier zumeist Vollblutagenturjournalisten und könnten sich kaum noch vorstellen 180-Zeilen für eine Zeitung zu schreiben. Alles ist auf Kompaktheit und Schnelligkeit getrimmt.
11.20 Uhr. Eine Pressemitteilung aus dem Gesundheitsministerium kommt per Fax rein. Noch ist Zeit bis zu seinem Termin und Pfaffe wird eine Meldung daraus formulieren.
Vorher noch kurz ein Anruf beim Landgericht. Der Ex-Fraktionsvorsitzende der DVU in Sachsen-Anhalt ist wegen Veruntreuung angeklagt. Eigentlich wollte Thomas Pfaffe sich heute mit der Pressesprecherin des Gerichtes noch einmal um 13 Uhr zusammen telefonieren, doch da läuft bereits sein zweiter Termin, den er besuchen will. Die Dame geht nicht

ans Telefon und schon notiert Pfaffe sich den erneuten Anruf in seinen Taschenkalender. Fein säuberlich und ordentlich hat er dort alles aufgeschrieben für den heutigen Tag. Wichtige Termine oder Namen sind gar mit einem Marker gekennzeichnet.

Er tippt die Meldung aus der Mitteilung des Gesundheits- ministeriums und ich schau mich im Zimmer um.

Eine Pinnwand an der Photos von Ministerpräsident Böhmer und seiner Regierungsmannschaft aufgepiekt sind, daneben der Wochenddienstplan, aktuelle Telefonnummern aller Polizeidienst- stellen von Magdeburg, Stendal bis Halberstadt und Merseburg.

Auf einer zweiten Tafel, die an der Wand hinter seinem Schreibtisch angebracht ist, hängt eine Übersichtskarte aller dpa-Büros, einer Liste aller Sendeköpfe für Meldungen und fünf Merkzettel mit dem Titel „Der kundenorientierte Landesdienst und die Konsequenzen aus der Kundenkonferenz am 24.Oktober 2003 in Magdeburg."

Auf dem Schreibtisch, so scheint es, hat sich ein grüner Punkt verirrt, eine Topfpflanze, die ordentlich gepflegt und gegossen ist. Ansonsten keine persönlichen Dinge, keine Sachen, die sonst immer auf Schreibtischen von Journalisten so rumkugeln, ange- fangen von dem Bild der Familie über Taschenmesser, japanische Silberkugeln zum Beruhigen oder Lieblings-CDs.

Nur der Monitor sticht auf jedem Platz heraus, weil er auf dicken Papierpaketen gestellt wurde, da der Fuß zu kurz ist. Das wirkt hier schon fast unordentlich.

Pfaffe muss generell und immer mit seiner Zeit knausern. Deshalb hat er auf seiner Tastatur bestimmte Standard-Begriffe abge- speichert, das ist beispielsweise die übliche Kopfzeile jeder Meldung oder aber auch Wörter wie Magdeburg oder Sachsen-Anhalt und den üblichen Schlusssatz: dpa pf yysa.

11.35 Uhr. Christiane Friesecke legt ihm die Vier-Wochen-Vorschau auf seinen Schreibtisch, mit der Bitte um Draufsicht. „Die ist diesmal dünn. Schaust du noch mal drauf, wenn du heute dazu kommst?"

Jetzt tippt er aber erst einmal seine Nachricht zum Thema Gesundheitsministerium zu Ende.

dpa benutzt dabei ein spezielles Rechtschreibprogramm. Leuchtet ein Wort rot auf, dann hat sich der Schreiberling brutal vertippt. Blau heißt, dass das Wort nach alter Rechtschreibung stimmt, aber nicht nach der neuen. Und bei grün ist sich der Kasten selbst nicht sicher, also

beispielsweise beim Wort „erlangen", das kann sowohl ein Verb als auch der Name einer Stadt sein. Grammatikalische Fehler berücksichtigt die Software nicht.
20 Zeilen umfasst mittlerweile die getippte Meldung von Pfaffe. Doch noch ist er nicht zufrieden, die Nachricht ist noch nicht rund. Er telefoniert mit dem Gesundheitsministeriums und versucht, Einzelheiten zu klären. Doch die Pressesprecherin ist nicht da, die Vertretung am anderen Ende ist nicht in die Materie eingearbeitet, verspricht aber, dass Pfaffe von einem kompetenten Ansprech- partner zurückgerufen wird.
Der Magdeburger Dienstchef legt die Nachricht vorerst in ein Ablagefach seines Computers.
11:40 Uhr. Kollegin Sabine Heimgärtner meldet sich vom Prozess in Stendal. Das Gericht hat eine Prozessunterbrechung bis kurz nach 13 Uhr beantragt. Um diese Zeit werden die Richter auch die Entscheidung treffen, ob die Verhandlung weiterhin öffentlich oder ab jetzt nicht öffentlich weitergehen soll. Dann erst wird das 60jährige Vergewaltigungsopfer befragt.
Die Kollegen beraten. Pfaffe schlägt vor, erst einmal eine Zusammenfassung bis zu diesem Zeitpunkt zu schreiben.
Anruf vom Gesundheitsministerium. Ein, zwei weitere Stichwörter und Pfaffe holt seine abgespeicherte Meldung wieder auf den Bildschirm, formuliert sie um, fügt zwei weitere Sätze ein und findet am Schluss die passende Überschrift. Das fällt ihm am schwersten, wie vielen Journalisten. Die Meldung bekommt noch die Stichworte Gesundheit/Drogen/Jugend. Diese Stichworte dienen als Hilfsmittel für die Benutzer der Agentur.
11:55 Uhr. Wir packen unsere Sachen. Pfaffe wirft noch einen letzten Blick auf den Computer. „Red Parcel Meldung ist raus und Halle hat ebenfalls die Nachricht mit der Bahn eingespeist. Jetzt aber los."
Es sind nur ein paar Schritte bis zum Maritim-Hotel und eigentlich hätten wir uns gar nicht so beeilen müssen, denn um 12 Uhr stehen wir mit den Kollegen von Zeitung und Hörfunk ganz alleine in dem großen Raum. Hauptsache, es gibt kleine Schnittchen (Standardausführung 90er Jahre: Lachs, Käse, Koch-Rohschinken) und Kaffee.
Man vertröstet uns ein paar Minuten, Smalltalk mit den Kollegen und Kunden.
12.10 Uhr die PK beginnt. Der Tarifvertrag der metallver- arbeitenden Betriebe läuft im Februar aus, heute war zu klären, wie die IG Metall

weiterverfahren will. Mit den Betriebsräten wird noch beraten. Frühestens Januar 2006 ist mit Ergebnissen zu rechnen.
Eineinhalb Seiten schriftliche Presseerklärung reicht man uns, darin fordert die IG Metall „ein parteiübergreifendes Bündnis, um den Wiedereinzug rechtsextremer Parteien in den Landtag im März 2006 zu verhindern." (Presseinformation IG Metall Bezirk Nieder- sachsen und Sachsen-Anhalt, 30.11.05).

1998 schafften es die Rechtsparteien mit 12,8 Prozent der Stimmen in den Landtag. Jetzt blickt die Gewerkschaft mit Sorge auf die anstehenden Landtagswahlen und will versuchen, dies zu verhindern. Bereits im Juni 2004 soll es angeblich Absprachen zwischen der NPD und DVU in Sachsen gegeben haben, mit dem Ergebnis, dass die NPD dort den Einzug in den Landtag schaffte. Ein solches Treffen soll es, nach Informationen des Verfassungsschutzes, auch in Sachsen-Anhalt gegeben haben. Dabei wurden angeblich Absprachen getroffen, dass NPD-Leute auch auf Listenplätze der DVU gesetzt wurden.

Weiteres Thema: Situation Ost-West. Die pauschal gewährte Investitionszulage wird kritisiert, Einzelentscheidungen werden angemahnt, jedoch mit Kontrollen, ob dort in den geförderten Betrieben auch die Arbeitnehmerrechte eingehalten werden. Zudem müsse es mehr Anstrengungen geben für ältere Arbeitslose, Stichwort: „Aktiv in Rente".
Große Belastung für die Unternehmen seien die hohen Energiepreise. Auch die Banken sind bei der Vergabe von Krediten im Osten restriktiver als in den alten Bundesländern. Insgesamt kreidet die IG Metall den Verantwortlichen an, dass den Probleme im Osten zu wenig Stellenwert eingeräumt werde. Alle Hoffnungen liegen jetzt auf dem neuen SPD-Parteivorsitzenden Platzeck, dem ostdeutschen Bundesverkehrsminister Tiefensee und natürlich der neuen Bundeskanzlerin. Die Betriebe wiederum sollten mehr Geld in Innovationen stecken, denn nur so können Arbeitsplätze in Deutschland gesichert werden.
12.30 Uhr. Pfaffe schreibt bereits die entsprechende Meldung. Per Telefon gibt er den Text an Christiane Friesecke weiter, die schickt ihn dann nach Leipzig zum Gegenlesen und von dort geht der erste Acht-Zeiler ins Netz:

aht0038 4 wi 76 lah 4261

Gewerkschaften/IG Metall/Aufbau Ost/

IG Metall gegen Niedriglohngebiet Ost - Für Bündnis gegen Rechts =

Magdeburg (dpa/sa) - In der Diskussion um den Aufbau Ost hat die IG Metall vor einem Niedriglohngebiet in den neuen Ländern gewarnt. Schon heute litten Handwerk und Handel an den zu niedrigen Löhnen, beklagte der IG Metall-Bezirksleiter für Niedersachsen und Sachsen-Anhalt, Hartmut Meine, am Mittwoch auf einer Veranstaltung der Gewerkschaft in Magdeburg. Eine Niedriglohnstrategie für Ostdeutschland verschärfe zudem das Problem der Abwanderung noch.

(Achtung: Zusammenfassung bis 1400 - ca. 25 Zeilen)

dpa pf cf yysa ba
301301 Nov 05

Kurze Pause bis zur nächsten Veranstaltung. Die findet ebenfalls im Hotel statt. Im Foyer sitzen einige der Teilnehmer der Betriebsratsversammlung zusammen und trinken eine abschließende Tasse Kaffee. Einige verstauen ihre vom Frühstück in Servietten eingepackten Brötchen in den Koffern, um anschließend mit ihren Mitreisenden über den Fahrplan für die Rückfahrt zu diskutieren. Wieder eine große Gruppe strömt dem Mittagessen im vorbereiteten Saal entgegen. Der Hörfunkkollege vom Mitteldeutschen Rundfunk führt noch ein Interview mit dem Vertreter der IG Metall. Pfaffe arbeitet an der Zusammenfassung der Pressekonferenz. Die Agenturjournalisten sind für den Rest der Meute immer die Stütze und Sicherheit für den eigenen aktuellen Bericht. Sie gelten als Kontrolle für die eigenen Notizen, aber auch als ein zweiter Betrachter der Veranstaltung, der vielleicht noch einmal andere Schwerpunkte herausgefiltert und für wichtig erkannt hat. „Erst mal schauen, was in den Agenturen läuft", heißt das Motto, egal ob bei Fernsehen, Zeitung oder Hörfunk. Oft werden darauf dann die eigenen Berichte aufgebaut. Pfaffe kann bei niemand nachschauen, er ist der erste, der darüber berichtet. Das schafft er auch diesmal. Um 13.20 Uhr läuft eine erste Zusammenfassung der Pressekonferenz über den Ticker:

aht0039 3 pl 284 lah 4282

Gewerkschaften/IG Metall/Aufbau Ost/(Zusammenfassung 1315)
IG Metall gegen Niedriglohngebiet Ost - Für Bündnis gegen Rechts =

Magdeburg (dpa/sa) - In der Diskussion um den Aufbau Ost hat die IG Metall vor einem Niedriglohngebiet in den neuen Ländern gewarnt. Schon heute litten Handwerk und Handel an den zu niedrigen Löhnen, beklagte der IG Metall-Bezirksleiter für Niedersachsen und Sachsen-Anhalt, Hartmut Meine, am Mittwoch auf einer Veranstaltung der Gewerkschaft in Magdeburg. Eine Niedriglohnstrategie für Ostdeutschland würde zudem das Problem der Abwanderung noch verschärfen.
Der politische Sekretär in der IG Metall-Bezirksleitung, Thomas Müller, räumte ein, dass es kein Patentrezept für einen Aufschwung im Osten gebe. Stattdessen gelte es, über Jahre hinweg an verschiedenen Stellschrauben zu drehen. Als Beispiel nannte Müller die Abschaffung der pauschalen Investitionszulage zu Gunsten einer Einzelfallförderung. Damit könnten Mitnahmeeffekte verhindert werden, zeigte er sich zuversichtlich. Zudem dürfe die Politik keine Firmen fördern, die sich nicht an gesetzliche oder tarifliche Regeln hielten.
Für die anstehende Tarifrunde im kommenden Frühjahr schwebt der IG Metall ein Forderungs-Dreiklang vor. Neben höheren Löhnen und Gehältern - in der Diskussion ist ein Plus von vier bis fünf Prozent - müsse der Tarifvertrag für «Vermögenswirksame Leistungen» verlängert werden. Zum Dritten strebt die Gewerkschaft einen Tarifvertrag «Innovation und Qualifizierung» an, der die Entwicklung neuer Produkte und die Zusammenarbeit von Wirtschaft und Wissenschaft forcieren soll.
Mit Blick auf die Landtagswahl am 26. März 2006 wirbt die IG Metall vehement für ein parteiübergreifendes Bündnis gegen Rechts. «DVU und NPD machen für die Landtagswahl mobil. Jetzt ist ein politisches Signal notwendig», sagte Meine. Der Bezirksleiter erinnerte daran, dass die DVU dank der Finanzspritzen des bayrischen Verlegers Gerhard Frey ein höheres Wahlkampfbudget als die anderen Parteien hätten. «Ich fürchte, dass wir das Land mit den rechten Plakaten vollgepflastert bekommen», sagte Meine. Die IG Metall hat im Bezirk Niedersachsen und Sachsen-Anhalt insgesamt 280 000 Mitglieder, davon 25 000 in Sachsen-Anhalt.

dpa pf cf yysa ba
301320 Nov 05

Es bleibt noch ein bisschen Zeit und Pfaffe schaut seine Notizen durch. Schon beim Notieren macht er dicke Striche an den Rand. Damit

kennzeichnet er wichtige Passagen oder auch wichtige Zitate, so genannte Quotes. Eines davon wird er jetzt noch heraussuchen und wieder an Christiane durchgeben. Die bekannte Prozedur folgt: Abnahme in Leipzig und die nächste Meldung aus Sachsen-Anhalt läuft in den Agenturen:

aht0040 4 pl 33 lah 4284

Gewerkschaften/IG Metall/Aufbau Ost/ (Zitat) =
«Ich fürchte, dass wir das Land mit den rechten Plakaten vollgepflastert bekommen».
(Der IG Metall-Bezirksleiter für Niedersachsen und Sachsen-Anhalt, Hartmut Meine, mit Blick auf die Landtagswahl am 26. März 2006)

dpa pf cf yysa ba
301321 Nov 05

„Wir sind die Rohstofflieferanten für Zeitungen und manchmal würde ich schon gerne mehr Geschichten hinter den Geschichten schreiben, doch die Zeit fehlt. Da beneide ich schon die Kollegen. Jetzt unterhalten die sich mit Betriebsräten und hören sich um, was in der Versammlung gelaufen ist. Auf der anderen Seite gebe ich zu, dass ich lange Reportagen oft nicht mehr lesen mag. Ich überspringe die szenischen Einstiege, um schneller zur wesentlichen Aussage zu kommen. Das ist wahrscheinlich durch meine Art von Journalismus so gekommen. Ich könnte kein Dossier in der Zeit schreiben, dafür bin ich nicht der Typ."
Ministerpräsident Böhmer betritt den Saal, drückt Pfaffe kurz die Hand und setzt sich. Rund 100 Betriebsräte warten bereits auf die anstehende Podiumsdiskussion zwischen Böhmer, Jens Bullerjahn, Vorsitzender der SPD-Landtagsfraktion und Wulf Gallert, Vorsitzender der Fraktion Die Linkspartei. Der Ministerpräsident sitzt mit verschränkten Armen dort, schließt die Augen und tippt mit den Fingern unentwegt auf die Tischplatte.
Pfaffe kennt diese Angewohnheit, aber auch eine Einschätzung über einzelne Rednerqualitäten kann er abgeben:„Böhmer ist ein relativ guter Redner, aber im Moment ungeduldig, das merkt man an seinem Verhalten. Bullerjahn kann ganz gut formulieren, wenn er entsprechend drauf ist. Gallert ist als Redner der Beste."

Und das bewahrheitet sich. Böhmer leiert förmlich seine Standardsätze herunter, Bullerjahn entschuldigt sich viel zu oft für die Entscheidungen, die jetzt durch die große Koalition zwischen rot und schwarz in Berlin getroffen werden mussten und meint sogar wortwörtlich, dass er „nicht immer hinter den Ausführungen der Berliner Spitze steht". Gallert hingegen trifft als erster die Stimmung unter den Beteiligten. Es könne nicht sein, dass nach einem Bericht des Paritätischen Wohlfahrtsverbandes 24,6 Prozent der Kinder in Sachsen-Anhalt in prekären sozialen Verhältnissen lebten.

Alle drei unterstützen die Aktion der IG-Metall ein Bündnis gegen die Rechtsparteien zu schließen und ansonsten nichts wirklich Neues und Erhellendes: mehr Arbeitsplätze müssen geschaffen, die Abwanderung junger Leute muss gestoppt, Unternehmen mit zukunftsorientierten Techniken sollten angesiedelt werden, um im internationalen Wettbewerb bestehen zu können und es müsse Wert auf eine familienfreundliche Politik gelegt werden.

Um 14.40 Uhr sind wir wieder zurück im Büro. Als erstes E-Mail checken, Herrn Baier dafür danken, dass er den Springer-Dienst auch morgen übernehmen kann und der Betriebsrat hätte auch noch zwei Fragen an den Dienstchef Pfaffe. Der Rest der elektronischen Post beinhaltet wieder Pressemitteilungen, Presseeinladungen und Anfragen von Kollegen.

Christiane hat bereits die Honorare für die freien Mitarbeiter aufgelistet. Ein freier Mitarbeiter ist häufig in Halle beschäftigt, zwei freie Kollegen mehrmals die Woche in Magdeburg. Weitere arbeiten eher sporadisch für das Büro, bieten ab und an Themen auf der montäglichen Wochenkonferenz an.

Christiane erinnert die Kollegen auch an den Zeitplan, wenn sie Gefahr laufen, die Meldungen später als angekündigt zu beenden. „Ich habe eine Zusammenfassung mit 45 Zeilen bis 16.15 Uhr angekündigt, schaffst du es bis dahin?"

Pfaffe ist schon am Tippen. Während der Diskussionsveranstaltung hat er sich entschieden, einen so genannten Korrespondenten- bericht zu schreiben. Es gab in seinen Augen nichts wirklich Neues an Aspekten. Also wird es ein Stück mit Hintergrund. Was die Veranstaltung vermittelte, war Einigkeit bei der Analyse des Landes und auch große Ähnlichkeiten bei der Problemlösung. Klar wurde allerdings, dass alle drei Spitzenpolitiker den Anspruch auf das Ministerpräsidentenamt anstreben, es keine Vorab-Koalitionsabsprachen gibt. Zudem ist ein erster Stil für den Wahlkampf erkennbar: Orientierung an Fachfragen, Vermeiden von persönlichen Anfeindungen. Noch.

Der erste Satz zu seinem Korrespondentenbericht ist ihm bereits während der Veranstaltung eingefallen. Er soll die Stimmung der letzten zwei Stunden vermitteln. Um die 50 Zeilen strebt er an.

Thomas Pfaffe hat den geraden Weg eingeschlagen und geht ihn zielstrebig: Studium, Volontariat bei dpa, Redakteur bei dpa, dienstleitender Redakteur, jüngster Dienstchef bei dpa. Es war für ihn nicht leicht von Frankfurt nach Magdeburg zu wechseln und er ging „mit mehr als einem weinenden Auge" aus Hessen weg. „Nach den unruhigen Jahren im Volontariat habe ich mich zum ersten Mal auf eine Stadt eingelassen. In Frankfurt hatte ich meine Stammkneipe und ich fuhr nicht mehr nur mit dem Stadtplan durch die Gegend. Ich hatte mein Sportstudio um die Ecke." Dann stand nach sieben Jahren der siebte Umzug an. „Manche Kollegen sprachen Beileidsbekundungen zu der Versetzung nach Sachsen-Anhalt aus, aber ich selbst war ziemlich überrascht, wie schnell ich mich hier letztendlich heimisch gefühlt habe. Die Kollegenschar ist überschaubar, die Sachsen-Anhalter nett, die Stadt gefällt mir und was ich hier für eine Wohnung habe für einen anständigen Mietpreis ist schon klasse."

In Frankfurt wird bei dpa im Schichtbetrieb gearbeitet. Dort hatte er seine geregelten Arbeitszeiten. Jetzt verbringt er im Durchschnitt 50 Stunden in der Woche hinter dem Schreibtisch. Dazu kommt in der Regel ein Abendtermin, der halb offiziell und halb privat ist, denn an Veranstaltungen teilzunehmen heißt auch, schneller in einer Stadt anzukommen. „Als ich Frankfurt verließ, schaute ich die Stadt plötzlich mit ganz anderen Augen an und mir fiel erstmals auf, dass es dort hässliche Ecken gab, wie man sie als Wessi eigentlich in Magdeburg vermutet."

Was ihm den Abschied etwas leichter machte, war die Tatsache, dass auch seine zwei besten Freunde, die ebenfalls bei dpa tätig sind, versetzt wurden. Einer nach Hannover, der zweite nach Berlin. Jetzt finden regelmäßig „Jungsgipfel" statt, um die Freundschaft auch weiter aufrecht zu erhalten.

„Mein Freundeskreis besteht zu 80 Prozent aus Journalisten. Die verstehen meinen Beruf, mein Leben. Ich brauche nicht zu erklären, warum ich heute doch nicht zum Treffen kommen kann. Typisch ist auch, dass sie bei Anrufen als allererstes fragen: Hast du Zeit? Sie wissen, wie oft ich auf Terminen bin oder im Stress."

Aber jetzt weiterschreiben an der Meldung. Die Zeit ist knapp. Pfaffe tippt darauf, dass nicht viele Zeitungen seinen Bericht übernehmen werden. Die Kollegen sammeln ihn wahrscheinlich eher für den Wahlkampf. Knackige Zitate, Streitpunkte oder außergewöhnliche Forderungen gab es nicht.

Im ersten Absatz sollten aber auch hier alle Ws untergebracht werden. Der Lead-Satz darf dabei aber nicht überfrachtet werden. Bereits im ersten Abschnitt versucht der Agenturjournalist Themen anzureißen, die dann im zweiten und dritten Absatz ausgeführt werden.

Insgesamt unterscheidet die Agentur zwischen dpa-Meldung, also Nachrichten über Ereignisse und dpa-Gespräch, das sind Interviews, die jedoch nicht im Wortlaut weitergegeben werden, sondern redaktionell aufgearbeitet wurden. „Das ist im Endeffekt eine Meldung mit dem Gesprächspartner als Quelle."

Dann gibt es noch den Korrespondenten-Bericht mit analysierenden Passagen oder Reportageelementen, den dpa-Hintergrund, ein Erklärstück, beispielsweise zum Thema Regierungserklärung, was ist das? Oder zur Vogelgrippe oder beispielsweise zu den verschiedensten Entführergruppen im Irak. Diese Hintergrundstücke gelten nicht nur als „Abdruckgeschichte", sondern als Service für die Kollegen, dem Kunden.

Die dpa-Dokumentation ist die Übernahme eines kompletten Ausschnitts, beispielsweise einer Rede. dpa-Zitat ist ein gesprochener Satz aus einer Rede oder einem Interview (Quote).

Zudem gibt es bei dpa verschiedene Nachrichtenschwellen. „Am Morgen ist sie niedrig. Hörfunk und Fernsehen lechzen nach Meldungen und wir veröffentlichen fast alles. Am Nachmittag steigt dann die Schwelle und es wird gesiebt."

Der Korrespondentenbericht füllt die Seite. Pfaffe hängt an der Überschrift. „Landtagswahlkampf verspricht gesittet zu werden" steht als erstes da. Dann tauscht Pfaffe „gesittet" aus, meint „zu lang und zu langweilig" und löscht wieder alles auf dem Bild- schirm. Dann tippt er „Harmonie statt Krawall" ein, runzelt die Stirn und verändert langsam Wort für Wort.

Die Überschrift steht, jetzt liest er noch einmal laut seinen Text gegen. Dann schickt er die Meldung mit der F11-Taste nach Leipzig.

Schnell hin, schnell weg

15:55 Uhr. Die Meldung wird pünktlich über den Ticker gehen. Bis dahin kontrolliert Pfaffe wieder seine Emails. Er steht auf und ruft den Kollegen zu „ich kann wieder in die Aktualität einsteigen." Um 16.12 Uhr liegt seine Meldung im Agentursystem vor:

aht0054 3 pl 468 lah 4480

KORR-Inland/Wahlen/Parteien/ Harmonie statt Streit: Parteien in Lage-Analyse weitgehend einig
Von Thomas Pfaffe, dpa =
Magdeburg (dpa/sa) - So viel Harmonie ist selten im politischen Konzert. Vier Monate vor der Landtagswahl in Sachsen-Anhalt sind sich die Spitzenkandidaten der drei großen Parteien weitgehend einig in der Analyse der politischen Probleme des Landes: Die Arbeitslosigkeit ist zu hoch, die Abwanderung zu stark, die Geburtenrate zu niedrig. Die Lösung dieser Probleme haben sich Regierung und Opposition gleichermaßen auf die Fahnen geschrieben, wurde am Mittwoch bei einer Podiumsdiskussion mit Ministerpräsident Wolfgang Böhmer (CDU), SPD-Fraktionschef Jens Bullerjahn und Linkspartei-Fraktionschef Wulf Gallert in Magdeburg klar. Ein gemeinsames Ziel entzweit jedoch die Politiker: Böhmer will Regierungschef bleiben, Gallert und Bullerjahn wollen es werden.
Auf Grund der Einigkeit bei den großen politischen Fragen dürften es die Böhmer-Herausforderer allerdings schwer haben, sich im Wahlkampf trennscharf vom Ministerpräsidenten abzugrenzen. Und so geriet die Podiumsdiskussion nicht - wie von der gastgebenden IG-Metall erhofft - zum spektakulären Wahlkampfduell. Auch wenn es in den verschiedenen Wahlprogrammen durchaus unterschiedliche Gewichtungen gibt, klingen die Rezepte für den Weg aus der Krise immer irgendwie ähnlich: Investoren müssen gezielter gelockt, Familien besser gefördert werden.
Die Themen Bildung, Forschung und Innovation haben ohnehin alle für sich entdeckt, die Linkspartei mit ihrem Werben für ein Umsteuern zur so genannten «wissensbasierten Gesellschaft» vielleicht ein wenig mehr als die anderen. Am auffälligsten grenzten sich die SPD- und Linkspartei-Spitzen mit ihrem vehementen «Nein» zu einem Ausbau des Niedriglohnsektors ab. «Wir werden den Lohndumping-Wettbewerb mit China und Sri Lanka nicht gewinnen können», fasste es Gallert zusammen.
Unter dem Strich kam bei der Podiumsdiskussion nur ganz selten so etwas wie Wahlkampfstimmung auf. «Die herkömmlichen Überlegungen bringen uns nicht weiter», sagte Bullerjahn. Die zusätzlichen Jobs in der Industrie dürften zudem nicht schön geredet werden, zumal dieser Erfolg durch Stellenabbau im öffentlichen Dienst wieder kaschiert werde. Gallert warf

Böhmer die Einschnitte bei der Kinderbetreuung und im Hochschulsektor der zurückliegenden Legislaturperiode vor.

Böhmer erinnerte daran, dass Politik keine Jobs schaffen, sondern nur die Rahmenbedingungen für Investoren verbessern könne. Und da habe Sachsen-Anhalt in seiner Regierungszeit Erfolge vorzuweisen. Nachdem acht Jahre lang in Sachsen-Anhalt die rote Laterne der höchsten Arbeitslosigkeit gebrannt hatte, konnte dieser letzte Platz in den vergangenen Monaten mal an Mecklenburg-Vorpommern und zuletzt an Berlin abgetreten werden. «Und nun bekommen wir die niedrigste November-Arbeitslosigkeit seit 1996», verriet Böhmer seine Kenntnisse über den für Donnerstag erwarteten Arbeitsmarktbericht.

Da sich Böhmer und Bullerjahn wegen der großen Koalition in Berlin kaum gegenseitig mit bundespolitischen Vorwürfen überziehen konnten, kam zum Koalitionsvertrag naturgemäß nur von Gallert Kritik. Sollte die Podiumsdiskussion ein Gradmesser für die heiße Wahlkampfphase Anfang kommenden Jahres sein, dürfte es in Sachsen-Anhalt recht gesittet zugehen. Und die drei Spitzenpolitiker machten auch keinen Hehl daraus, dass sie Krawall im Wahlkampf verhindern wollen – nicht zuletzt auch, um ein Erstarken rechtsextremer Parteien zu verhindern. «Unsere politische Kultur im Land ist reifer als die in Sachsen», sagte Gallert mit Blick auf den Erfolg der NPD bei der sächsischen Landtagswahl.

dpa pf yysa ba

Jetzt bleibt Pfaffe Zeit sich einen Überblick über alles andere in der Welt zu verschaffen. Zum Beispiel über die erste Regierungs- erklärung der Bundeskanzlerin Merkel. Alleine bei dpa sind dazu bis jetzt 68 Meldungen gelaufen.

Großen Wert wird bei der Agentur auf eine kleine Fehlerquote gelegt. Von den heute (0 Uhr bis 16.12 Uhr, dpa Basisdienst 30.11.05) 512 gelaufenen Meldungen mussten gerade einmal zwei korrigiert werden, das entspricht einer Fehlerquote von 0,4 Prozent. Wobei es dabei nicht um inhaltliche Korrekturen geht, sondern beispielsweise auch Druckfehler.

17 Uhr. Die Regierungssprecherin bestätigt Pfaffe den Termin bei Ministerpräsident Böhmer.

Noch eine Stunde, in der er seine Termine für morgen festlegt und seinen Terminkalender wieder markert. Auf der Rückfahrt im Auto laufen die Nachrichten und der Sprecher meldet als dritte Nachricht:

„In der Diskussion um den Aufbau Ost hat die IG Metall vor einem Niedriglohngebiet in den neuen Ländern gewarnt. Schon heute litten Handwerk und Handel an den zu niedrigen Löhnen,….."

29. November 2005

Biographien

Eine Reise nach Wien

Susanne Glass

Geboren am 14.03.1970 in Schwäbisch Gmünd. Studium der Politikwissenschaft (Schwerpunkt Südosteuropa), Volkswirtschaftslehre und Soziologie in Stuttgart, München, Klausenburg. Magister 1994, Promotion 2003 über Serbien im Transitionsprozess. Hospitanz während des Studiums bei der Süddeutschen Zeitung, anschließend lange Jahre freie Mitarbeiterin. Seit 1992 beim Bayerischen Rundfunk, zunächst Hospitanzen bei Bayern 3 und B5 aktuell, später "feste Freie" in der Reise- und Verkehrsredaktion. Seit 1996 in der zentralen Nachrichtenredaktion des BR, zuletzt als Chefin vom Dienst. Von den Nachrichten mehrmals ins Bonner Studio "ausgeliehen", unter anderem zur Berichterstattung über die Bundestagswahl 1998, im Mai 1999 mehrere Wochen in Mazedonien und im Kosovo während des Balkankrieges.
Seit August 2000 Südosteuropa-Korrespondentin der ARD-Hörfunk. Sprachen: Englisch, französisch, italienisch und Grundkenntnisse in serbisch/kroatisch.

P.S. Susanne Glass hat sich für ein Jahr als Hörfunkredakteurin freistellen lassen und arbeitet jetzt als freie Mitarbeiterin im ARD-Studio Wien, Fernsehen.

Quote gut – alles gut

Wolfgang Tatzel

Jahrgang 56. Geburtsort: Gallmersgarten bei Uffenheim. Studium der Philosophie, Komparatistik und Geschichte in Saarbrücken. Ausbildung und fester-freier Mitarbeiter beim Privatsender Radio F in Nürnberg, Redakteur beim Privatfunk Radio Charivari, dort Leiter der Lokalredaktion und seit Juni 1990 Chefredakteur von Herne 90acht. Berater der Westfunk (WAZ-Mediengruppe) und Sprecher der Radios im Ruhrgebiet.
Preise: Hörfunkpreis der Bayerischen Landeszentrale für Medien für die Dokumentation „Kreuzgassenviertel". Hörfunkpreis der Bayerischen Landeszentrale für Medien für den besten Beitrag in der Sparte Kultur mit „Ideologien in Stein".

Mit ihm in die Dusche

Stephan Lehmann

Geboren 1962 in München, 1982 Abitur; 1984 bis 86 Radio 89 München, bis 1988 Radio 1 München, seit 1988 bei ANTENNE BAYERN.
1992 bis 94 SAT 1-Moderator , 1992 bis 1996 DSF-Moderator. Ebenfalls seit 1996 Stadionsprecher FC Bayern München.

P.S. Stephan Lehmann moderiert derzeit die Sendung ANTENNE BAYERN am Nachmittag.

Eine Insel für die Königsdisziplin

Dr. Marco Bertolaso

Geboren 1964 in Bergisch Gladbach. Journalistisches Debut bei einer Schülerzeitung. Studium der Geschichte, Politik und Philosophie in Köln, Bonn, Paris und Oxford. Nach dem dritten Semester Zivildienst bei der „Deutschen Flüchtlinsghilfe e.V.", Bonn. Auch später Mitarbeit bei dieser Hilfsorganisation.

Während des Studiums diverse Praktika:
- Kölner Stadtanzeiger, Lokalredaktion Bergisch Gladbach
- Bundeszentrale für politische Bildung, Bonn
- US-Senat, Washington
- Firmenzeitung der Ford-Werke, Köln
- Deutscher Bundestag, Bonn
- ZDF-Landesstudio, Düsseldorf
- Werbeabteilung Bosch-Siemens, München
- Deutschlandfunk, Köln

In den letzten Semestern des Studiums und nach dem Examen Mitarbeiter eines MdB im Bundestag in Bonn.
1991: Erst Zeitvertrag, dann Festanstellung als Nachrichtenredakteur beim Deutschlandfunk in Köln.
Parallel zum Beruf Promotion im Fach Neuere Geschichte.
1995: Dienstleiter (CvD) in der Nachrichtenredaktion
2004: Stellvertreter des Nachrichtenchefs

Der Fuß von Prien

Dirk Breitfuß

Geboren am 10.10.1961 in Kassel. Sechs Jahre später endlich Umzug in das bayerische Ingolstadt. FOS und Studium (FH) BWL, mit Schwerpunkt Marketing. Gleichzeitig verkürztes Volontariat beim Privatfunk „Radio Charivari" in Nürnberg. Nach Abschluss des Studiums und Volontariats 1988 Redakteur bei „Radio Charivari Rosenheim". In diesem Jahr hat der Privatfunk seine Station in Oberbayern eröffnet und Dirk Breitfuß war bereits von Anfang an dabei. Er war beratend tätig beim Aufbau der Technik bis zur Programmplanung. Bis 1992 war er dort Redakteur, Moderator und Verantwortlicher für die Ressorts Sport und Musik. In dieser Zeit hat er viele Veränderungen in der Radiolandschaft miterlebt und mitgestaltet, denn von 1992 bis 1997 war er Studioleiter. Dann wechselte Dirk Breitfuß zum Oberbayerischen Volksblatt und hier zur Rosenheimer Redaktion. Nach gut zwei Jahren wurde ihm der Posten des verantwortlichen Redakteurs der OVB-Regionalausgabe angeboten. Dirk ist verheiratet und hat zwei Kinder.

Arbeiten unter der Käseglocke

Christian Wernicke

Geboren 1959 in Hamburg. 1980/81 Volontariat bei der Neuen Rhein/Ruhr Zeitung, anschließend Redakteur der NRZ-Stadtredaktion in Essen. Studium der Volkswirtschaftslehre und Politikwissenschaften in Köln und der Pennsylvania State University, Diplomabschluss. Mehrmonatige Praktika bei Zeitungen in Südostasien. 1989 Redakteur im Ressort Politik der „Zeit". 1990/91 Korrespondent der „Zeit" in der DDR und den fünf neuen Bundesländern. Seit Oktober 1996 Korrespondent der „Zeit" in Brüssel für EU und NATO, derweil auch Verleihung des„Premio Napoli" des Europäischen Parlaments. Seit 2002 Leiter des Europa-Büros der Süddeutschen Zeitung, zuständig für EU und NATO. Verheiratet mit Christiane Feller.

P.S. Christian Wernicke ist seit September 2005 Korrespondent der Süddeutschen Zeitung in Washington.

Shareholder-value und Heuschrecken

Brigitte von Haacke

Geboren April 1971. 1995 Abschluss Studium der Volkswirtschaftslehre, Uni Köln. Promotion bei Prof. C.C. von Weizäcker. Ausbildung zur Wirtschaftsjournalistin in Print und Hörfunk an der Kölner Journalistenschule, freie Mitarbeiterin u.a. für Impulse, Wirtschaftswoche, WDR-Hörfunk, NDR-Fernsehen. 1995 Einstieg bei der Wirtschaftswoche im Ressort „Unternehmen und Märkte", später Wechsel zu „Wirtschaft und Politik". 1997 Korrespondentin der Wirtschaftswoche in Boston. Seit 1998 Reporterin der WirtschaftsWoche in Düsseldorf. Verheiratet, zwei Kinder.

P.S. Brigitte von Haacke wechselt im April 2006 für die WirtschaftsWoche an den Standort Frankfurt.

Der Club der einsamen Herzen

Tim Herden

Geboren 1965 in Halle. 1983/85 Volontariat beim DDR-Fernsehen. 1985/89 Journalistik-Studium in Leipzig. 1989/90 wissenschaftlicher Mitarbeiter an der Uni Leipzig. 1991/92 Redakteur DFF. 1992/98 Reporter und Planungsredakteur mdr. 1998/2003 Korrespondent ARD-Hauptstadtstudio Berlin. Seit 2003 Leiter des mdr-Studios Berlin, Fernsehen. Verheiratet, ein Kind.

Leder statt Schneeflocke

Nick Golüke

Jahrgang 73, geboren in Darmstadt. Nach dem Abitur (1,5 Notendurchschnitt) Studium der Politikwissenschaften an der Ludwig-Maximilians-Universität München (1995 bis 2002). Parallel bereits freie Mitarbeit beim Darmstädter Echo (Sportredaktion). 1996/97 Hospitanz und Freie Mitarbeit Deutsches Sportfernsehen (DSF). Seit 1997 Fester-freier Mitarbeiter beim Bayerischen Fernsehen. Verheiratet, ein Kind.

Alle kochen nur mit Wasser

Knut Schaflinger

Knut Schaflinger ist 1951 in Graz/Österreich zur Welt gekommen, in Bruck an der Mur (Steiermark) älter geworden, in Wien auch nicht erwachsen, aber immerhin akademisch gebildet. Wirtschaftswissenschaften und Soziologie. Gute Grundlage, wie er meint, ein paar Zusammenhänge zu begreifen. In dieser „Wiener" Zeit auch Arbeit als Darsteller und Regisseur am „Theater am Samstag", glücklicherweise nur wenig Publikum. Und dieses war freundlich. Andernfalls hätte er sein Bemühen schon früher eingestellt. 1975 folgte noch eine Hospitanz beim Wiener Ensemble „Cafetheater". Und: erste literarische Veröffentlichungen. Seit dreißig Jahren lebt Knut Schaflinger in Bayern, er war bis 1995 freier Filmemacher beim Bayerischen Fernsehen und in dessen Auftrag unter anderem für Tagesschau und Tagesthemen tätig. An der Henry-Nannen-Journalisschule tat Schaflinger Anfang der Neuniziger-Jahre, was er an der Bayerischen Akademie für Fernsehen immer noch tut: er unterrichtet als Dozent den interessierten journalistischen Nachwuchs im Thema: „Texten auf Bilder". Und weil man von Weitem den Horizont besser sieht, wechselte Schaflinger 1995 zu ARD-aktuell nach Hamburg, ist dort Planungs-Redakteur und Chef vom Dienst der Tagesthemen. In Hamburg ist er daheim und in Friedberg/ Bayern immer noch und gerne zuhaus. An beiden Orten versucht er, den eigenen Bildern im Kopf eine Sprache zu geben. Manchmal gelingt das. Nachgelesen werden kann dieser Versuch in vier Büchern, die Knut Schaflinger, mittlerweile mit mehreren Literaturpreisen ausgezeichnet, als Lyriker vorgelegt hat. Ein Motto hat er auch: „Liebe zu jedem Wort, das man gehört hat, Erwartung für jedes Wort, das man noch hören könnte" (Elias Canetti).

18 Monate hart aber herzlich

Philipp Münscher

Geboren 25.10.76, Studium der Soziologie, Psychologie und Philosophie. Praktikum Heilbronner Stimme, Freie Mitarbeit beim online-Musikmagazin Scream-magazine.de, Praktikum bei Radio BB in Sindelfingen, Praktikum beim Stadtradio 107,7 in Stuttgart, freie Mitarbeit beim Uniradio Uniwelle Tübingen und beim Musikmagazin feedback in Saarbrücken. Hospitanz beim SWR in Tübingen und anschließend freie Mitarbeit, Praktikum bei RTL, Redaktion Explosiv in Köln. Praktikum ZDF heute in Mainz, seit März 2005 Volontariat Hessischer Rundfunk.

Kristina Kubulin

Geboren 10.06.1978, Studium der Politikwissenschaft, Psychologie und Ethnologie an der Uni Trier. Hospitation bei der Fränkischen Landeszeitung in Neustadt an der Aisch, Hospitation beim SWR Studio Trier (Hörfunk), Praktikum bei Radio Energy Nürnberg, freie Mitarbeit im SWR-Studio Trier, freie Mitarbeit bei SR und DLF, Hospitation beim ZDF, ZDF.reporter, seit März 2005 Volontariat Hessischer Rundfunk.

Schnell hin, schnell weg

Thomas Pfaffe

Geboren 1970 in Höxter, Studium der Journalistik in Eichstätt, ein Jahr Teilnahme am Erasmus-Studienaustausch mit Paris. Praktika unter anderem bei Bergedorfer Zeitung, RTL Hamburg, AFP Bonn mdr Dresden, Sportinformationsdienst Neuss. 1996 Volontariat bei dpa, davon ein Jahr in den Büros Nürnberg und München, acht Monate in Hamburg. 1998 befristete Stelle als Redakteur bei dpa in Frankfurt. 1999 Redakteur für dpa in Kassel. 2000 dienstleitender Redakteur bei dpa. Nach einer Umstrukturierungsphase im Hause wurden bei dpa erstmals die Stelle eines Dienstchefs geschaffen. Pfaffe wurde 2003 jüngster Dienstchef für Sachsen-Anhalt. Ledig.

P.S. Thomas Pfaffe ist seit Februar 2006 Dienstchef der dpa in Düsseldorf.

MIX
Papier aus verantwortungsvollen Quellen
Paper from responsible sources
FSC® C105338

If you have any concerns about our products,
you can contact us on
ProductSafety@springernature.com

In case Publisher is established outside the EU,
the EU authorized representative is:
**Springer Nature Customer Service Center GmbH
Europaplatz 3, 69115 Heidelberg, Germany**

Printed by Libri Plureos GmbH
in Hamburg, Germany